MW01223798

AZ ANTIKRISZTUS ÉS A PÁSZTOROK

WASS ALBERT
ÉLETMŰ-SOROZAT

WASS ALBERT

AZ ANTIKRISZTUS ÉS A PÁSZTOROK

MENTOR KIADÓ MAROSVÁSÁRHELY

Alapkiadás: Az Antikrisztus és a pásztorok,
Editorial Kárpát S.R.L., 1958.

A szerzői jogból származó bevételt a jogutódok a holtmarosi árvaház működtetésére, valamint más, Erdélyben nélkülözhetetlen szociális jellegű támogatásokra fordítják.

1

A KÖD fölemelkedett. Jószagú szél ömlött alá a Viharhegy gerinceiről, lódított egyet az ősz szürke páráin, s a völgykatlan kifeslett alattok, mint egy friss virág. A vöröshajú, szeplős fiatalember, aki kopott városi ruhában ott állt fönt a Keleti-hágó sziklaösvényének peremén, mozdulatlanul és sokáig nézte a mélyben meghúzódó falut. Vizenyős kék szemei szinte kigyúltak sápadt, sovány arcában, ahogy egymásután végigsimogatta a rendetlenül szétszórt háztetőket, s olykor-olykor dobbant egyet szívében az emlékezés öröme: az ott az öreg Pattanás háza... Az ott a paplak, mögötte a méhes, s mögötte a koraérő szilvák... vajon őrzi-e még őket éjszakánként a pap sóra töltött puskával? Az ott a Békebíró háza, kertjében a híres almafával... s az ott a bolt. A bolt.

Felhő úszott a nap elé, s fekete árnyék borult a völgyre, mintha csak a fiatalember gondolatai vetették volna oda. A bolt. Orrában érezte a fűszerek kesernyés szagát, ami az alacsony sötét ablakok mögött lapult, és összekeveredett a nyirkos lakás penész-szagával s a káposztaszaggal, ami hátulról, a konyhából áradt elő, melynek csikorgó légydrótos ajtajával szemben, alig karnyújtásnyira ott volt az istálló, melyből az öszvértrágya csípős ammóniákszaga párolgott elő. Ezeknek a szagoknak az emléke mintha valami szomorú keserűséggel töltötte volna meg a vöröshajú fiatalembert. Elfordult a völgytől, és sóhajtott. Aztán fölemelte a földről olcsó préseltpapír útitáskáját, és lassan megindult az ösvényen lefele.

Ez a Keleti-hágóról aláereszkedő ösvény volt az egyetlen út, ami alávezetett a hegyek odvában megbúvó faluba. Egy ideig sziklák között kanyargott, kopár, növénytelen sziklák között, majd a forrásnál, ahol egy öreg bükkfára szögezett kicsi madárházban egy ismeretlen vén szent színtelenné fakult képe szomorkodott, elérte az erdőt és ketté ágazott. Egyik ág, a szélesebbik, mindenütt az erdő szélét követve kanyargott le a hegyoldalban a falu felé. Fölötte a rőt bükkös, alatta a pókháló lepte őszi legelő, melyen néhány sovány tehén rágta a megmaradt füvet, úgy csüngve ott a mélyben lapuló falu fölött, mint valami kis pirostarka legyek óriási szürke légypapíron.

A másik ága az ösvénynek, mindössze egy fényesre kitaposott nyom, megkerülte a sziklából előcsörgedező forrást, és eltűnt az erdőben. Még egy ideig látni lehetett, ahogy enyhén fölfele ívelve fel-felbukkant a fehérszürke bükkfatörzsek között, de aztán a fák elnyelték, mint éhes óriások az eltévedt bárányt.

A fiatalember megállt a forrásnál, és letette az útitáskáját a földre. Nézte a sziklába cementezett rozsdás vascsövet, melynek zöldmohás végéből halkan csordogált elő a kristálytiszta víz, és amúgy is vizenyős szemei lassan megkönnyesedtek. Egy kissé hízott, vörösarcú boltost látott, ahogy ott görnyedt valamikor kopott ruhájában, és egyik kezével fogta a csövet, a másik kezében kőmíveskanalat tartott, s amíg lassan és szuszogva bedolgozta a híg cementhabarcsot a kő repedései közé, kissé rekedten ezt mondta: „Hadd maradjon valami nyoma annak, hogy Samu, a boltos, erre járt... itt élt alant a völgyben, akarom mondani..."

Akarom mondani. Minden második mondatot ezzel végzett, mintha félt volna vállalni a felelősséget értük. Vajon azóta sem tanult meg bátran beszélni, aggodalom nélkül? – tette föl magában a fiatalember a kérdést, és önkéntelenül a völgykatlan felé fordult, mintha onnan várt volna feleletet. De ott lent néma volt minden, és sötét, mintha a felhő árnyéka örökre odaragadt volna a kopasz legelőre, borzos kertekre és kedvtelen háztetőkre.

Sóhajtott. Két tenyerét, összetéve, odatartotta a csorgó alá, és kortyolt néhányat a hideg hegyi vízből. Aztán fölmarkolva megint az útitáskát bekanyarodott a forrás mögé, s elindult a keskeny ösvényen be az erdőbe.

Az erdő szép volt, és méltóságos. A bükkök rőt kupoláján átcsillogott a kristálytiszta őszi napfény, s a mélységes csöndben

6

hallani lehetett, amikor egy sárgára száradt levél valahol fent a fák teteje tájékán megrezzent, levált a száráról s halk percegéssel alászállott a földre. Vagy amikor egy mókus átszökkent egyik ágról a másikra, s lerázott egy maréknyi aranypénzt, és néhány koppanó bükkmakkot közötte, vagy amikor a nagy, fekete, havasi harkály megkopogtatott fent a hegyoldalban egy beteg fát, s minden egyes koppanás úgy hullott bele a hallgatódzó erdőbe, mintha óriási szeget kalapált volna valaki egy óriási, üres koporsóba. Föntebb megritkult a bükkös. Apró tisztások sorakoztak föl az ösvény két oldalán, s itt-ott sötét, bozontos fenyők tornyosultak. Valami piros csillant meg a fák között. Kis tisztás füvén piros szoknyás leány ült, és körülötte lila volt a föld az őszi kikericstől. A leány virágot szedett, és halkan dúdolt maga elé. Mikor meghallotta a lépteket zörögni, abbahagyta a dúdolást, de a fejét nem emelte föl, s nem fordult a hang felé. A fiatalember megállt a tisztás szélén, letette útitáskáját a földre, s kockás zsebkendőjével megtörülte izzadt homlokát. A leány háttal ült feléje, és szedte a virágokat.

– Adjon Isten, leány!

A leány keze megállt a virágokon. Néhány pillanatig figyelt, de nem fordult meg. Amikor megszólalt, puha volt a hangja és dallamos.

– Adjon Isten, idegen!

– Honnan tudod, hogy idegen vagyok?

– Nem ismerem sem a lépteidet, sem hangodat. Pedig én mindenkit ismerek lent a völgyben.

Lassan feléje fordította a fejét, és mosolygott. Aranyszőke haján megcsillant a fáradt őszi nap fénye, és a mosoly olyan széppé tette az arcát, hogy a fiatalember szíve furcsát, nagyot dobbant. Belenézett a nagy ibolyakék szemekbe, de azok nem néztek vissza reá. Merevek voltak, élettelenek.

– Nem látsz? – kérdezte a fiatalember, és a hangja megcsuklott.

– Dehogyisnem – felelte a leány komolyan –, mindössze a szememmel van egy kis baj, azt mondják. De én látok azért. Gyere ülj le, idegen. Fáradt vagy, és messziről jössz. És nagy dologban

7

jársz, legalábbis te úgy gondolod. Ülj le, és pihenj! Szép és békés ma az erdő.

A fiatalember döbbenve állt ott, szinte rémülten meredt a leányra.

– Honnan tudod, hogy nagy dologban járok – kérdezte –, s hogy messziről jövök? Honnan tudod?

A leány halkan, gyöngyözve nevetett.

– Talán nem igaz?

– De igaz, csakhogy te ezt nem tudhatod...!

A vak leány újra nevetett.

– Mi a neved, idegen?

– Emánuel...

– Emánuel – ismételte a vak leány, mint aki az ízét kóstolgatja a szónak – Emánuel... szép név... az Úr Jézust nevezték így, mielőtt megváltóvá lett volna... ülj hát le, Emánuel. Az én nevem Rozika. Vak Rozikának mondanak odalent...

– Oh – mondta Emánuel –, te vagy a kicsi vak Rozi, aki a remetével élsz fönt a sziklák között! Most már tudom...

– Ő nincs többé a sziklák között – mondta a leány komolyan –, fölment Istenhez. Én Lukáccsal vagyok most, aki pásztor a hegyen.

A fiatalember lassan leült a fűre, s könyökére támaszkodva elhevert rajta.

– Valaki sokat beszélt rólad – mondta lassan –, egy cigány, aki néha ennivalót vitt föl a remetének. Piluc volt a neve annak a cigánynak.

A vak leány bólintott, és ujjaival végigsimogatta a kezében lévő virágokat.

– Tudom – felelte –, Samu, a boltos, küldte vele az ételt. S te a Samu fia vagy, aki tizenkét évvel ezelőtt elmentél innen.

A csönd egyszerre súlyos lett, és szomorú a kis tisztás fölött, s hallani lehetett a halott falevelek halk neszét, ahogy egymás után aláperegtek a bükkökről.

– Én ötéves voltam akkor – folytatta a leány egy idő múlva –, és emlékszem jól, amikor Samu, a boltos följött hozzánk. Sohasem volt fönt nálunk, csak akkor az egyszer. Nehezen szuszogott, mert nem volt szokva a sziklákhoz. Mi ott ültünk a barlang

8

előtt a napon, és messziről hallottuk jönni. „Valaki Istent keresi – mondta a Szent Ember mellettem –, s mert nem tud egyebet tenni, hát hozzánk fordul. Legyünk jók hozzá, Rozika!" Ezt mondta. Aztán hallottam, ahogy apád fölkapaszkodott a csapáson, megállt a barlang előtt, aztán leült mellénk. Sokáig nem szólt, csak szuszogott, és hallottam a szívét verni, úgy verni mint egy nagy fáradt harang, és hallottam a könnyeket a torkában, amik nem engedték, hogy szóljon sokáig. Egy idő múlva megnyugodott, és ezt mondta: – „Elhagyott a fiam, Szent Ember. Elment, mert szűk volt neki a mi völgyünk, és magosak voltak neki ezek a hegyek, és szegényes az élet, amit mi élünk. Elment, és sohasem fog visszajönni..." – Ezt mondta az apád.

– És mit mondott a Szent Ember? – kérdezte Emánuel szomjasan, és a hangja rekedt volt az izgalomtól.

– „Visszajön a te fiad – mondta a Szent Ember –, és nagy dolgok történnek akkor, amikor visszajön. Csakhogy hosszú utat kell megjárjon addig..."

– Ezt mondta? Hogy nagy dolgok történnek, amikor visszajövök?

– Igen. És apád megkérdezte: – „És én...? Én fogom-e még látni az arcát? És ott lesz-e mellettem, hogy áldásomat adjam, amikor meghalok?"

– „Látni fogod" – mondotta.

– És?

– Többet nem mondott.

– És...?

– A Szent Ember látta a jövendőt – válaszolta meg a leány komolyan, majdnem rendreutasítóan a ki nem mondott kérdést –, és amit mondott, az igaz volt mindig.

– Hála legyen az Istennek! – mondta a fiatalember, és nagyot, megkönnyebbültet sóhajtott. Sovány, sápadt arcán kigyúlt egy széles, boldog mosoly. – Hála legyen az Istennek!

– Igen – bólintott a vak leány –, Samu, a boltos, azóta is várja vissza a fiát. Bár a Szent Ember több éve nem él. Egy este elaludt kint a barlang előtt a lemenő nap melegében, és nem ébredt föl többet.

9

– Te hány éves voltál akkor?

– Tizenkettő. Lukács jött föl értem, a pásztor. Azóta ott élek náluk, a juhokkal.

– Öreg Lukács. Emlékszem rá.

Mintha kifogyott volna a szó, a csönd újra közéjük süllyedt. Mélyen lent a völgyben egy patak zúgott valahol, de a hangja alig volt több egy távoli zsongásnál. A leány keze elindult a fű között, és egymásután tépte le a zsenge, lila virágokat. Markában lassan nőtt a csokor.

– Hogyan tudsz virágot szedni, ha nem látsz? – kérdezte hirtelen a fiatalember. A vak leány halkan elnevette magát.

– Butákat kérdezel – felelte –, látok én, csak a szemeimmel van baj. De látom a virágok illatát, és az ujjaim is látják őket a fű között. És azt is látom, amit az emberek gondolnak. Néha.

Majd egy kis szünet után csöndesen hozzátette:

– Szeretném, ha ez nem így lenne, Emánuel.

– Miért?

– Sok a rossz gondolat az emberek között – felelte halkan a leány, és abbahagyta a virágszedést –, s a rossz gondolatok olyanok a világban, mint amikor valaki mérges gomba levét keveri az ivóvízbe...

– Kitől tanultad ezt?

– A Szent Ember mondta – felelte a leány.

A fiatalember felült, és vörös haját hátrasimította a kezével.

– Mennem kell – mondta –, sötét lesz, mire fölérek a pásztorokhoz. A téli szállásokon vannak-e már?

A leány megrázta a fejét.

– Nem. Jövő hét végén költöznek csak alá. Most még szerte tanyáznak. Ha akarod, odavezetlek.

Összemarkolta a virágcsokrot, és fölállt. Karcsú volt, és egyenes.

– Erre rövidebb – mondta, és fölfele mutatott a fák közé.

Emánuel is fölállt, de nem látott ott ösvényt, amerre a leány mutatott.

– Nem látok ösvényt – mondta.

– Nincsen is – felelte Rozika –, de én arra szoktam járni, mert rövidebb.

– S nem tévedsz el? – kérdezte Emánuel csodálkozva.

– Isten nem téved el – felelte a leány halkan és komolyan. – Ő vezet engem.

A fiatalember fölmarkolta az útitáskát, és nem szólt többet. A leány megindult fölfele a fák között. Nem tapogatódzott, csak olykor-olykor érintett meg egy fát, vagy egy ágat, mint aki megsimogat egy ismerős arcot, vagy kezet. A hegyoldal meredek volt, s a fiatalember hamarosan lihegni kezdett, és izzadság csorgott alá vörösre gyúlt arcán.

– Ne olyan gyorsan – kérte –, nehéz a kézitáska!

A leány megállt elöl.

– Bocsáss meg – felelte –, nem tudtam, hogy cipelsz valamit. Bocsáss meg, Emánuel.

Ettől kezdve lassabban haladtak, s a leány olykor meg is állt, és azt mondta:

– Tedd le a csomagodat, és pihenj!

Megsűrűsödtek a fenyők, és a bükkök rendre elmaradoztak mögöttük. Keskeny kis csermely csevegő vizét követték egy ideig fölfele a fenyvesben, amíg a forráshoz értek. A forrás egy apró kis tisztás szögletében buzogott elő, és a leány megállt mellette.

– Ez a Tündérek Tisztása – mondta halkan –, én neveztem el így, mert itt gyűlnek össze a tündérek teleholdkor táncolni forrásmuzsika mellett. Hallod a zenét? Holnap telehold lesz.

A virágokat gyöngéden letette a forrás mellé, a vízbe.

– A tündéreket persze nem lehet látni szemmel, még olyankor sem, amikor táncolnak – folytatta majdnem súgva –, mint ahogy az emberek érzéseit sem lehet látni szemmel, meg azt, amit gondolnak, pedig ott vannak azok is, bent az emberekben meg az emberek körül. Csak Isten lát mindent. Mi pedig Istent látjuk, s így rajta keresztül látjuk mindazt, amit Ő lát...

– Te látod az Istent? – horkant föl a fiatalember szinte durván.

A leány feléje fordította az arcát, és néhány pillanatig néma maradt. Nagy sötétkék szemei mintha valahova nagyon messzire, emberen túli távolságba bámultak volna.

– Istent a lelkünkkel látjuk, Emánuel – szólalt meg aztán halkan, nagyon komolyan. – Minden, ami körülöttünk van, Isten.

A fák, a virágok, a madarak, az emberek... minden. Még a juhok is. A szél, a víz, a tűz, a fák illata éjjel, minden Isten. Ha a lelkünkön keresztül nézzük... De menjünk, Emánuel, mert öreg Lukács haragudni fog, ha nem leszek ott, hogy elmossam az edényt.

– Állj meg! – mondta hirtelen a fiatalember, és kinyújtotta feléje a kezét. Megfogta a leány vállát, és közelebb lépett hozzá.

– Mit érzel bennem? – kérdezte, és a hangja rekedt volt.

A leány néhány pillanatig mozdulatlanul állott, s vak szemeiben akár egy mélységes mély tó vizében ott tükröződött az ég egy kék darabja s a fenyők koronája. Aztán hirtelen elfordította a fejét.

– Nagy dolgok történnek, amikor visszajössz, ezt mondta a Szent Ember – felelte csöndesen –, és én azt hiszem, igazat mondott. Sietnünk kell – tette hozzá gyorsan, s megindult előre a fák között. Háta megett a fiatalember elmosolyodott, furcsa, győzelmesen büszke, és mégis egy kissé lenéző mosolygása volt, aztán kezébe vette az útitáska fényesre koptatott fülét, és szótlanul elindult a leány után.

A nap már lenyugodott, mire fölértek a lópataki tisztásra. Hosszú, sötét árnyékok nyúltak elő az erdőkből s ráhajoltak a szűk patakvölgyre, melynek fekete bozótos mélyén valahol nagyon lent, ott dübörgött, zúgott a sziklák közé szorított víz. De fönt a széles, nagy tisztáson, mely a forrásoktól szelíden és öblösen nyúlt föl a gerincig, csönd volt. Csak egy-egy birka kolompja rezdült néha a karámban, s hallani lehetett a forrás vizét, ahogy halk csilingeléssel alácsörgedezett az itató vályúkba.

A karám fölött, ahol a nyers fából összeütött félfödél állott, éppen gyújtották már az estéli tüzet. A szunnyadó parázsra valaki rávetette az első rőzsét, s a láng sercegve csapott föl a magasba, s vörös szikrákkal harapott bele a lehulló szürkületbe. Sötét árnyak mozogtak körülötte, alakjuk emberfelettire megnyúlt, ott a nagy, néma, sötét tisztás közepén.

Alig haladtak valamit a tisztáson, amikor lent a karámok mellett elvakkantotta magát egy kutya, s hangjára egyszerre féltucat komondor kezdett rohanni feléjük, vad ugatással.

– Hijjje! – kurjantotta el magát a leány, élesen, metszőn, s az ugatás egyszerre megszűnt. A kutyák farkcsóválva ugrálták körül, s föntről a tűz mellől, egy mély, rekedt hang alákiáltott:

– Rozi te! Hozd föl a kártyust a karámtul, hallod-é?.

– Eridj csak a tűzhöz, Emánuel! – mondta a vak leány majdnem bocsánatkérőleg –, én vízért kell menjek.

Azzal már ment is a karámok felé. A kutyák hátrasandítottak, és morogtak az idegenre, de a leány füttyentett nekik. Emánuel egy pillanatig tétován állott, mint aki hirtelen elvesztette lába alól az ösvényt, aztán lassan megindult kézitáskájával a tűz felé.

Az őszi este hűvös keze kinyúlt utána az erdőből, s lába alatt a fű már nyirkos volt a harmattól. A tűznél hárman voltak. Kettő ült, s egy az üsttel bajlódott, ami az ágasfáról csüngött alá a tűzbe. Arcukat nem lehetett látni, de az egyik öreg lehetett, mert nagyon hajlottan ült a fatönkön, s amikor levette a kalapját, és letette maga mellé a földre, a tűz fénye úgy csillant meg a fején, mintha ezüstöt ért volna. Bár messze voltak még, a hűvös csenden át minden szót tisztán hallott, amit az öreg mondott:

– Lassan kavard, te! S minden kavarásnál mondj egy szót a Miatyánkbul! Mire a végire jutsz, leveheted a tűzről...

És egy másik hang lassan, akadozva mondani kezdte:

– Miatyánk... ki... vagy... a... mennyekben...

És minden szóhoz mozdult egyet a tűz fölé hajló fekete alak, ahogy a két marokra fogott kavarórudat megforgatta az üstben méltóságteljes lassúsággal, mint aki fontos szertartást végez.

A „mi mindennapi kenyerünk"-nél tartott már az imádság, amikor Emánuel odaért a tűz fénykörébe. Öreg Lukácsot megismerte nyomban ott a fatönkön, ahogy előre hajolva belebámult a lángokba. De a másik kettő ismeretlen volt. Cserzett arcú legények, feketék, bozontosak, pásztorok. A tűznél lévők még nem vették észre. Egyszerre csak valami furcsa elfogódottságot érzett. Letette az útitáskát maga mellé.

– És... bocsásd... meg... a... mi... vétkeinket... – morzsolta rendületlenül és kitartó lassúsággal az ima szavait a kavarólegény, s Emánuel zavarában egyik lábáról a másikra állott. Aztán a barna sötétségben meglátta a leány fehér ingét, ahogy fölfele jött a vízzel. Megvárta, amíg közelebb ért, aztán megköszörülte a torkát, és előrelépett:

– Pásztorok! – kiáltotta bele érces, csengő hangon az estébe. – Pásztorok, szegényemberek! Eljöttem, hogy meghirdessem néktek a szabadulást!

Másnap, odalent a völgyben, a Békebíró nagy kendermagos kakasa szólalt meg elsőnek, mint mindig, s érces, kihívó hangon meghirdette a falunak a reggelt. A Tromka-udvarról egyszerre három kakas is felelt reá, s rendre a többi gazdák kakasai is megszólaltak, az Ezüstlyuktól le a Libarétig, s utolsónak Peti is elnyikorogta magát, a vén, félig kopasz magános kappan fent az erdőszéli csőszháznál. Ekkor már hallani lehetett itt-ott a faluban egy-egy istállóajtó nyikorgását, ahogy valaki elindult megfejni a kisborjas tehenet. A házakban mécsesek gyúltak, derékig vetkőzött borzas fejek odahajoltak az itatóvályúk fölé, hogy az éjszaka csókjától hűvös vízzel kimossák szemeikből az álom csipáját.

Mikor a nap, vörösen, mint egy nagy izzó tepsi, kiült a Keletihágó ködös gerincére, a Tromka-udvaron megcsattant a karikás ostor. Lassan és méltóságteljesen léptek a címeres szarvú hatalmas ökrök a falu utcáján fölfele, s öreg Álgya álmosan csoszogott mögöttük óriási bocskoraiban, egyik kezében a déli batyut cipelve, másikban az ostort.

Pontosan nyolc órakor a piac sarkán lévő bolt mögött megnyílt a lakásajtó, és Samu, a boltos, kalappal a fején kilépett az udvarra, nagy tarkakockás zsebkendőbe kifújta az orrát, fölnézett az égre, mint aki az időjárást fürkészi, aztán lassan kicammogott az utcára, és fölhúzta a bolt redőnyeit. A toronyóra fönt a templom csúcsán tizenegyet mutatott ugyan, de konokul annyit mutatott immár hat és fél esztendeje, mióta csókák költöztek be az óraszerkezetbe. Viszont ez senkit sem zavart, mert Samu, a boltos, minden óránál megbízhatóbb volt, s még maga a papné is visszaigazította a fali konyhaórát öt perccel, pontosan nyolcra, amikor meglátta az ablakon át Samut az utcán, s föltette főni a kávét.

Az erdőszéli gyepen, ott fent a csőszház körül, ezüstösen csillogtak a pókhálók, s hiába kúszott a nap egyre följebb az égen, a bokrok tövében kitartott a harmat. Mikor Dominik, a csősz, borzosan és ásítva kidugta fejét az ajtón, Peti, az öreg kappan, leugrott a farakásról és kis, éles „tyak, tyak, tyak" kiáltásokkal szaladni kezdett feléje, esetlenül, mint akinek köszvény van a lábában.

– Peti – dünnyögte Dominik, és bütykös ujjaival belevakart őszülő hajába –, vedd tudomásul a tényállást, miszerint türelem a rend és törvény alapja.

Dominik a hivatalánál fogva használta ezt a nyelvet, amire negyvenhét évi szolgálat kötelezte, s egy tábla az asszonytalan ház dísztelen falán, melyen esőmosta betűkkel ez állt:

Községicsősz
és
KarHatalom.

A tábla valamikor fehér volt, s a betűk rajta valamikor pirosak, de azóta megváltoztak a színek, akárcsak az emberek, akik akkor éltek, amikor az a tábla készült. De mindez nem csökkentette Dominik öntudatát. Egy kézlegyintéssel elkergette az álmos őszi legyeket az ajtó melletti hivatalos tábláról, s szikáran, csontosan, egyenes derékkal lement a csorgóhoz, sovány, bogos felsőtestéről lefejtette a szakadozott kék inget, s odatartotta fejét a csörgedező víz alá. Prüszkölt, köpködött és aszott bőre lilavörös lett a hideg forrásvíztől. Fejét mégegyszer megmártotta, ujjaival hátrafésülte homlokából hosszúra megnőtt, zilált, fakó haját, nadrágzsebéből előhúzott egy rongyos törülköződarabot, és megtörülte vele először az arcát, aztán a mellét, karjait, majd visszabújt az ingébe.

– Így la, Peti – mondta a kappannak –, rendnek kell lenni. Hol van Libuc? Hej Libuc! Libuc, te!

A csőszház mögötti rozoga fészerből előmászott egy vén, sánta, fekete-barna kopó, ásítva nyújtózott, és lustán megcsóválta a farkát.

– Te világrestje, te – intette meg Dominik a kutyáját –, nem sül ki a szemed átaludni a szolgálatot?

Visszament a házba, s az ajtót nyitva hagyta. A napfény pazar ragyogással árasztotta el a pipafüst-szagú odút. A bicegő lábú,

15

rozoga asztalon ott szomorkodott egy fél kenyér és egy zsíros papírosba csavart maradék szalonna. Dominik előkotorta a bicskáját, kettészelte a fél kenyeret, egyik darabot odadobta a kutyának, a másikból pedig lemorzsolt egy marékra valót, s a morzsát odaszórta a padlóra, a kappannak. Aztán leült a ház egyetlen székére, mely panaszosan megreccsent alatta, kigöngyölte a szalonnát, s egyik kezében a megmaradt kenyeret tartva, másikban a bicskát és a szalonnavéget, jóízűen falatozni kezdett.

Peti halk, elégedett pittyegéssel szedegette a padlóról a morzsákat, Libuc keresztbe feküdt a vásott küszöbön, és öreg fogaival kínlódva rágta a kenyeret. Hátul a fal mellett ott volt a fekhely, csíkos szalmazsák a gyalulatlan, szennyes padlón, gyűrött, koszos párna rajta, és egy odalökött lópokróc, a sarokban a kis vaskályha, mellette egy pad s a falon egy polc: egyéb aztán nem is volt a házban, csak néhány szög a mestergerendában, s az azokról alácsüngő holmik. Egy színehagyott vadászkalap, rongyos esőkabát, repedezett bőrtarisznya s a puska. Leszámítva néhány mocskos konyhaedényt a vaskályha körül s egy üres vödröt, egyéb aztán nem is volt a házban, csak piszok, szemét, tűzifahulladék és por.

De Dominik mindezt meg se látta talán, úgy megszokta már. Ahogy ott ült majszolva a kenyeret meg a szalonnát, szemközt a nyitott ajtóval, csak a hegyeket látta, ahogy fenségesen és ragyogó-tisztán beleemelkedtek az ég sötétkék végtelenjébe, az izzó vörös bükkerdőket túl a Szénégetők Észkasában s fönt a Viharhegy oldalán az aranysárgán lángoló nyírest, és a szeme egy kicsit megkönnyesedett a távolságtól, ahogy így nézte őket, mert hiszen ők, a hegyek voltak az otthona immáron hetvenegy esztendeje. Alattuk ott ásított a völgy, mint egy nyitott, csorba száj, melyből egyetlen fehér fog meredt csak föl, a templom. Gyümölcsfák kopott zöldje között néhány háztető, s a dűlőútnak egy meztelen darabja odaát, a falun túl, ahogy elveszett a szántóföldek között.

Mikor a szalonna is, kenyér is elfogyott, Dominik megtörülte a bicskáját a nadrágján, visszasüllyesztette a zsebébe, majd felállt, s a szalmazsákja alól előhúzta a butykost. Megrázta előbb, hadd éledjen föl benne a fenyőmag lelke, aztán körülményesen kipiszkálta belőle a dugót, és nagyot húzott a pálinkából.

– Há... – mondta utána, és megtörülte dohányszívta fakó bajuszát a kezefejével. – Peti, e' jó vót...

– Pitty – felelte Peti az asztal alatt, és kakasmódra, oldalra billent fejjel nézett fel rá.

– Jó, na – egyezett bele Dominik –, te is kaphatsz.

Azzal lehajolt, és odanyújtotta az üveg száját a kappannak. Peti beledugta a csőrét, Dominik billentett egyet az üvegen, s a pálinka végigcsorgott a kappan fején. Peti magosra nyújtotta a nyakát, megcsattogtatta a csőrét, és ivott.

– Petty, petty! – jelentette ki követelőzve.

– Elég ez reggelre – intette meg Dominik a barátját, és visszanyomta a dugót az üvegbe –, egy korty egészség, két korty kevélység, három korty háborúság. Jegyezd meg a törvényt, Peti fiam!

Peti fiam megcsattogtatta csenevész szárnyait, és rekedten elrikkantotta magát. Dominik pedig visszatette az üveget a szalmazsák alá, majd benyitott a belső szobába.

Ennek a szobának padlója sem volt, nem is volt szoba, csak egy lyuk. De itt volt a kisüst, szép, fényes vörösrézből való, csavaros csövekkel, hordókkal, csebrekkel s minden egyébbel, ami hozzá való. Ablaka se volt, csak egy kicsike lyuk föl a padlásra, hogy elszállhassanak a gőzök. Vastag volt a levegő a kifőzött cefre keserűédes szagától s csípős zúzott fenyőbogyótól.

Dominik először a csebret cipelte ki, amiben a kifőzött cefre volt, zúzott kukoricapép, amiből kiszívta már az üst az erjedés erejét. Odacipelte a fészer mögé, ahol az erdő bokrai kezdődtek, s kiöntötte a bokrok alá. Elsőnek Peti, a kappan szökött rá a zsákmányra, de már Libuc is ott volt, és piros nyelvével óvatosan lefetyelte a szesz-szagú moslékot.

– Nocsak, csendháborítás aztán ne legyen, ha berúgtok! – feddte meg őket Dominik, és visszacipelte az üres csebret a házba.

A belső szoba sarkában hat korsó sorakozott katonás rendben. Friss portéka: négyötöd törökbúzalé, egyötöd fenyőszesz, Dominik-féle titkos keverék. Dominik gondosan megszámlálta a korsókat, ott volt mind a hat. Leakasztott a szegről egy kopott, viharvert hátizsákot, abba ügyelve beletett két korsót, egy harmadikat pedig elfektetett egy vesszőkosárban, s letakarta egy rongyokba szakadozott zsákkal. Aztán a hátizsákot vigyázva a hátára vette, megmarkolta a kosár fülét, az ajtót gondosan betette maga mögött, vállára akasztotta az ócska serétes puskát, fejébe nyomta a nyűtt vadászkalapot, s elindult le a faluba.

Alig hagyta el a legelőt, fekete macska szökött keresztül az ösvényen. A baljóslatú jelre Dominik döbbenve torpant meg, de nem jutott semmi sem az eszébe, amit ellene tehetne, így hát folytatta az útját. A mezsgye szélén meglátott néhány gombát, azokat leszedte, s rátette a kosár tetejére, a zsákra. Hadd lássa, aki kíváncsi, hogy gomba van abban a kosárban nem egyéb.

A fekete macska igazat mondott. Mert alig érte el az első házat, ahol Pattanás, a sírásó lakott, hát nem ott állt a vén tökéletlen a kerítésnél, és szórta az ocsút a madaraknak? Dominik megpróbált visszahúzódni a szilvafák mögé, de Pattanás már lengette feléje a kezét.

– Hej öcsém! Milyen időjárás van ott fönt a hegyen?

Pattanás két teljes esztendővel volt idősebb Dominiknél, s emiatt sok mindent el kellett nézni neki. Viszont agglegények lévén mind a ketten, ő is, meg a sírásó is, ez valami olyan cimbora-rokonságot jelentett kettőjük között, aminek megvoltak a jó, meg a rossz oldalai is. Dominik tehát nagyot sóhajtott, és folytatta az útját lefele az ösvényen, a kerítés mellett.

– Volt jobb is, volt jobb is, de nem panaszkodhatunk – adta meg a választ az időjárást illetően –, hát a verebek nem rágtak-e még kopaszra?

– Nyolcvanhetet számláltam tegnapelőtt, nyolcvanhetet! – újságolta Pattanás, és szőrtelen, beesett arca majdnem megfiatalodott a büszkeségtől. Pattanás ugyanis, sírásó létére, a verebekbe volt szerelmes. Minden reggel ocsúval etette őket, amit a gazdáktól koldult össze, s a verebek az évek során úgy odaszoktak hozzá, hogy már el sem ugrottak előle, ha kinyújtotta feléjük a kezét.

– Ide nézz, öcsém! – mondta Pattanás, és belemarkolt az ocsús zacskóba. Kinyújtotta a markát a kerítés felé, s egyszeribe féltucat veréb volt rajta. Csipdesték, szedegették vidám csiripolással markából a szemet, s egy közülük még a szalmakalapjára is fölült.

– Hehehe – örvendett a hórihorgas, sovány vénember –, látod öcsém, hogyan szeretnek engem Isten madárkái?

Dominik már-már szerencsésen elsurrant mellette a kerítés túlsó oldalán, amikor a sírásó szeme megakadt a kosáron meg a hátizsákon.

– Aha – mondta jelentőségteljesen, és kimeredő ádámcsutkája szomjasan megmozdult –, elkészült a gégeolaj, mi? Jó kis gégeolaj, öcsém? Östére ejszen elvetődöm hozzád oda föl, mi? És újra nyelt egy nagyot, szomjasat, hallani lehetett a nyelését.

– Nyúlpecsenyét rendelt a Békebíró – felelte Dominik panaszosan –, odaleszek este nyúllesen a Lanka tetejébe.

– Meglelem én az ösvényt éccaka is – vigasztalta Pattanás a verebek között –, ugye pityikéim, bírja még az öreg Pattanás bácsi a lábait, akárcsak legénykorában, igaz-e?

– Bírod az italt is, súly essék a gégédbe! – gondolta Dominik bosszúsan, ahogy tovább cökletett az ösvényen, várhattál volna, amíg elkészül az őszi alma, hogy azt idd, ne a fenyővizemet.

Hiába, a fekete macska.

Alig érte el a papkert gyümölcsöse mögött a falu útját, a negyedik ház mögül ki kanyarodik elébe, ha nem Lidi néne, a bába! A falu boszorkánya, pletykahordozó nagyszájúja. Már messziről rávigyorgott Dominikre csorba szájával.

– Hihihi, vén nyúlkergető, hordod az ördög italát a zsidónak, mi? Megtudja a Békebíró és kifordítja a szűrödet, ki ám!

– Gombát viszek, nem lássa? – mordult rá Dominik a kis hajlott hátú vénasszonyra, s odalendítette az orra elé a kosarat, még ki is markolt belőle egy gombát, s szétmorzsolta dühösen az ujjai között –, mit mind rágja maga is a más ember becsületét!

– Látom én – vihogott az öregasszony csúfondárosan –, hogyne látnám! Sze kimered a hátadon a zsákból a két korsó nyaka!

Ijedten kapott hátra Dominik a kezével, még a puska is lecsúszott a válláról, s koppant az agya a földön. De hiába tapogatta a zsákot, semmiféle korsónak a nyaka nem állott ki abból.

– Hihihi! – vihogott csúfondárosan Lidi néne –, mit kaparászod úgy azt a gombát, tán üvegből van-e, hogy úgy félted? Dominik bosszúsan vetette vissza a puskát a vállára.

– Vigyázzon, mert levágják még egy éccaka az ördögök a nyelvit, s lobogónak tűzik ki a pokol kapujára – harapta oda a szót, s ment nagy léptekkel, szaporán, hogy minél előbb távol kerüljön a veszedelmes teremtéstől.

Negyvenhárom éve így volt közöttük, rágták, marták egymást, ahol csak egymásba botlottak. Negyvenhárom éve, amióta hivatalba állott, azóta éppen. Másként volt azelőtt, persze. Módos gazdaleány a Lidi, ő meg szegény béresember fia, kendőzött jegyesek mégis. Akkor jött haza a katonaságtól, szakaszvezetői ranggal, s úgy volt, hogy megtartják a mennyegzőt még abban az évben. A Lidi apja azt akarta, hogy odaköltözzék hozzájuk, s dolgozzék a birtokon, s Lidi is azt akarta. De a szakaszvezetői ranghoz jobban illett a puska, mint a béresostor, s mert abban az évben temették el az öreg Porkolábot, aki ötvenkét esztendeig őrizte a falut, hát neki kínálta föl a községi tanács a hivatalt, mint katonaviselt embernek. Ki más lehetett volna karhatalom a faluban, ha nem ő, a szakaszvezető? Ekkor mondta ki Lidi a szót, ami mindent elrontott volt közöttük. Ezt mondotta, s így: „Nyúlkergetőnek, madárijesztőnek nem leszek a felesége! Gazdaleány vagyok, gazda lesz az uram!" „Az én feleségem oda jön, ahova én viszem, és sem az apja, sem az anyja nem fog a pendelyén ülni!" – adta vissza ő is keményen a szót, s ezzel aztán megszegték a nyakukat mind a ketten, s nem lett az esküvőből semmi. Ő maradt vénlegénynek, Lidi vénleánynak, s ameddig élnek, folyni fog közöttük a gyilkos versengés.

– Csak a nyelvétől ments meg, Uramisten! – sóhajtott föl Dominik, amikor már messzire került a vénasszony gonosz vihogásától –, s ha egyszer beléfojtom a lelket, bocsáss meg nekem a másvilágon...

A szelídarcú, öreg papné hosszú, fekete ruhájában virágokat gyomlált a paplak előtt. Nagy, fehér őszirózsák hintáztak körülötte a szellőben, majdnem olyan fehérek, mint az öreg papné arca.

– Csókolom a kezét, tiszteletes asszony! – köszönt oda Dominik az útról, s kopott kalapját tisztességtudóan megemelte. Az öregasszony jóságos mosollyal bólintotta meg a fejét.

– Jó napot, Dominik, jónapot! Görény jár a tyúkjaimra, Dominik! Meglesné-e egy este? Megtenné-e nekem?

– Meg én, tiszteletes asszony, drága, meglesem én, persze! – fogadkozott Dominik lent az úton. Mit meg nem tenne ő ezért az áldott jó asszonyért! Ilyen gyönge és törékeny volt már akkor is, amikor idehozta a pap harmincnyolc évvel ezelőtt, félénk kis városi asszony, a népek azt mondták, nem marad itt az első télnél tovább. S hány tél telt el azóta! S hányszor látták az emberek ezt a gyönge kicsi tiszteletes asszonyt fölkapaszkodni a hófútta ösvényeken a szénégetők tanyáihoz, a pásztorok szállásaihoz, hogy segítséget vigyen és vigasztalást, gyógyszert, és sokszor bizony ennivalót is a betegeknek és nyomorúságba jutottaknak. Mit meg nem tenne az ember az ilyenért?

– Elgyüvök ma este, tiszteletes asszony, s elpusztítom én azt a gaz görényt, cseppet se búsuljon! – legénykedett Dominik a hátizsák alatt, s a papné ránctalan, szép, öreg arca szelíden lemosolygott rá a papkert virágai közül.

– Köszönöm, Dominik, nagyon köszönöm.

A kiskapu nyikorgott, az öreg tiszteletes botlott ki rajta, szatyorral a karján. Kopott hétköznapi ruháját viselte, melynek fekete színét már zöldesbe vénítette az idő. Kalap nem volt a fején, s dús fehér haja csillogott, mint a hegyek csúcsán a hó. De az ősz haj alatt piros volt az öreg tiszteletes borotvált arca, szinte fiatalos.

– Megjött az ősz odafönt a hegyen, Dominik, mi? – kezdte el a beszédet a tiszteletes, amikor Dominik melléje ért.

– Bizony, tiszteletes úr, maholnap itt a tél megint – felelte Dominik, és rántott egyet a puska szíján.

– Az a jó, az a jó – bólogatott a pap vidáman –, recsegő hó kint, kandallótűz bent, pirosarcú, szánkázó gyermekek az utcán.

– Hásze nem mondom – hagyta rá Dominik.

Egymás mellett lépegettek át a falu széles piacán a bolt felé. Dominik egy pillantást vetett a pap üres kosarára, s tudta, hogy

21

bevásárolni megy. A pap a Dominik kosarára sandított, meglátta a néhány gombát, a gombák alatt a rongyos zsákot, s az alatt valami domborút. Félszemét a hátizsákra vetette, ott is domborult valami, s ettől kissé behúzta nyakát, és lopva hátranézett a paplak felé. De már messze voltak a tiszteletes asszony fülétől.

– Télről jut eszembe – mondta a pap, halkabbra fogva a szót –, ideje, hogy egy kis orvosságnak való fenyővízről gondoskodjunk, Dominik...

– Egy korsóval vagy kettővel? – súgta vissza Dominik a kérdést.

– Hát... kettővel jobb lenne. Jobb hát. Hosszú a tél, s hűlés ellen az ilyen magamfajta vénembernek más orvossága nincsen, te tudod...

Dominik tudta. Tudta azt is, hogy a korsókat úgy kell becsempészni majd a paplakba, hogy a tiszteletes asszony meg ne lássa valahogyan. S egyenesen az irodába vinni, s ott is elrejteni őket a nagy hivatalos iratszekrény aljába, ahol asszonynépnek keresni valója nincsen. S ahol az öreg pap hozzájuthat észrevétlenül, valahányszor szükségét érzi. Tudta mindezt Dominik, hogyne tudta volna.

– Ma éjjel holdtöltekor eljövök meglesni a görényt, tiszteletes úr – súgta oda bizalmasan a bajusza alól –, velem jönnek a korsók is.

– Az irodában lámpavilág lesz – dörmögte vissza a pap, és huncut kis mosoly szaladt végig az arcán –, hivatalos munkában leszek későig.

A boltajtón egy asszony fordult ki, kosár csüngött a karján, s a kosárban papírzacskók tömöttödtek.

– Adjon Isten, tiszteletes úr – köszönt oda az asszony –, magának is, Dominik bácsi!

A tiszteletes megállt.

– Szagos kenőcsöt vásároltál-e, vagy pirosítót, Sári? – kérdezte évődve –, avagy mézes cukron tartod az uradat?

Az asszony nevetett.

– Oda van az uram fáért az erdőre – felelte vidáman –, csak

estére tér meg, és sötétben úgysem látná a pirosítót. Így hát csak egy kis rizskásáért meg olajért ugrottam be ide, meg valami köhögés elleni port vásároltam a Lacikának, annyira gyötri szegényt a köhögés éccakánként.

– A Lacikát? – döbbent meg a pap. – Megfázott tán a gyerek.

– Oda voltak a Libatónál vasárnap délután, aztán tudja, lelkem tiszteletes úr, milyen a gyerek...

– Hársfateát főzz neki, Sára, annál jobb szer nincsen. Tégy bele cukrot sokat, hogy szeresse a gyerek, s itass meg vele este három jó csuporral! Oszt takard le, s hagyd, hogy izzadja ki a fázást!

Dominik hagyta őket, hadd beszéljék ki magukat kedvükre, ő maga belépett a boltba. Az ajtó repedt csengője szomorúan csilingelt néhányat, bent homály volt és dohos fűszerszag. A pultnak támaszkodva ott állt Tromka, a falu nagygazdája, piros arccal, kövéren, és hangosan magyarázott valamit Pelesnek, a keszegképű, mindig gondtelt bányaúrnak. Samu, a boltos, hátul matatott a polcai között, s csak a fejét fordította oda a csengetytyűszóra. Alacsony, kopasz kis ember volt Samu, arca valamikor egészségesen piros, akár a Tromkáé, de az idő s a bolt megsárgította, szeme alá petyhüdt, szomorú táskákat rakott, s csak kis kerek hasa tanúskodott arról, hogy minden gond és bánat ellenére is alapjában véve vidám kedély lakozott a tömzsi kis emberben.

– Megmondtam én annak a koszosnak ott a városi kávéházban, meg én – harsogta Tromka vörösen, súlyos kezével csapdosva a pultot –, megmondtam én a nyavalyásnak, hogy amíg Tromka itt van, és bírja emelni a kezét, addig egyet se féljenek, mert nem lesz itt semmiféle törvényellenes dolog, sem forradalom, sem egyéb...!

Peles gondtelten ingatta a fejét.

– Nem lehet tudni – mondta –, nem lehet tudni. A háború...

– Mit háború! – ordította el magát Tromka dühösen –, nem az én háborúm, s nem a magáé! Akik csinálták, fizessenek érte s kész! Minden egyéb marad a régiben!

Dominik letette a kosarat hátul a pultra, levetette a hátizsá-

23

kot, s azt is melléje tette. Samu előgurult a polcai közül, s előbb a kosarat is, a hátizsákot is besüllyesztette a pult alá. Csak aztán szólalt meg:

– Fenyő?

– Az – bólintott Dominik.

– Mennyi?

– Három.

Samu leguggolt a pult mögé, matatott ott egy ideig, s mikor fölemelkedett megint, egyik kezében ott volt az üres kosár, másikban az üres hátizsák.

– A korsókat majd máskor, eh?

– Ráér – dünnyögte Dominik.

Samu előrántott egy darab papírt, s a sarkára számokat írt, gondolkozott, újra írt.

– Tizennyolc – mondta.

– Jó lesz, Samu úr.

Samu leemelt az egyik polc sarkáról egy papírdobozt.

– A puskatöltények – mondta –, három-nyolcvan...

Dominik átvette a dobozt, megnézte, s besüllyesztette a hátizsákba.

– Kicsi liszt kellene, kicsi cukor. Szalonna, kenyér, bakancsba való fűző... só, az hát... na meg dohány...

Samu szó nélkül elkezdte kimérni a holmit a polcra. Közben a pap is bejött, letette a szatyrát, s beszédbe elegyedett Tromkával meg a bányaúrral.

– Azt mondta ez a Peles, hogy bajok lesznek! – hangoskodott Tromka a méltatlankodástól. – Mi baj lehetne, mondom én? Elvesztettük a háborút, nahát? Én nem vesztettem el, nem az én háborúm volt, nekem semmi közöm hozzá, igaz-e? Jön az ellenség, s elmegy az ellenség, mit érdekel ez engem?! Samu, három pohár szíverősítőt ide, s a Peles úr részére nagy pohárral, mert az ő szíve erősen meggyöngült! Hahahaha!

– Csak egy kicsivel, Samu, csak egy kicsivel – szólt oda savanyúan és aggodalmasan Peles, s azzal a paphoz fordult. – Tiszteletes úr, hogyan látja a politikai helyzetet? – kérdezte.

– Isten kezében vagyunk mindannyian – felelte bölcsen az

öreg pap, s kedélyesen hozzátette: – Elégedjünk meg ezzel, s hagyjuk a politikát azokra, akik abból élnek.

– Ez helyes beszéd! – harsogta Tromka –, mit nekem politika! Hol az a szíverősítő, Samu?

Samu már töltötte is a pult mögött, a sötétben a Dominik korsójából. Egyenként rakta oda a poharakat az urak elé. A pap előkotort egy kis papírcafatkát a zsebéből.

– Felírt egyet s mást ide a kicsi asszony, Samu – mondotta, s odanyújtotta a cédulát a boltosnak.

– Azonnal, tiszteletes úr, azonnal!

Samu visszatért Dominikhez, és serényen mérte ki a holmit, firkálta a számokat. Az urak fölvették a poharakat, koccintottak és ittak. Tromka megcsámcsogta a pálinkát, mint hízósertés a moslékot.

– Hm... – morogta és csettintett a nyelvével –, te Samu, te, látott ez valaha fináncot...?

– Hogy láthatott volna, sze nincsen szeme! – felelte vissza Samu a mérleg mögül.

– Höhöhöhö – röhögött Tromka –, tölthetsz még egyet, hallod-e? Ilyen jó fenyővizet régen ittam! Tán te meg tudnád-e mondani, Dominik, hogy hol terem az ilyen, mi? Tölts neki is, Samu, a vén méregkeverőnek, hadd igyon egyszer életében valami jót ő is! Höhöhöhö!

Samu elővett egy negyedik poharat is, és sorra töltötte valamennyit.

– Adjon Isten erőt, egészséget, hamisszemű menyecskéket! – köszöntötte föl Dominik az urakat, s miután ivott, megcsóválta huncutul a fejét –, biza nem rossz, akárhol termett...

Még Peles is mosolygott. Tudták mind jól, hogy hol termett, de tették magukat az illem és rend kedvéért.

– Nem a föld alól jött, az bizonyos, csatornából se csorgott – incselkedett Tromka. A pap pedig odafordult Samuhoz.

– Egy kis fodormentacukrot – mondta halkan –, nem szereti a kicsi asszony a pálinka szagját...

Ekkor lépett be Lidi a boltba. Samu éppen befejezte a számolást, s a maradék pénzt odatette Dominik elé a pultra, aki igye-

25

kezett a portékát elrendezni a kosárban meg a hátizsákban. A kis görbe hátú vénasszony úgy sirült be az ajtón, mint valami hegyesorrú cickány.

– Héj vén bába-boszorkány! – zördült reá Tromka nagy hangon –, hol a söprű?

– Kölcsönadtam ennek ni – vihogott a vénasszony csorba szájával, s hosszú csontos mutatóujját kinyújtotta Dominik felé –, ne járja gyalogosan a pokol útját szeginy!

Az urak nevettek. Az öreg pap szájába vette a fodormentás cukrot, nehogy megérezze a „kicsi asszony" a pálinka szagát, Dominik pedig morogva szedte össze a hátizsákját, kosarát, puskáját, s pillantást se vetve Lidi nénire, megindult az ajtó felé.

– Adjon Isten szép időt mindenkinek! – köszönt hátra illendőképpen.

– Nekem is? – visította el magát Lidi néne a háta megett.

Dominik keze már a kilincsen volt. Hátra se fordult, csak úgy a válla fölött vetette vissza a szót:

– Neked tapasztanák be macskaszurokkal az ördögök a szádat, vén pletykazsák!

Azzal már kint is volt, s zörögve vágta be maga mögött a boltajtót.

– Hogy a szégyen esne beléd, ilyet mondani egy éltes asszonyról! – dünnyögött Lidi néne bosszankodva –, sze ha én elmondanék mindent, amit tudok, jaj lelkem, ez a falu szégyeniben a föld alá bújna!

Az urak nevettek.

– Három az igazság! – harsogta Tromka. – Még egy pohárral körbe, Samu! Kínáld meg a vén boszorkányt is, hátha megfiatalodik tőle!

Samu töltött. Lidi néni orrához emelte a poharat, előbb megszagolta, aztán egyből lehajtotta az egészet.

– Sok mindent látok én, sok mindent hallok én, az igaz – dünnyögte, és apró ravasz szemei a boltost méregették. De csak a jót mondom el, a rosszat soha. Mit ad egy jó hírért, Samu úr?

Samu egy ócska cirokseprűvel kotorta ki a szemetet a polc alól, onnan sandított vissza, bizalmatlanul.

– Micsoda jó hír, éh?

– Mondjuk, a fiáról... – vigyorgott rá a vénasszony, s letette az üres poharat a pultra.

Samu kezében megállott a söprű.

– Mi? He?

Lidi néni áthajolt a pulton, úgy súgta, titokzatosan.

– Birtalanék őszi gomba után voltak az erdőben tegnap délután. Ők látták az úrfit. Az ösvényen ment fölfele a Pásztorok Szállása felé. A vak leány volt vele, tudja, az, aki Lukáccsal él odafönt...

Samu kezéből kiesett a söprű. Arca még pirosabb lett, szeme furcsán csillogott. Nehezen jöttek ki száján a szavak.

– Igaz ez? De hát... miért a pásztorokhoz? Miért nem ide...?

Lidi néne összecsücsörítette a száját, sovány madárfeje oldalra billent.

– Hallotta Birtalanné, amikor azt mondta annak a vak leánynak, hogy fél ide jönni. Biztosan haragszik rá az apja, azt mondta...

Samu nagyot ugrott a lakásajtó felé. Megbotlott egy ládában, és fölrúgott egy kosarat, aztán valósággal nekiesett az alacsony ajtónak, s úgy tépte föl, mintha ki akarta volna szakítani sarkostul.

– Mama! Mama! A Manóka! A Manóka itt van!

A kiabálásra előbújt a konyhából Sára, a boltosné, kövéren, petyhüdten, szomorú sápadt arcán ösztönös ijedelemmel, és néhány pillanatig tétován bámulva hallgatta az ura szakadozott beszédét. Aztán feltört belőle a sírás, és a nyitva maradt ajtón át beszaladt a boltba.

– Lidi néni! Igaz lenne? Bizonyisten? Lidi néni, drága, látta a fiamat? Ki látta? Jaj, jaj, mondja már el, mondja! Jaj édes, egyetlen, drága szép fiam, drága okos fiam, jaj, jaj...

S míg a pultra boruló kövér boltosné zokogásai és sóhajtozásai között Lidi néne diadalmasan elmondta újra a maga meséjét, kint a hátsó udvaron hallani lehetett a Samu ordítozását:

– Piluc! Piluc! Gyere gyorsan! Gyorsan! Szaladj föl a pásztorokhoz! Amilyen gyorsan csak tudsz. Keresd meg a Manóka úrfit! Mondd meg neki, hogy nem haragszunk reá, dehogy haragszunk! Mondd meg neki, hogy jöjjön haza, jöjjön haza gyorsan! Siess, Piluc, eredj...!

Hallani lehetett az istállóajtó csapódását, Piluc cigány szaladó lépteit az udvaron, aztán csönd lett. Csak a kövér, korán megöregedett boltosné zokogott halkan a pultra omolva, Lidi néne egyik lábáról a másikra tipegett, s egyre ezt sóhajtgatta: „bizony lelkem, bizony lelkem..." Az urak pedig álltak, és bámultak. Aztán a pap csöndesen kivett egy új fodormentacukrot a papírzacskóból, és azt mondta, halkan:

– Megtér a tékozló fiú...

A boltosné fejéről lecsúszott a fekete-szürke fejkendő a zokogástól, s színehagyott ősz haja kibomolva, borzos tincsekben omlott végig a szennyes pulton.

Tromka mozdult meg elsőnek.

– Fizetni szeretnék – mondta hangosan. S mivel a zokogó boltosné nem hallotta meg, elmondta még egyszer. Hogy ez sem hatott, lassan megkerülte a pultot, s elindult be a lakásba, hogy megkeresse Samut. Az ajtóküszöbön hirtelen megtorpant. Samu, a boltos, ott térdelt a szoba sarkában, arccal a falnak, kövér, piros arcán könnyek csorogtak alá, és monoton hangján imádkozott valami ismeretlen nyelven.

A hatalmas, nagydarab ember néhány pillanatig úgy állt ott, mint aki nem tudja, mit tegyen. Aztán lassan a kilincs után nyúlt, és behúzta az ajtót.

– Imádkozik a zsidó – mondta halkan, döbbenten, csodálkozva –, hallott már valaki ilyet?

Dominik akkor már ott topogott a Békebíró háza előtti széles kőlépcsőn, hogy leverje a bakancsaira tapadt port. A langyos őszi napsütésben békés volt a piac, és tiszta, a szemközti iskolaépületből kihallatszott a gyermekek éneklése, és fönt a Bérc oldalában egy gazdalegény fütyörészve szántott két tarka tehénnel.

A Békebíró nagy, öreg kőháza csöndes volt, és méltóságteljes, csak hátulról, a konyhá felől hangzott edénycsörömpölés, ahogy Kicsi Ágnes tett-vett a maga birodalmában. Dominik letette az ajtó mellé a kosarat, a hátizsákot meg a puskát, s óvatos tisztelettel lenyomta a nagy, súlyos rézkilincset. Bent a homályos kőfolyosó üres volt és hideg. Kétoldalt mozdulatlanul álltak a nagy barna ajtók, s a fal mellett egy gazdátlan pad, ahol a várakozók szoktak üldögélni – amikor akadtak várakozók. A leghátulsó ajtó, a konyha ajtaja, félig nyitva volt, és hallani lehetett Kicsi Ágnest dubogni és zörögni az edényekkel.

Dominik óvatosan, nehézkesen odalépett az első baloldali ajtóhoz, egy darabig meghajolva hallgatózott, aztán hogy nem hallott beszédet odabent, bütykös ujjával tiszteletteljesen megkocogtatta az ajtó vén tölgyfadeszkáját.

– Tessék! – hallatszott bentről a Bíró érces, kemény hangja és mindjárt utána egy kihúzott asztalfiók nesze. Mikor Dominik belépett az ajtón, az íróasztal fiókja már becsukódott megint, és elrejtette szemei elől a Bíró gyöngéjét, a tarkafödeles detektívregényt. S a Bíró ott ült teljes méltóságában a hatalmas, feketére pácolt tölgyfa íróasztal mögött, jobb keze felől a Biblia, bal keze felől a Törvények Könyve, s szép, boltozatos homloka fölött tiszteletet parancsolóan csillogott a gondosan fésült, ezüstfehér haj. Sötétszürke hivatali öltönyének szivarzsebéből előhúzott egy vaskos szivart, és élesmetszésű borotvált arcát Dominik felé fordította.

– Bíró úrnak alázatosan jelentem, parancsátvételre itt vagyok! – csapta össze a bokáit Dominik valami torz, rozoga katonáskodással, mire a Bíró megbiccentette a fejét, kis, csillogó zsebkésével lemetszette a szivar végét, az asztalán álló nagy réz öngyújtóval körülményesen rágyújtott, szippantott néhányat, s végül megkérdezte:

– Hát mi újság a világban, Dominik?

Dominik várta már a kérdést, s a felelet úgy pattogott, recsegett a szájából, akárcsak hajdan, szakaszvezető korában:

– Alázatosan jelentem, nem történt semmi!

A Bíró kegyesen és jóindulatúan bólintott.

– Az jó, az jó. Ahol semmi sem történik, ott rend van és béke, Dominik.

– Igenis, Bíró úr!

A Bíró komoly, szép, férfias arcán árnyék nyomta el a megszokott derűt. A Bíró gondteltnek látszott.

– A világban annál több minden történik mostanában, Dominik – mondta lassan, gondosan mérlegelve a szavait –, a világban nincsen sem rend, sem béke, Dominik.

– Az bizony baj – vallotta be Dominik is gondtelten –, az ördög elvihette volna ezt a háborút.

A Bíró bólintott.

– Elvitte. Azt hiszem, elvitte, Dominik. Csak nehogy bennünket is elvigyen vele együtt. Egyébként parancs jött a kormányzattól, amit íme fölolvasok.

A Bíró fölvett egy papírlapot az asztalról, és olvasni kezdte:

– Városok, községek, elöljáróságok rendőrségeinek, karhatalmi közegeinek... a hadiállapotra való tekintettel elrendelem, hogy minden elöljáróság és karhatalmi közeg kísérje szigorú figyelemmel az esetleg területén bujkáló idegen elemeket, azokat azonnal tartóztassa le, és fegyveres ellenállás esetén a legszigorúbb megtorlással éljen. Tudod, mit jelent a hadiállapot, Dominik?

– Igenis! – csapta össze Dominik harciasan a bakancsait.

– Tapasztaltál-e idegen elemeket?

Az öreg csősz arcán mély megbotránkozás tükröződött.

– Itt nálunk, Bíró úr?

A Bíró komolyan bólintott.

– Légy résen, Dominik, sohasem lehet tudni. A község védelme a te felelősséged.

– Igenis, Bíró úr! – morcoskodott az öreg, aztán szelídebben hozzátette a kérdést –, kapok-e instálom néhány extra töltést, ha már ez a hadiállapot reánk szakadt?

A Bíró szó nélkül kihúzta az íróasztal jól ismert bal alsó fiókját, és kivett belőle egy marékra való serétes töltényt.

– Itt van – mondta, és odanyújtotta őket Dominiknak. Az öreg sietve lépett oda, és zsebébe süllyesztette a zsákmányt. A Bíró hátradőlt a székén, nagyot pöfékelt a szivarjából, és huncutul rámosolyodott Dominikre.

– Aztán mi van a beígért nyúlpecsenyével, vén lókötő? Kicsi Ágnes lehúzza a hátadról az irhát, ha meglát...!

Dominik elvörösödött a szakállszőrei alatt, és dadogni kezdett.

– Jelentem alássan, eső volt a múlt héten, s a nyulak elbújtak volt instállom... De holnap reggelre megszerzem, biztosan... Én nem tudom, mi ütött ezekbe a nyulakba, Bíró úr, de olyan bujkálók lettek, hogy alig lehet rájuk akadni! – tört ki a végén.

– Jól van, hát csak nézz utánok – mosolygott a Bíró –, s nyúl nélkül ne kerülj Kicsi Ágnes szeme elé! Elmehetsz Dominik.

Dominik szégyenkezve topogott az ajtó felé, s keze a kilincsen volt már, amikor valami az eszébe jutott.

– Bíró úr – fordult hátra hirtelen, suttogóra fogott hanggal –, most jut az eszembe, hogy kérdezni tetszett azokat az idegeneket illetően...

A Bíró meglepetten kapta föl a fejét a már félig kihúzott fiókról, mely a tarkafödelű detektívregényt rejtette magában. Kék szemei egyszerre élesek lettek, és hidegek.

– Igen? Láttál talán valaki gyanúsat?

Dominik zavartan vakarta meg bozontos üstökét.

– Nem éppeg láttam, s nem is éppeg idegent, de azt hallám, hogy a Samu úr fia itt vagyon megint...

– Igazán? – kérdezte érdeklődve a Bíró. – Visszatért az apjához? Nem hallottam erről.

– Nem éppen az apjához, instállom, hanem fönt látták a hegyen, a pásztorok szállása körül. Tegnap. Csak úgy hallám az előbb...

– Érdekes – mondta elgondolkozva a Bíró, és bólintott –, nagyon érdekes. Hát te csak figyelj tovább is, Dominik!

Kint a folyosón Dominik igyekezett zaj nélkül behúzni maga mögött az ajtót, és óvatosan topogni végig a folyosón, de nem sokat nyert vele. Alig tett néhány lépést a szabadulás felé, hátul a folyosó végiben nagyot csattant egy szélesre kivágódó ajtó, és Kicsi Ágnes hangja végigdördült a házon, akár az ágyúszó.

– No, vén bakkecske, mit sompolyog kend, akár a vízbe mártott macska? Hol a nyúl?

Kicsi Ágnes ott állt a konyhaajtóban, csípőre tett kezekkel, a maga teljes, csontos, darabos, díjbirkózó termetében, és szedte le a keresztvizet az öregről, mint a haragos vízfolyás:

31

– Hogy nem restelli magát, vén hazug, járni a Bíró úr nyakára mindenért, de még annyit sem tud megtenni tisztességből, hogy egy koszos nyulat előteremtsen azokból az átokverte erdőkből. Hát micsoda csősz az ilyen! Hát minek az ilyennek a puska, hogy így, meg amúgy...

Kicsi Ágnes kislányka korában került pesztonkának a házhoz, mikor még a Bíróné élt, szegény, s Terézia kisasszony is csak ölbeli baba volt. Tizenhárom éves volt akkor, s Kicsi Ágnesnek nevezték a házban. Aztán az idő eltelt, Terézia kisasszony immár tizenkét éve tanította a gyerekeket írni-olvasni az iskolában, s Kicsi Ágnes közben megnőtt, megcsontosodott, megöregedett, megveszekedősödött, s a Bíróné halála óta odanőtt a házhoz, mint a leszögezett bútor.

Dominik behúzta a nyakát a vállai közé, és úgy sandított vissza a haragos gazdasszonyra, mint egy megszeppent, szőrös, vén gyerek.

– Hozom azt a nyulat, hogyne hoznám, na – dünnyögte sértődötten –, nem kell azért akkora zajt csapni, na.

Néhány óvatos lépést tett a külső kapu felé, a keze megkereste a nagy rézkilincset, s belekapaszkodott, mint vízbefúló a menedéket jelentő deszkába. Kicsi Ágnes hangja csattogott meggörbedt hátán, mint az ostor.

– Igen, igen, azt tud, vén bagoly! Vinni, zsebelni a sok drága puskatöltést az én vajszívű gazdámtól, azt igen! De amikor arról van szó, hogy hozzon is valamit érte...

Dominik közben már kinyitotta a nehéz kapu szárnyát, s a napfény meg a friss levegő új bátorságot öntött beléje.

– Tán azt hiszi a ténsasszony, hogy fán terem a nyúl, csak meg kell rázni, s belehull a szánkba? Hohó, sok járásba kerül a nyúlpecsenye ám, s végül is a hivatalos dolog az első...

De ekkor már kint is volt, s úgy tette be maga mögött a kaput, hogy csak úgy döngött.

– Phű – sóhajtotta kipilledve, és nekidűtötte a hátát a kapunak, mintha attól félt volna, hogy a harcias fehérnép szavai kifeszítik a sarkaiból –, phű, súly egye meg a nyelvedet, de fölvágták!

Aztán csak kapta a hátizsákot, a kosarat meg a puskát a fal tövéből, s már iramodott is kifelé a faluból, sebesen. Megkerülve a Libatót, előbb föltért az Ezüstlyuk felé, ahol a bánya mögötti patakban vidracsapdái voltak. Vidra ugyan csak elvétve került beléjök, de ha került, akkor megérte a fáradságot, mert Peles, a bányaúr, vidrabundára gyűjtötte a bőrt, s darabjáért húsz ezüstpénzt fizetett.

Megtehette, övé volt a bánya. Nagyapja bukkant reá, a szóbeszéd szerint részegen. Medvevadászat után leitta magát, így mesélték az öregek annak idején, s legurult a meredek hegyoldalon, egyenest bele egy gödörbe. Két álló napig keresték, míg meglelték a lyukban, s kihúzták belőle kötéllel. Akkora volt benne az ijedtség addigra, hogy esküvel fogadott örök józanságot magának, s emlékeztetőül magával vitt haza egy kődarabot a lyuk pereméből. Esküjét meg is tartotta élete végéig, s egyebet mint vizet nem is ivott többé. Azonban a kő egy napon valakinek a kezébe került, aki értett a kövekhez, s az megmondta a vén Pelesnek, hogy ezüst van benne. Így aztán az öregember fiával együtt visszatért a lyukhoz, s kifejtett két öszvérhátra valót is a kőből. Megvizsgáltatta lent a városban, s bizony minden darabjában ott volt az ezüst. Ekkor nyitották meg Pelesék az ezüstbányát. Eleinte csak maguk dolgoztak benne, majd rendre megtollasodtak, s gépeket hozattak, munkásokat fogadtak a falubeliekből. Nem sokat, csak egy tucatra valót mindig. Jó napszámot fizettek, s üres idejükben még a gazdák is szívesen eljártak dolgozni az Ezüstlyukba. A zúzógép vízi erővel, az olvasztó faszénnel dolgozott, s a faszenet fent készítették a szénégetők. Így aztán mindenkinek jutott valami az ezüst árából, amit hetenként egyszer lehordtak boltos Samu öszvérei a városba.

A javarész persze Peleséknek jutott, hiszen övék volt a bánya. Az öregember halála után szép, nagy úr-házat építtetett a fia a bánya alatti domb laposára, virágos díszkerttel, de aztán ő is meghalt, s ott hagyta a házat meg a bányát a maga fiának, a világ rendje szerint. S azon a napon, amikor Dominik ott ballagott fölfele a sárga agyagúton a cifra kőkerítés mentén, már ennek a

Pelesnek is felnőtt fiai voltak. „Bizony, telik az idő" – sóhajtotta Dominik az emelkedő út s az évek súlya alatt.

Belül a kerítésen még nyílt néhány késői virág, s a tornácon öblös hintaszékben ott ült a Nagymama, bársonyos takaróval a térdén, szelíden bólintott fekete főkötős fejével az öreg csősz köszöntésére. A ház fölött tompán dübörögtek a bánya gépei, s sziszegett a nagy olvasztókemence.

A duzzasztó mögött kacsák úszkáltak a patak meggyűlt vizében, de fentebb a meder elkeskenyedett, kanyargóssá vált, s a partokat bozót szegte. Itt voltak elrejtve a csapdák. Vidra azonban nem volt egyikben sem, pedig Dominik már szépen és jó előre elosztotta magában a húsz ezüstpénzt. Új bakancsra, dohányra, egyéb apróságra. De hát ilyen a vadászember sora: egyszer hopp, máskor kopp.

Mire fölért a patak fejéhez, megkerülte a forrásokat, átszelte a meredek hegyoldalt, s kibukkant az erdőből újra a legelőszegélyre, nem messze a házától, bizony jó kis idő eltelt. Odébb, ahol a falu útja fölkanyarodott a hegyre, egy magános alak mozgott. Sebesen lépdelt, és fütyörészett. A cifra, megpödrött végű füttyszó a széles legelőn át egészen a Dominik füléig elért, s az öreg csősz megcsóválta a fejét. „Hát ez a cigány ugyan hova siet?" – csodálkozott magában Dominik, hiszen siető cigányt s mosolygó banyát szökőévben, ha lát egyet is az ember.

Márpedig Piluc sietett, hamarosan el is érte az erdőt.

Mohos vén fenyők hűvös és néma árnyékában a cigányosan kicifrázott füttyszó úgy veszett el, mint kisgyermek az éjszakában. A fütyörészésnek két oka volt. Először is szívből jött, mert Piluc tele volt vidámsággal, valahányszor alkalom adódott arra, hogy megszökjön a bolt mögötti öszvéristálló trágyaszagú robotjából, a favágástól, a vízhordástól, söpréstől és egyéb adódó munkáktól, amikkel a boltosné szünet nélkül mozgásban tartotta. S most különösen sok volt benne a vidámság a hírtől, hogy az úrfi visszatért, itt lesz megint, s az élet újra fűszeressé válik, mint amilyen régen volt. Piluc csak két évvel volt idősebb az úrfinál, s együtt nőtt föl vele a bolt mögötti kerítések árnyékában, a Libaréten, s a Libatónál ezernyi haszontalanság között, s annak idején igazi meleg barátság fűzte össze kettőjüket. Ennek a barátságnak fölmelegedő emléke hozta oda Piluc szájára a fütytyöt.

De a fütyörészés második oka messzire ment vissza az úrfival eltöltött idők mögé, az élet kezdetének homályos és babonás sötétjébe. Rebi néne, az öreg cigányné tanította meg az erdőszéli sátor mellett a füttyszó titkára. Az a Rebi néne, akitől Samu, a boltos, megvette Pilucot hétéves korában egy malacért, egy félzsák lisztért és egy üveg pálinkáért. A vén cigánynénak minden jussa megvolt hozzá, hogy Pilucot eladja, mert ő szedte föl az út széléről csecsemő korában, ahova valaki kirakta, ő nevelte föl, ő tanította meg az élet első titkaira. Egyik ilyen titok volt a füttyszó. A füttyszó, amely elűzi a gonosz lelkeket az ember közeléből, ha egyedül van.

Rebi néne, akit „a gombaszedő cigánynénak" neveztek a környéken, egymagában lakott egy ócska sátorponyva alatt fönt az erdő szélén, ahol a források erednek, és sokszor magára kellett hagyja a kis meztelen purdét, ha valamerre dolga akadt. A purdé ilyenkor sírt és sivalkodott, félt az erdő árnyékától és a csöndtől, ami a fák alatt volt, s Rebi néne megtanította emiatt fütyölni. És elmagyarázta, hogy a füttyszó távol tartja a sötétben ólálkodó gonosz lelkeket, s mindent, amitől félni lehet. Ez a cigány-titok azóta is Piluc egyik legnagyobb erőssége volt, s valahányszor egymagában kellett átmenjen sötét erdőkön, vagy temető mellett éjjel, s a kisgyermekkor magárahagyott félelmeinek emléke rásúlyosodott a kedélyére, és a szíve kezdett furcsán összeszorulni: elővette a Rebi néne tudományát, és csengő, cifra füttyszóval űzte el magától a csöndet s mindazt, ami mögötte lapult.

Ballagott tehát fölfele a nagy fenyők alatt kanyargó meredek ösvényen, és fütyörészett. És az úrfira gondolt, aki tizenkét évvel azelőtt olyan bolond módon elment, csak azért, mert nem akart boltos lenni, mint az apja, s ez olyan hihetetlen és bolond dolog volt, hogy valaki ne akarjon boltos lenni, ha módja lenne hozzá, hogy Piluc, a cigány, valójában soha sem hitte el, hogy ez volt Manóka úrfi távozásának igazi oka. Cigány-fantáziájában legendává nőtt a megszökött úrfi-barát meséje, s ahogy az idő telt, ez a legenda kiszínesedett, és titokzatossá mélyült, megtelt mosolygó hercegkisasszonyokkal, titkolt szerelmekkel, nagy és bűnösen szép dolgokkal, s Piluc esküdni mert volna reá, hogy valami szép leány csalta el az úrfit messzi idegen földre. Ennek a színes elképzelésnek talán az volt a magyarázata, hogy szegény Pilucnak nem volt szerencséje a leányokkal. Cigányleányok nem voltak a környéken, másféle leány pedig hogyan is nézne reá egy cigányra? Világszégyene volna! Így hát Piluc máshol kellett volna asszony után nézzen, s kétszer el is indult cigánylányt keresni, de a sors ellene volt mindkét esetben.

Első nekiindulásakor, két évvel az úrfi távozása után, csak a hegyen túli első városig jutott. A várost ismerte már, Samu úrral kéthetenként eljártak oda az öszvérekkel áruért, de amikor kifele ballagott a városból, egyszerre csak meglátott a folyó partján egy hosszú, fekete rémséget közeledni irtó sebességgel a töltés tetején, s amikor ez a szuszogó szörnyűség elvisította magát, a jó Piluc ész nélkül fordult vissza, s egy futással rohant, amíg csak el nem érte az erdőt.

Később Samu úr megmagyarázta neki, hogy az a hosszú fekete rémség a vasút, és arra való, hogy az ember utazzék vele, ha van pénze hozzá. Így aztán Piluc három teljes évig gyűjtötte a pénzét, s mikor Samu úr is úgy gondolta, hogy már elég gyűlt össze az asszonykereséshez, akkor Piluc újra nekiindult a világnak. Most már egyenesen a vasúthoz ment, s a pénztáros kérésére, hogy meddig kér jegyet, azt felelte: „ameddig a vasút viszen." Így aztán másfélnapi utazás után az egyenruhás kalauz kiszórta őt egy rettentő nagy városban, ahol akkora házak voltak, hogy a Viharbérc tízszer is elfért volna bennük, Piluc szerint, s ahol bizonyára csupa Békebírók meg bányaurak laktak, mert egyéb fajta egyszerű embert még az utcákon sem lehetett látni. Végül is valami nagy térségen egy óriási sátor alatt, amit cirkusznak neveztek, talált is Piluc cigányokat. Volt ott egy cigányleány is, aki majdnem csórén mutogatta magát az embereknek, lóháton nyargalva köröskörül egy bekerített helyen a nagy sátor alatt, s bár a csórésága sértette Piluc illendőség-érzetét, a leányzó mégis igen megtetszett neki. Mikor ezt hátul a ponyva mögött megmondta a fehérnépnek, s azt is, hogy milyen messziről jött oda miatta, az rácsillogtatta szépséges szép szemeit, és első kérdése az volt: „Van-e pénzed, pofám?" Mikor Piluc hűségesen elébe számolta a pénzét, a leány elvitte magával egy csudálatosan szép vendéglőbe, ahol minden aranyból volt, meg üvegből, ott rendeztek egy nagy esküvői lakomát, utána egy nagy emeletes palotában gyönyörű díszes lakást béreltek, ahol még meleg víz is folyt, csak meg kellett nyitni egy csapot – s másnap a gyönyörű cigánytündér pénz nélkül kergette ki szegény Pilucot az utcára, s olyan csúnyákat kiabált utána cigányul, hogy rossz volt hallani.

Félnapig kóvalygott szegény Piluc a szörnyű nagy városban, amíg meglelte azt a helyet, ahol a vonatok indulnak. S mivel pénze nem volt, hogy jegyet vegyen, hát éjszaka nagy ügyesen bebújt egy teherkocsiba, ami mindenféle gépekkel volt tele. Mikor innen kidobták, egy másik kocsiba lopódzott be, s étlenül, rongyosan, naponta vasutasok szitkai és pofonjai között, így utazgatott több mint hat napig össze-vissza, míg végül is hasonfekve valami hordók között megpillantott a távolban egy ismerős hegyet. Bús és ijedt szívében felszabadult ujjongással szökött le a menő vonatból, s bár kissé összezúzta magát, amikor legurult a töltésen, két nap alatt mégis hazabicegett valahogyan a Viharbérc alá, s véresen, rongyosan, sántán, félholtan az éhségtől, de boldog örömmel bebotlott a bolt mögötti öszvéristálló ajtaján, megölelte az első öszvér nyakát, s aztán lefeküdt melléje a szalmára és két napig egyfolytában aludt. Ettől kezdve aztán nem volt benne több vágyakozás nőszemélyek után.

Piluc tehát ott kapaszkodott fölfele az ösvényen a Pásztorok Szállása felé, magányos cigányszívében tele hűséggel és szeretettel az úrfi iránt, aki íme hazajött szintén a nagy és félelmetes világból, valószínűleg éppen olyan póruljártan, ha nem rosszabbul, mint annakidején ő, s aki most majd átveszi a boltot Samu úrtól, és minden szép lesz, és békés ezentúl az életben. Talán feleséget is hozott magával Manóka úrfi – elmélkedett Piluc –, bár erről Samu úr nem szólt semmit, de lehet, hogy az úrfi eltitkolta, mert félt, hogy harag lesz miatta. No majd elintézzük, gondolta vidáman, majd elintézzük azt is az öregekkel, mint annak idején a széna között talált tyúktojásokat. Nem akkor is azzal fenyegetőzött Samu úr, hogy szíjat hasít a fia hátából? Aztán, hogy az úrfi elbújt fent a szénégetőknél, estére már megolvadt a harag is odahaza, s csak egy szót kellett szólni Samu úrnak, hogy egyszeribe elfeledtessen vele mindent az öröm...

Így elmélkedett magában Piluc, a cigány, amíg sietve lábalt fölfele az ösvényen. A fenyves sűrűjén átcsillogott a napfény aranypora, piroshátú gombák mosolyogtak a moha között, s kövér rigók perlekedtek az áfonya fekete bogyóin.

A nap delelőn volt már, mikor a Szénégetők Északasán kibukkant az első tisztásra. A forrás gödre alatt nagy, lomha kemencék füstölögtek sorban, s a Gidánosék kalibája előtt ott ült az öreg Mári, és kavarta a malacok moslékát.

– Hát téged mi a sötétség űz ide? – kérdezte meg az öreg Mári a cigányt, mikor az ott haladt el a ház mellett.

– Az úrfiért megyek – felelte Piluc büszkén –, hazahozom külországból őkelmét!

– Hallj oda, te, hallj oda! – csóválta meg Mári néni a fejét tréfásan, furcsán, és nem mondott többet, csak nevetgélt a moslék fölött.

– Hát az ura mit csinál? – vetette oda a kérdést Piluc, tiszta udvariasságból, anélkül, hogy megállott volna.

– Ahova mégy, megleled őt is, Gidánost, az ám – nevetgélt halkan Mári néne, mint aki sok mindent tud, még egyebet is, csak szólani nem akar. Ezek a szavak kissé gondolkozóba ejtették Pilucot, s rágta őket, töprengett rajtuk, amíg mászta a hegyet. Még a fütyölésről is megfeledkezett miattuk.

A lópataki tisztáson csak öreg Lukácsot lelte meg a karám körül, amint baltafokkal vert be egy cöveket. Rosszkedvű volt, és harapós, mint a medve.

– Odatúl Jábóéknál leled meg őket – vetette oda kurtán a szót –, mind ott gyűlt össze, ahány restet tudok a havasban!

A beszédre kinyílt a sajtház ajtaja, s kijött rajta Rozi, a vak leány. Túrót gyúrt odabent, látszott a kezén.

– Te vagy az Piluc? – fordította arcát a hang felé –, gyere ide!

Piluc otthagyta az öreget a cölöppel, s odaballagott a vak leányhoz.

– Az apja küldött? – kérdezte a leány.

– Ő.

A leány a nap felé tartotta az arcát, s haja csillogott, mint az olvasztott arany.

– Próbáltam lebeszélni arról, hogy Jábóékhoz menjen – mondta halkan, és a hangja szomorú volt –, de azt felelte, hogy a szent cél érdekében mindenkit föl kell használni, aki hajlandó tenni valamit. És nem sokan vannak, akik hajlandók. Innen Máté ment el vele, a sánta, azért haragszik úgy apó. Máté gonosz szavakat mondott apónak, amikor elment, s apó az úrfit hibáztatja ezért...

Piluc szegény egy szót sem értett az egészből. Zavarodottan állt, és valami furcsa, fagyos ijedtség szállta meg.

– Jábónál van, a lopónál? – kérdezte akadozó nyelvvel, hogy mégis szóljon valamit.

– Annál – felelte a leány –, s vele vannak Borza meg Kehős. A hazug és a gyáva. És én attól félek, Piluc, hogy későn küldött téged az apja...

– Nem fog lejönni hozzánk, úgy érted? – ijedt meg a cigány.

A leány lassan megrázta a fejét.

– Nem – mondta –, lemegy hozzátok, az biztos. De nem úgy, ahogy ti szeretnétek.

Majd hozzátette:

– És nem úgy, ahogy én szeretném...

Volt, mit töprengjen Piluc ezek után, amíg föllábalt a gerincre, s túl, alá a sóskúti katlanba, ahol a Jábóék háza állott. Jábó nem tartozott a pásztorok közé, bár az apja az volt s nagyapja is. Jábó azonban rest volt juhot őrizni, fejni, karámot javítgatni, s így más oldalról fogta meg az életet. Ez a másik oldal pedig a lopás volt. Jábó volt az egyetlen tolvaj a hegyen. Nem volt titok, mindenki tudta ezt. Lopott sajtot, juhot, szerszámot, tyúkot, mindent, amire csak rá tudta tenni a kezét, s emiatt rendszerint minden három hónapban egyszer meggyűlt a baja Dominikkel, aki vasra verve vitte a Békebíró elé Jábót, ahol aztán bezárták a fáskamra alatti pincébe, és addig tartották ott, amíg Kicsi Ágnes meg nem unta etetni, s ki nem kergette onnan. Mivel pedig nem akadt leány, aki tolvajhoz ment volna feleségül, így hát a sóskút gödrében Jábó az anyjával élt lent, aki özvegyen maradt régen, s akit a fia miatti búbánat és szégyen úgy megöregített hamarosan, hogy ötven helyett száznak is látszott.

– Hát ehhez a semmi-emberhez ment az úrfi – töprenkedett Piluc, amíg aláereszkedett a szederrel benőtt irtáson –, ugyan vajon miért? S mit akar a többiektől is? Sánta Mátétól? Borzától, akinek még igaz szó nem hagyta el a száját, amióta megszületett, s Lidi néne szerint már az első sírása is hazugság volt? Tán csak nem rablóbandát akar összehozni az ég szerelmére, mint annak idején Véreskezű Piripók, akiről még ma is annyit mesélnek az öregek?

Piluc igazán nagy gondban volt hajdani barátja, az úrfi miatt. S ez a gond még csak növekedett, amikor fölbukkant a Jábóék düledező kunyhója a bükkfák között, s meglátta körülötte a sok embert. Voltak húszan is, ha nem többen. Volt, akit ismert közöttük, volt, akit nem. De akit ismert, abban sem tellett öröme. Rosszféle emberek voltak, verekedők, iszákosak, bajkeresők.

Mind feléje fordultak, amikor meglátták, s egy Boldizsár nevezetű, sebhelyes-képű kötekedve kiáltott oda neki:

– Héj, varjú! Mit akarsz itt? Azért jöttél, hogy lesúroljuk a kormot a képedről?

Ez a Boldizsár egy falubeli gazdának volt a fia, nagy verekedő, aki már megölt bicskával egy embert, s csak úgy mentődött meg a bajból, hogy gyorsan beállott katonának. Viszont ott is bajba keveredett, s azóta az a hír járta róla, hogy bujdosik a törvény elől. Így hát Piluc inkább a ház másik sarka felé kanyarodott, annál is inkább, mert gyerek korában ez a Boldizsár már megkergette egyszer a Libató mögött a bicskával, mert látni akarta, hogy fekete-e a cigányvér, vagy vörös?

– Hol van az úrfi? – kérdezett meg egy ácsorgó szénégetőt, s az ember állával odabökött az ajtó felé.

– Odabent ülik a tanácsot.

Piluc tehát benyitott az ajtón, kissé dobogó szívvel és ziláló lélegzettel, ami nem annyira a fáradtság miatt volt, hanem az örömtől, hogy íme szemtől-szembe láthatja Manóka úrfit a következő pillanatban.

Meg is látta, szemtől-szembe. Ott ült a Jábóék féllábú asztala mellett, arccal az ajtónak, és hangosan beszélt valamit. A szomorú kis ablak piszkos üvegén beszitált a délutáni napfény, és vörösre gyújtotta a haját meg sápadt arcán a szeplőket, akárcsak annak idején a Libaréten, játék közben.

– Hujjuj, Manóka úrfi! – rikkantotta el magát Piluc lelkesedéstől dagadozva. – Csakhogy a Jóisten hazahozta már!

Az asztalnál ülők az ajtó felé fordultak. Ott volt Gidános, a szénégető, sötét és bozontos nézésével, Jábó, a lopó, csodálkozó, buta arccal, és Sánta Máté, kíváncsian és vigyorogva. Az úrfi abbahagyta a beszédet, ránézett Pilucra, és azt mondta hidegen és kurtán:

– Várj meg odakint, Piluc! Most dolgunk van.

Szegény jó Piluc körül megfordult a szoba, megfordult a világ. Szédülten tántorgott ki az ajtón, leforrázva, mint a konyhából kizavart kutya. Bánatában elkullogott hátra, a roskadozó pajta mögé, s ott törülgette ki öklével a szemeibe szökött könnyeket, amikor valaki megszólalt mellette érdes, didergő öregasszony-hangon.

– Hát te is itt vagy, Piluc? Már te is?

Jábóné, az özvegyasszony üldögélt ott a félrebillent deszkakapun, és sovány arcából vádlón néztek elő a szemei.

– Hát már te is, Piluc?

– Samu úr küldött az úrfi után – dadogta a cigány restelkedve –, de ejszen, hogy várnom kell egy keveset.

– Hát ha várnod kell, akkor ülj le valahol – felelte Jábóné –, van itt hely elég! Oszt mire kell várnod, he?

– Hogy végezzen az úrfi odabent az emberekkel.

Az öregasszony sóhajtott.

– Amit ott végeznek, abból jó nem lesz, fiam – mondta keserűen –, abból csúnya dolgok lesznek, pusztulás, és ki tudja, még mi. Inkább maradt volna ott a te úrfid, ahol volt, vagy még azon is túl. Hát szabad elvenni azt, ami a másé? Nem elég baj az, hogy az én fiam tolvajnak született, tolvajjá akarják tenni az egész világot? Tolvajok világában éljen az ember? Inkább száradna le a kezetek, és rohadna ki a nyelve annak, aki gonoszságra bolondít benneteket, sze akasztófán végzitek valamennyien, phi, phi... Piluc most már igazán megijedt. Még a lélegzete is elállt. S az arca olyan szürke lett a feketeség alatt, mint a cigány-halál.

– Miről beszél, Jábó néni, Isten megáldja, miről beszél?

– Hallgass, mintha nem tudnád! – mordult föl az öregasszony haragosan. – Mind egyformák vagytok, egymást vadítjátok, együtt lógtok majd a hóhér kötelén is, hogy vájnák ki a hollók a szemeteket, gyalázatosok! Hordd el magad innen te is, eredj vissza oda a többi gyilkos közé, hagyjatok legalább magamra meghalni, oh Uramisten, Uramisten, mért nem könyörülsz már rajtam, mért nem veszel magadhoz...?

A sovány vénasszony sírása még borzalmasabb volt, mint a haragja, és szegény Piluc behúzott nyakkal iszkolt vissza a ház elé. Ott leült a gyepre, távol az emberek csoportjától, s maga elé bámulva próbálta megfejteni a szörnyűséges titkot, amibe, úgy látszik, belekeveredett itt az úrfi nyakig. Rablóbandát csinálnak? Ki akarják fosztani a templomot? Szegény Piluc hiába törte a maga buta cigányfejét, nem tudott rájönni a titokra. Csak aggódott, és rázta a hideg a napsütés ellenére is, és akkora szörnyű bánatot érzett a szívében, hogy ha nem lettek volna ott az emberek, legszívesebben felvonyított volna az égre, mint a szukakutya, akinek patakba nyuvasztották a kölykeit.

Hosszú idő múlva aztán kinyílt a kunyhó ajtaja, s előbb Gidános jött ki rajta, aztán Sánta Máté, s mögötte Jábóval együtt az úrfi. Egy darabig halkan beszélgettek az összegyűlt emberekkel, halkan, pusmogva, mint akik titokban járnak, aztán az emberek oszlani kezdtek, s az úrfi pedig megkereste Pilucot a szemével, és odajött.

– Aztán mit üzent az apám? – kérdezte.

Piluc nem kelt föl ültiből, úgy nézett csak föl reá, szomorúan, sötéten. Kereste a régi, gyermekkori arcot, de helyette egy összehúzott szemöldökű, szigorú képű idegent látott.

– Azt mondta volt Samu úr, hogy tessék hazajönni, nem ha-

42

raguszik az úrfira – adta át Piluc az üzenetet, hűségesen, de lélek és öröm nélkül.

Az úrfi bólintott.

– Tudtam én azt. Hazamentem volna anélkül is, csak elébb dolgom volt idefönt. Gyere, menjünk hát!

Piluc lassan fölállt, és leporolta nadrágjáról a faleveleket.

– Aztán mi bajba keveredett az úrfi megint? – kérdezte roszszallóan. – Mi dolga van ezekkel itt?

– Nagy dolgok lesznek – felelte az úrfi komolyan –, fölszabadul a nép, és megváltozik a világ, majd meglátod. Gyere!

S azzal már indult is lefele a forrás menti csapáson. Piluc búba temetkezve döcögött mögötte egy ideig, aztán megszólalt megint.

– Emlékszik még, Manóka úrfi, amikor földhöz vagdosta volt a tojásokat? Akkor is én segítettem ki a bajból Manóka úrfit. Meg máskor is. Amikor a pap szilvásában érték. Amikor beleesett a Libatóba. Én mindig segítettem, igaz-e? Hátha most is elmondhatná, Manóka úrfi, hogy mi a baj...

– Szólíts Emánuelnek – szólt hátra az úrfi türelmetlenül –, s nyugodj meg, hogy nincsen baj semmi. Érted?

– Igenis Manóka úrfi, csakhogy...

– Mondtam, hogy szólíts Emánuelnek!

– Igenis instállom...

Az úrfi megállt az ösvényen, és szembe fordult a cigánnyal. Mosolygott:

– Piluc, Piluc, fidibuc! Buta tökfilkó vagy, s az is maradsz egész életedben!

A gyermekkorból visszatérő ismerős szavak úgy érték Pilucot, mint valami csodálatos varázsige. Széles vigyorra torzult tőlük az arca, szeme csillogni kezdett, s lekapva fejéről a lyukas szalmakalapot boldog kurjantással dobta föl a magosba.

– Ujjujuj! Most már igazán elhiszem, hogy hazatért Manóka úrfi!

2

A BOLT mögötti kis szobában még mindig égett az alacsony mennyezetről alácsüngő petróleumlámpa, pedig az öreg kakukkos óra már régen elkakukkolta az éjfélt.

Samu, a boltos, ingujjban könyökölt a kopott, zöld bársonyterítővel letakart asztalra, s kerek, kopaszodó fejét két tenyerével tartva, belebámult a semmibe. Sára, a boltosné, kövéren, petyhüdten és elomolva ült a szoba sarkában lévő nagy karosszékben, melynek támláját már régen kikezdte a moly, és halkan, szepegve sírdogált. A könnyeket már nem is törölte le az arcáról, hagyta hogy csorogjanak le a nyakába, az ölébe, a feketefehér mintájú kiöregedett ruháján nagy nedves foltokká gyűljenek.

A fiú ott ült az asztal mellett, szemben az apjával, és lassan hintázott a széken.

– Hát ezért jöttél haza? – kérdezte Samu, vádló, szomorú hangon a fiát –, ezért?

– Ezért – felelte Emánuel halkan, de keményen. – Ha mi nem csináljuk meg, megcsinálja más. Mihelyt a katonák itt lesznek...

– És az ellenség katonáival akarod...? – kérdezte Samu, és a szeme megkönnyesedett. – Száz éve nem járt itt idegen katona, tudod-e azt?

– Tudom – bólintott a fiú, és zökkenve eresztette vissza a szék lábát a padlóra –, de most itt lesznek, mégpedig hamarosan. S ha akkor, az első napon nem vesszük a kezünkbe a dolgot, ők csinálják meg helyettünk, és az rosszabb lesz.

– S nem lehet... valahogy másként? Tisztességesebben...? – kérdezte Samu, szinte könyörögve, s annyi kétségbeesés volt a hangjában, hogy az asszony ott hátul a karosszékben hangosan fölzokogott tőle.

– Na Sára, na... – fordult hátra a boltos, és szeme akkora szeretettel és szánalommal simogatta végig a csúnya, kopott, megöregedett asszonyt, hogy az arca szinte megszépült tőle –, Sára szívem, na...

– Nem lehet – felelte Emánuel kurtán –, ami pedig a tisztességet illeti, ez a világ nem tisztességes, és nem érdemel tisztességes elbánást. Ez a világ egy gonosz és kizsákmányoló rendszeren alapul, melyben egynéhány gazdag és hatalmas uralkodik, s a többinek csak az engedelmeskedés marad, akár igazságos a törvény, amit a kiváltságosak hoznak, akár nem. Ez a rendszer megérdemli, hogy elpusztuljon.

Annyi gyűlölet volt a hangjában, hogy az asszony ott a karosszékben egy pillanatra abbahagyta a sírást.

– De fiam, édes fiam, hogy beszélhetsz így...? – kérdezte könyörögve. – Jaj Istenem, mit tettek veled, mit tettek az én egyetlen kis fiammal...

A sírás újra előtört meggyötört lelkéből, és arcát két párnás kezébe temette. Néhány percig nem lehetett mást hallani, csak az elfojtott asszonyzokogást és a petróleumlámpa halk sercegéseit. Aztán Samu, a boltos, fölemelte a fejét, és száraz, könnytelen szemeivel egyenesen a fiára nézett.

– Ez a falu jó volt hozzám – mondta halkan, de határozottan. – Úgy jöttem ide egy rossz öszvérrel, azon volt minden földi vagyonom, s az öszvér mögött ott gyalogoltam én meg az anyád. Ez a falu befogadott minket. Kenyeret adott a kezünkbe, hozzásegített ehhez a bolthoz, s nem a te restjeid és naplopóid segítettek, hanem azok, akiket uraknak nevezel, s akiket félre akarsz söpörni az útból. S nem csupán hozzám voltak jók, de hozzád is fiam. Gyerekeik bevettek maguk közé, pedig más vallású voltál. Engedték, hogy ott ülj az iskolájukban, az első padban mindig, s nem irigykedtek reád, amért te voltál köztük a legjobb tanuló, hanem büszkén dicsekedtek veled, amikor a tanfelügyelő úr téged választott ki ingyenes diáknak a városi főiskolába. S te most ezeken akarsz bosszút állani azért, mert valahol egy messzi nagyvárosban, ahogy mondod, megpofoztak valami emberek az utcán, és zsidónak szidtak. S hidd el nekem, fiam, azok, akik ezt tették veled, azok lennének most az elsők abban a dologban, amit te akarsz tenni. Mert mindig a rendbontók, a hangosak, a verekedők azok, akik a forradalmakat csinálják. S te is közéjök akarsz tartozni, Manó, és hálátlansággal fizetni azoknak, akik jók voltak hozzád ebben a faluban?

Emánuel türelmetlenül legyintett a kezével.

– Jók voltak? A kóbor kutyához is jók voltak talán, mert nem ütötték agyon, hanem odalökték neki a konyhahulladékot, hogy egyék. A jóság még nem igazolja a rendszert, amit rákényszerítettek a dolgozók osztályára. De különben is értse meg, apám, ez nem rajtam múlik. Kicsi figura vagyok én ebben a játékban. Az egész világ megváltozik, és ahol nem megy szép szóval, ott erőszakkal változtatják meg. Én pedig azt hiszem, jó szolgálatot teszek mindenkinek azzal, ha megelőzöm az erőszakot és a vérontást, s készen várom az új rendszerrel őket, amikor megérkeznek.

– S mikor gondolod? – kérdezte Samu aggodalmasan. – Egy-két hét múlva?

– Holnap vagy holnapután már itt lehetnek – felelte Emánuel, és elfordította a fejét, hogy ne lássa az apja elrémült arcát –, alig van ellenállás, és a szabadítók gyorsan haladnak...

Csönd volt a szavai után, mély és halottas csönd. Még az asszonyban is elakadt a sírás ott a sarokban. Csak a kakukkos óra ketyegett békésen a falon, s számolta a múló másodperceket, részvétlenül.

– Szent Isten, el ne hagyj! – sóhajtott föl az asszony elsőnek, és sápadt arcában rémületre nyíltak a kisírt szemek. A boltos lassan fölemelkedett az asztal mellől.

– Asszony – mondta lassan, komolyan –, gyújtsd meg a gyertyákat! Hozz hamut is. Hadd tépjük meg a ruhánkat, és imádkozzunk. S kérjük az Istent, hogy ha már ránk sújtott a bal kezével, legalább tartsa meg a fiúnkat becsületes embernek, s ne engedje, hogy gyilkossá legyen...

Utolsó szavai már sírásba fulladtak. Aztán a két öreg zsidó átölelte egymást ott, a homályos alacsony szobában, egy hosszú, fáradságos élet minden szeretetével, s zokogásuk egymásba olvadva megtöltötte gyásszal a hallgatódzó éjszakát.

A fiú lehajtotta a fejét, és egy ideig ott ült mozdulatlanul az asztal mellett. Aztán lassan felállt, az ajtóhoz ment, és kilépett a hűvös őszi éjszakába.

A hold sápadt és titokzatos homályt vetett a szűk udvarra, s a félig nyitott istállóajtón át kiáradt a trágya csípős, keserű szaga. Emánuel lassan haladt a régi gyermekkori szobája felé, melynek ajtaja onnan nyílt az udvar végéből, de aztán megállt. Valami furcsa érzés fogta el. Itthon vagyok, gondolta, de öröm helyett inkább csalódott bánatot érzett, s egyszerre csak eszébe jutott a lyuk a kerítésen, s az ösvény hátul a pataknál, s valóban sajgott benne valami régen eltemetett vágyakozás a régi bujkáló ösvények után.

Hátrakerült az istálló mögé, átment a kis szűk veteményeskerten, át az almafák alatt, s a hold sápadt világánál a lyukat kereste a kerítésen. Ott volt. Mindössze felnőtt körülötte a gyom, de a lyuk ott volt, ahol régen. Átgázolt a gyomokon, átbújt a lyukon, s a patak partján megtalálta a keményre taposott, keskeny ösvényt. „Még vannak gyerekek a faluban – gondolta valami furcsa örömmel –, ez az ösvény élni fog örökké általuk. Itt-ott egy-egy lyukat a kerítéseken benő közben a gyom, s itt-ott új lyukak készülnek, de az ösvény maga változatlan mindig."

Furcsa gondolat volt. Kicsit nyugtalanító, kicsit örömteljes és kicsit szomorú mégis, a gyomok miatt, melyek benövik a régi lyukakat. Lassan haladt előre az ösvényen. Lent a patak vize halkan csacsogott a kövek között, s helyenként, ahol a fűzfák ritkábbak voltak, tört holdfény csillogott a sodrán.

Egyszerre csak megállt, és rámeredt egy nagy, sötét épületre, hátul a fák mögött. Hogyan is került ide? Miért? Igen, ez a Békebíró háza, s az az ablak ott fönt, az a sötét és néma ablak... igen, az volt a Terézia kisasszony ablaka. Hányszor állt itt esténként, meghúzódva a füzek között, s leste azt az ablakot. Világosság volt benne, s olykor látni lehetett a függönyön egy vetkőző leánytest árnyékát...

Bolond vagyok, gondolta, és éppen meg akart fordulni, amikor valahol nem messze eldördült egy lövés. A hang végigrázta és megdermesztette. Aztán futni kezdett visszafele az ösvényen, gyomokat taposva, dobogó szívvel, izzadó halántékkal. A templom sarkánál jutott ki az utcára. Lihegve állt meg, és figyelt. Talán nem kezdte máris el valaki...? Korán lenne, és nem szabad, hogy vér folyjon, nem szabad...!

A pap háza mögött mécses imbolygott a sötétben, s egy mély, dörmögő hang mondta:

– Meg vagyon a görény, tiszteletes asszony! Több csirkét nem eszik őkelme!

– Dominik – sóhajtott föl Emánuel megkönnyebbülten, és mosolygott. – Megismerném a hangját ezer közül. Vajon még most is ugyanazt a bőrtáskát viseli az oldalán, amiből annak idején húzta volt elő a kisnyulat, mókust, törött szárnyú rigót?

Szégyenkezve kullogott vissza a bolt felé. A lámpás kialudt már ott túl, a papék udvarán, s hallani lehetett Dominik távolodó, súlyos lépteit, ahogy lassan elvesztek a hegyre vivő úton. Néma volt a holdszitálta falu. „Alusznak – gondolta Emánuel – mindenki alszik. És én kell fölébresszem őket..."

3

PATTANÁS, a sírásó ott ült Dominik házának küszöbén, előtte a langyos őszi napsütésben nyújtózó völgy, mögötte a nyitott ajtó s jobb keze ügyében a kicsi korsó, jóféle almalével. Pattanás tökéletesen·boldog volt. A belső szobából kihallatszott az üst barátságos fortyogása, s a szeszfőzés ismerős illatai megtöltötték a világot. A reggel fényes volt és tiszta, mint a frissen mosott üveg, az ég selymesen kék, s a nap melege kellemesen, álmosítóan dédelgette az öregedő térdeket. Keze néha megkereste a kicsi korsót, végigsimogatta a hűvös üveget, szájához emelte, húzott egyet a nyers, fiatal pálinkából. Gondolatai pedig elkalandoztak, édes terveket szőttek elképzelések pókhálóiból, hogy milyen is lesz az például, amikor saját maga főzi majd a szeszt odalent a háza mögötti fészerben. Csak egy kis pénzt kell még gyűjteni az üsthöz, mert a városvégi kovács, aki suttyomban készíti őket, hatszázat kér a használtabbjáért. S Pattanás optimista természete már számolgatta is kedélyesen a sírásásért járó hatvan pénzeket: tízen kell csak meghaljanak a faluban, hogy együtt legyen az üst ára. Ott van öreg Ámos, immár kilencvenkettő, Borbáné nyolcvannyolc, vén Bokor nyolcvanhat, felesége is meghaladta a nyolcvankettőt, immár négy szinte a zsebben. De öreg Álgya, meg a Tromka úr anyósa, Petreséknél a nagymama, aki mindig beteg... ez hét. S hármat még ad az Isten ajándékképpen is, meglepetésül. Mert jó az Isten, még a sírásókat sem hagyja éhen veszni...

Boldog volt Pattanás, ahogy ott ült ábrándozva, soványan, rozogán a küszöbön, a kicsi korsó mellett. Hosszú, ráncos madárnyakát néha megingatta, mint aki társalog valakivel, tán a Jóistennel magával, kóc-színű, lecsüngő bajszairól csöpögött az almaszesz leve, s kis kék szemeiben annyi bizakodás csillogott, hogy az Úristen szinte kedvet kaphatott tőle tíz ember sírba tételéhez, hadd legyen már együtt annak a kisüstnek az ára.

Hirtelen azonban a gondolatok fonalát valami megzavarta. Lent a legelő alján, ahol az ösvény kikanyarodott a szilváskertek közül, valami mozgott. Pattanás néhány pillanatig mereven szemlélte azt a valamit, aztán hátra szólott a válla felett.

– Héj, valaki jön! Hallod-e öcsém? Valaki fölfele tart!

A belső szoba ajtaja megnyílt, és előcsoszogott Dominik az üst mellől, rücskösen, bozontosan, virrasztástól vörös szemekkel.

– Fináncz? – hördült föl kissé ijedten, kissé bosszúsan.

Pattanás ülve maradt, mindössze hosszú, sovány mutatóujját emelte föl.

– Ott ni, az ösvényen!

Dominik megfogódzott kissé az ajtófélfában, úgy bámult alá a Pattanás feje fölött. Ő is látta az embert. A távolság nagy volt – jó húsz perc, amíg valaki felkapaszkodik a legelőoldalon, bőven elég idő, hogy elnyelhessen kisüstöt, mindent az erdő –, de még így is fölismerte mindjárt, hogy nem fináncz volt, aki jött. Ettől megkönnyebbült kissé.

– Tán adószedő? – aggodalmaskodott Pattanás. Ő csak két veszedelmes embert ismert a világon, a fináncot és az adószedőt. Utóbbira különösen azóta haragudott, amióta adót róttak ki a sírásásra is. De Dominik megrázta bozontos fejét.

– Nem. Az sánta. Az nem jön ide föl.

– Hátha egy másikat küldtek most? – aggályoskodott Pattanás még mindig –, huncutak az urak!

– Nem – lökte oda a szót Dominik határozottan –, adószedő nincs mit keressen erre. Én hivatalos személy vagyok – tette hozzá kissé gőgösen.

Pedig városi gúnyát viselt, akárki is volt, azt már messziről láthatták. Pantallós ruhát. Amilyent igazi urak, mint a Bíró, meg Peles, csak városon viselnek. Az igazi úr vadászruhában járja a hegyet. A pantallós az írnok csak, vagy tanító, vagy vigéc.

Akárki volt, városinak látszott, és Dominiknek az almaszesz ellenére is eszébe villant, amit a Bíró mondott a „gyanús idegenekről". Hátralépett tehát, és leakasztotta a szögről a puskát. A tarisznyából előkotort két töltényt is, és megtöltötte a fegyvert. A závár csattanására Pattanás a küszöbön hátranézett.

– Mi-a? – kérdezte csudálkozva és kissé megdöbbenve. – Minek a fegyver?

– Háborúban vagyunk – felelte Dominik hivatalos komolysággal, és a puskát letámasztotta az ajtó mellé.

– De nem mink! S nem itt! – háborgott Pattanás. – Tedd már el azt a szerszámot, öcsém, tudod, hogy nem szeretem a közelben! Még felpukkan egyszer.

– Titkos parancsom van – mordult Dominik –, s a parancs parancs! Te ebbe ne szólj bele!

A sírásó sértődötten húzta be a nyakát, s többet egyikük se szólt. Dominik pipára gyújtott, s nekidőlt az ajtófélfának, közel a puskához, Pattanás meg ült a küszöbön. A belső szobából kihallatszott az üst békés fortyogása, az idegen pedig lassan, békésen jött fölfele a legelőn. Kőhajításnyira volt már, amikor Pattanás megszólalt.

– Kutya legyek, s ugassak, ha ez nem a veres zsidófiú, a Samué, aki itthagyta volt az apját!

– Az a – hagyta helyben Dominik a pipa mellől –, Manóka úrfi hát. Hallottam volt a faluban tegnap, hogy hazatért.

– Megjött az esze, ejszen – bólintott Pattanás –, fiúnak apja mellett a helye, az hát.

Valóban ő volt, jól látták már. Kissé megnőtt, megnyurgult, arca megsápadott, s kevesebb volt rajta a szeplő is. De a haja éppen olyan veres volt, mint azelőtt, s a mozgása se változott semmit, akárha drót tartotta volna össze a csontjait s nem hús.

– Hej, Dominik bácsi, adjon az Isten! Hogy van, hogy van? – lengette meg a kezét már messziről a vendég, s Dominiknek kissé megnyirkosodott a szeme, mert a hang s a szavak ugyanazok voltak éppen, mint annak idején, nagyon régen, egy rövid nadrágos, vereshajú, szeplősképű kisfiúé, aki időnként felszökött ide hozzá a hegyre, tűz mellett aludni, mesét hallgatni, nyúllesre menni.

– Hozta Isten, Manóka úrfi – dünnyögte esetlenül, s öreg

51

szemei furcsán csillogtak –, hát ez jó, hogy haza tetszett jönni, ez
biza jó.

Átlépett Pattanás mellett a küszöbön, az érkező elé ment.

– Megnőtt az úrfi, meg ám. Megemberesedett.

– Dominik bácsi nem változott semmit – mondta Emánuel –,
olyan mint volt. A ház is olyan. A szag is... – megszimatolta a le-
vegőt –, alma, eh?

– Az – bólintott Dominik boldogan –, nem felejtett el bennün-
ket az úrfi idegen országokban.

– Még azt is tudom, hogy a tarisznyájában melyik oldalon van
a töltény, melyik oldalon a bicska, meg az ivópohár, meg a gyu-
fa, meg a többi... Megvan még a tarisznya, remélem!

– Meg, meg – bólintott Dominik, és boldog volt, furcsán, öröm-
mel tele boldog.

– Ez meg itt Pattanás bácsi, ugye?

Pattanás fölnézett a küszöbről.

– Hát engem is meglátott, meg-e? Hát aztán tudja-e azt, hogy
mi a különbség a sírásó és a hamis politikus között? He?

– Nem tudom – nevetett Emánuel.

– Hát akkor nem sokat tanítottak azokban a külországi isko-
lákban – tromfolta le Pattanás –, mert hát a sírásó a másik sírját
ássa, a hamis politikus pedig a saját magáét. Ez a különbség.

Emánuel nyakában feketén csillogó, vadonatúj messzelátó
csüngött vékony szíjon. Leakasztotta, s odanyújtotta Dominiknak.

– Egy kis ajándék, Dominik bácsi.

Az öregnek megkönnyesedett a szeme. Elfogódottságában
köhécselni kezdett, amíg az arca kivörösödött tőle.

– Nem való ez nekem, Manóka úrfi – dünnyögte a bajusza
mögött, és kérges kezében óvatosan megforgatta a csillogó szép
úri műszert –, kár nekem az ilyesmi...

– Messzilátó! – lelkesedett Pattanás a küszöbön. – Megláthа-
tod vele a fináncot a hegy másik oldalán is! Add ide, hadd lássam!

Kiragadta Dominik kezéből, és a szemeihez emelte.

– Hűha! – nyögte el magát a sírásó –, ez igazán messzit mu-
tat, te! Olyan messzire viszi innen a falut, hogy... hű te, félnap
alatt se érnék le oda, ha igaz lenne!

– Fordítva tartja Pattanás bácsi! – nevetett Emánuel, és kivette a vén sírásó kezéből a messzelátót. – Így kell tartani, ni – mutatta –, s ezzel a kis kerékkel itt a közepén hozzáigazítja a szeméhez. Így. Lássa?

– Úri huncutság az egész – dünnyögte sértődötten Pattanás, és elfordította a fejét, hogy ne is lássa megszégyenülésének okozóját –, az ember lát, amit lát, minek ahhoz messzilátó. Amúgy sincsen sok jó látnivaló ebben a világban...

– Szép az úrfitól, hogy gondolt reám – mondta Dominik nehézkesen –, de legisleginkább mégis annak örvendek én, hogy haza tetszett jönni... Samu úrnak jól fog a segítség a boltban.

Emánuel sápadt kisfiús tekintete elborult, és egy furcsa, kemény, idegen vonás élesedett ki rajta, amit Dominik nem ismert.

– Azért jöttem haza, hogy segítsek – mondta Emánuel –, nem csupán apámnak, hanem az egész falunak. Megváltozik a világ, Dominik bácsi.

Az öreg csősz megdöbbenve figyelte az idegen arcot. Aztán sóhajtott.

– Minden változik, úrfi. Nap-nap után változik az élet, ahogy az idő múlik. De tessék már bejönni egy kicsit, hadd kínáljam meg valami jóféle itallal, meg egy kis paprikás szalonnával, mint hajdanában, amikor kisfiú volt, s fölszökött ide hozzám. Jó szalonna, most vettük csak le a füstről. Vannak dolgok, amik nem változnak, lássa.

Bent a szobában paprikás szalonna, rozskenyér és fenyőpálinka mellett Emánuelnek megeredt a szava. Idegen országokról beszélt, nagyvárosokról, ahol az emberek egy része nyomorúságban kínlódik, másik része pedig úszik a vagyonban, elégedetlenségről, szociális bajokról beszélt, s végül az Új Megváltó tanairól, melyek szerint minden ember egyforma, s minden embernek egyformán jussa van a világ javaihoz. Beszélt arról, hogy a magántulajdon bűnös önzés, tulajdonképpen nem egyéb mint lopás, mert valójában Isten a világot minden ember számára egyformán teremtette, s ezáltal az egész emberiség együttesen bírja a világot, minden közös, és senkinek sincsen joga, hogy magának tulajdonítson el bármit is, egyedül.

53

A két öreg az asztal két oldalán rágta a szalonnát, és kortyolta a fenyőszeszt, nagyokat bólogatva néha, s hol értette a szavakat, hol nem. Mikor azonban Emánuel odaért, hogy a Szabadító Megváltó dicsőséges hadserege nemsokára megérkezik, és felszabadítja az elnyomott népeket, Dominik felkapta a fejét, és rágatlanul nyelte le a szalonnáját.

– Hö? – kérdezte meghökkenve. – Hadsereg? Miféle hadsereg jön ide?

– A Felszabadító Megváltó seregei! – mondta Emánuel.

– Tán nem az ellenségre gondol az úrfi? – ijedezett Dominik.

A vöröshajú fiatalember a meggyőződés erejével mondta:

– Dominik bácsi, feledje el azt a szót, hogy ellenség. A maguk véres verejtékén meghízott urak, akik ott ülnek a városok hivatalaiban, tanították magukat erre a szóra. Egy szabad ország szabad népe jön, minden kényszer nélkül, a maga szabad akaratából harcolva, hogy saját életének feláldozásával megszabadítsa magukat a rabságból. S mert velük van az igazság, s mert tiszta lelkesedés vezeti őket, a kapitalista bankárok és militarista diktátorok zsoldosait úgy verik szét mindenütt, akár a pelyvát, s ahol megjelennek, mindenütt ujjongva fogadja őket a felszabadult nép! Mert a Szabadító rendjét és igazságát hozzák!

Dominik és Pattanás szájtátva hallgatták a beszédet. Dominik szólalt meg elsőnek:

– S ide is eljönnek, azt mondja?

– Mindenhova – felelte Emánuel kigyúlva, lelkesen –, mindenhova, ahol kizsákmányolt és nyomorba taszított emberek élnek!

– Katonák? – hökkent meg Pattanás.

– Katonák – felelte Emánuel –, a világ legjobb katonái, mert egyedül ők küzdenek az igaz ügyért. Pedig nem is katonák igazában, hanem békés polgárok, egyszerű emberek mind, akárcsak maguk, munkások, akik azonban nem lehettek boldogok addig a maguk szabadságában, amíg mások rabságban sínylődnek ezen a földön...

Dominik előrehajolt az asztal fölött.

– Úrfi – mondta, és a hangja fojtott volt, rekedt –, itt minálunk jártak már egyszer idegen katonák, nagyapám idejében, s még ma is mesélnek arról, amiket tettek. Felgyújtották a templomot is, és megöltek asszonyt, gyermeket...

Emánuel hátradőlt a rozoga széken, úgy kacagott.

– Azok császári zsoldosok voltak Dominik bácsi! – mondta nevetve. – Egy rabló császár rabló katonái! Akik most jönnek, azok testvéreink!

Dominik megrázta a fejét.

– Ha jót akarnának, otthon maradnának, úrfi – mondta nagyon komolyan –, itt a mi falunkban nincsen mit keressenek. Akár testvér, akár nem, jobb ha távol maradnak innen, én mondom.

Emánuel arca egyszerre nagyon komoly lett, s a hangja kissé éles.

– Márpedig akármit is mond Dominik bácsi, a katonák itt lesznek. Ezen változtatni nem lehet. S rendet csinálnak itt, és igazságot tesznek, és felszabadítják magukat, akár tetszik ez magának, akár nem.

– Hallj oda, hallj oda – csóválta Pattanás a fejét –, ts, ts, ts... s abban az újféle rendben, amiről beszélni tetszik, lesz-e fizetése a sírásónak? Vagy azt is közösen ássák majd, fizetség nélkül?

– Abban az új rendben – felelte Emánuel keményen –, mindenkit egyformán fizetnek majd a munkája szerint. Akár sírásó valaki, akár pap.

– Te, te, te... – képedezett Pattanás, és gyorsan húzott egy nagyot a kicsi korsóból, mintha félne, hogy elkésik vele.

Emánuel felállt.

– Én tulajdonképpen azért jöttem ma ide, Dominik bácsi, hogy előkészítsem magát a meglepetésre. Nehogy megijedjen, vagy valami. A történelem kereke fordul egyet, s aki okos, az együtt fordul a kerékkel. Maga csak maradjon itt fent a hegyen, Dominik bácsi, s nem történik semmi baja. Majd ha szükségünk lesz magára, hivatni fogjuk. Igen, még valami: a puskát legjobb lesz, ha elrejti egy időre valahol a sziklák között. Tulajdonképpen be kellene szolgáltatni a katonáknak, de én majd elintézem, hogy ne keressék magán. Akit azonban lőfegyverrel találnak, azt kíméletlenül kivégzik a helyszínen.

Egy pillanatig csönd volt. Aztán Dominik felhördült.

– A puskámat? Az én puskámat...?

Tántorogva fölállt. Emánuel sietett megnyugtatni az öreget:

– Csak egy ideig, Dominik bácsi. Aztán később, ha már rend lesz megint és béke, akkor elővesszük a puskát újra.

De az öreg csak állt, vörösen, kimeredő szemekkel.

– Ezt nem tehetik meg velem, úrfi! Senki élő emberfia ezt meg nem teheti velem! Ezt a puskát a Bíró úr adta volt a kezembe harminchat esztendővel ezelőtt, amikor a régit széjjel vitte a lövés, és ezt a puskát az én kezemből ki nem veszi ám senki, se császár, se király, még maga a megváltó Atyaisten sem, ameddig élek!

– Azért mondtam, hogy dugja el – próbálkozott Emánuel szelíden –, csak egy időre...

De az öreg csősz szava akkorát dörrent, hogy megremegett belé az ócska ablak.

– Mit gondol az úrfi, hogy mi vagyok én? Vadorzó? Tolvaj? Haramia, akinek rejtőznie kell a törvény elől? Ezt a puskát tőlem csak az veheti vissza, aki adta, s más rá ne merje tenni a kezét, akármiféle Megváltónak is nevezi magát!

Emánuel néhány pillanatig elgondolkozva nézte a dühöngő öreget. Aztán megkérdezte:

– S ha az kéri vissza magától, aki adta? A Bíró?

Dominik szótlanul, szinte hitetlenül meredt rá egy darabig. Aztán mélyet, nagyot lélegzett.

– Az akkora nagy szégyen lenne, úrfi, hogy olyasmit az én jó gazdám meg nem tenne velem soha. Nem. Soha.

Annyi meggyőződés és határozott hit volt a hangjában, hogy Emánuel el kellett fordítsa a fejét. Lassan az ajtóhoz lépett, de a küszöbön még egyszer megállt és visszafordult. Szomorúság volt az arcán.

– Én csak figyelmeztetni akartam, Dominik bácsi. Hamarosan nagy változások lesznek itt, s nem szeretném, ha baja történne.

– S mikor lesznek itt azok a katonák?

– Talán ma, talán holnap. Talán holnapután – felelte a fiatalember –, nem tudhatjuk pontosan.

– Talán el is kerülik a mi eldugott völgyünket? – reménykedett Pattanás.

De Emánuel megrázta a fejét.

– Nem kerülik el. Egy egérlyuk nem marad elrejtve előlük, ebben bízhatnak. Most az egyszer igazán felszabadulnak a szegények és elnyomottak.

– S kik lesznek azok, akik felszabadulnak? – kérdezte Dominik.

Emánuel csodálkozva nézett vissza reá az ajtóból.

– Maguk! Mindenki! Mije van magának, Dominik bácsi? S magának, Pattanás bácsi? Van vagyona? Valami, amiből öreg napjaiban munka nélkül is megélhessen? A Szabadító országában az ilyen öreg emberek, mint maguk ketten, már nem dolgoznak semmit, csak pihennek, és örvendenek az életnek! Maguk kellene legjobban örvendezzenek!

Csönd volt a szavai után. Pattanás hümmögve csóválta a fejét, és Dominikra nézett. Aztán Dominik megszólalt lassan:

– Márpedig az olyan szabadság, amelyikben el kell dugnom a puskámat, mintha tolvaj lennék, nekem nem kell, úrfi.

Emánuel vállat vont, és mosolygott.

– Majd meglátjuk a végén, Dominik bácsi. Én mindenesetre figyelmeztettem jóakarattal, nehogy bajba keveredjék. Amikor meglátják a füstöt a Keleti-hágó fölött, az lesz a jel. S ha megfogadják a tanácsomat, akkor otthon ülnek, s nem mozdulnak, amíg hírt nem adok. Többet nem tehetek.

Azzal már ment is vissza a falu felé, sietve, mint akinek fontos és sok a dolga. S a két bozontos véncember megrökönyödve bámult egymásra a házban. Majd Pattanás kinyúlt a kicsi korsó után.

– Nem úgy eszik a levest, ahogyan főzik – morogta –, ha úgy ennék, mindenki megégetné a száját.

Dominik nem szólt. Szeme a puskán volt, az öreg, rozsdás puskán, sokáig. Aztán egyszerre csak azt mondta:

– Tudod-e, mit szokott volt mondani öregapám? Pendelyes gyerek voltam, de emlékszem minden szavára, annyiszor elmondta volt esténként a tűznél, amikor a hajdani nagy dúlásra terelődött a szó. „Ha csak egy ember lett volna – mondta volt öregapám –, egyetlen ember egy szál puskával ott fönt a hágónál, nem a császár, de még az ördög katonái se jöhettek volna be a mi völgyünkbe..." Mit szólasz te ehhez, Pattanás?

Pattanás nem szólott semmit, de később sokszor visszaemlékezett erre a pillanatra, ahogy ott voltak ketten a házban, ő ülve az asztalnál, s keze a korsón, Dominik pedig állva, és azzal a furcsa sötét-vad nézéssel a szemében. Sokszor gondolt vissza erre később, és bánta, hogy nem mondott valamit, ami talán megváltoztathatta volna a dolgok alakulását.

Mert csak ennyit mondott akkor, azt is dünnyögve:

– Tc, tc, tc... bizony lehet, bizony lehet, öcsém. Mit tudhassuk mi azt...

Ez pedig igazán kevés volt ahhoz, hogy az ember még csak ki is eressze a száján egy olyan súlyos és nagy pillanatban.

4

AZ ELSŐ, aki meglátta azt a bizonyos füstöt, Sánta Máté volt, a Pásztorhegy északi gerincén. A füst egyenes, karcsú oszlopban emelkedett föl a Keleti-hágó sziklái közül, föl a gyöngyházfehér őszi égbolt magasába, két nappal azután, hogy az úrfi lement volt a faluba. Sánta Máté egy pillanatig kidülledt szemmel bámult a távoli füstoszlopra, aztán felszökött a gyepről, fölkapta maga mellől a hosszúnyelű erdőirtó baltát, s odakiáltott Kakucnak, aki lentebb, a forrás mellett furulyát faragott:

– Vigyázz a juhokra, te! S mondd meg az öregnek, hogy engem ne várjon többet, mert más dolgom akadt, hallod-e?

Kakuc felelt valamit, de Máté már nem hallotta azt. Bicegő, hosszú léptekkel igyekezett föl a gerinc kiugró csúcsára, ahol a vén, kiszáradt odvas bükkfa állott, amit üzenetfának használtak a pásztorok immár évtizedek óta. Ott két marokra kapta a balta hosszú nyelét, meglendítette minden erejével, s döngetni kezdte a fát a balta fokával. Bong... bong... bong... az üres fa hangja végigkongott völgyek és hegyek fölött, mint egy repedt vészharang. S ahogy ez a mély, riasztó kongás átívelt a bágyadt napfényben izzó őszi csend fölött, volt benne valami félelmetes és nyugtalanító. Délidő volt, s a pihenő erdők fölött szelíd pókhálók úsztak álmosan, és ebbe az álmos, békés csöndbe döndültek bele Sánta Máté fejszecsapásai. És a füst, a szürke és szennyes füst emelkedett, egyre magasabbra és magasabbra a Keleti-hágó szikláiról.

Lent a Sóskúti katlanban Jábó fölült a szénán. Figyelt. Aztán már ő is látta a füstöt. Föltápászkodott, és bement a házba.

– Ujjasomat meg a tarisznyát, anyám!

59

A kis, hajlott öregasszony ott állt a kemencénél, szeme szaporán pislogott, ijedten.

– Édes fiam, ne menj sehova!

Jábó ránézett az anyjára, csúnya, sötét nézéssel, aztán felkacagott.

– Ne féljen, nem lopni megyek most. Törvényt tenni megyek! Ezután én leszek a törvény, érti-e?

Az öregasszony legörnyedt a padkára, és sírni kezdett.

– Uramistenem – szipogta rángatódzó vállakkal –, most már akasztófán végzed, most már igazán ott. Ó, drága Istenem, miért nem veszel már magadhoz...

De Jábó már nem hallotta a szavait. Már ott ment, nagy, hosszú léptekkel lefele az ösvényen. Fölötte a napsütötte hegyoldalakról kongva verődött vissza a jel, mint roppant kalapácsütések, melyek láthatatlan nagy szegeket vernek bele a világba.

Gidános volt a harmadik, aki meglátta a füstöt, tova túl a Szénégetők Északasában. Kemencéhez való fát döntött, s így nem hallotta meg az üzenetfa jelét. De mikor egy pillanatra megállt kezében a balta, hogy izzadt homlokát megtörülje, szeme elnézett a fák feje fölött, s megakadt a füstön. Aztán már hallotta a kongatást is fönt a Pásztorhegy felől. Néhány pillanatig ott állt keményen és feketén és kissé megdöbbenve. „Boldizsár füstje a Keleti-hágóról..." – gondolta, s valami furcsa, bizalmatlan érzése támadt a füsttel szemben, mert nem kedvelte a nagyszájú Boldizsárt. De aztán eszébe jutott, hogy mit ígért az úrfinak, s vállára lendítve a baltát, lassan megindult alá a kaliba felé.

Mikor Dominik meglátta a füstöt, már jó ideje ott nyújtózkodott az ég felé, mert fekete kalapja volt, akár egy mérges gombának. Hökkenve állt meg a fészer és a ház között, leragadt lábakkal, és rábámult a füstre, mint aki kísértetet lát. „A hágón van ez, anyja ne sírassa!" De biztonság okából mégis bement a házba, s leakasztotta a szögről az úrfi ajándékát. Sokáig tartotta szeménél a messzelátót ott a küszöbön állva. Szurokfenyő füstje volt az, jelfüst, fekete, s a Keleti-hágó sziklacsúcsán égették. Ahogy az úrfi mondta volt, éppen úgy.

Mikor az öregember leeresztette a messzelátót, a szeme fényes volt, mintha megerőltette volna a távolság. Néhány percig állott még ott, előre hajolva, aztán sóhajtott, megfordult és bement a házba. Leakasztotta a rozsdás öreg puskát a falról, nyakába kerítette a tarisznyát, fejébe nyomta a kopott vén kalapot, szemét végigjáratta a házon, mint aki még jól meg akar nézni mindent, hogy emlékezni tudjon a kedves és megszokott dolgokra sokáig, aztán döcögve kifordult az ajtón, s lassú, öreges poroszkálással megindult a legelő kökénybokrai között föl a Keleti-hágónak.

Emánuel éppen borotválkozott a kis törött tükördarabka előtt, amit egy gyufaskatulya s egy üres tintatartó közé támasztott föl a hátsó kis szoba bicegő asztalán, amikor Piluc, a cigány lelkendezve berontott hozzája.

– A füst, Manóka úrfi! A füst, amiről szólani tetszett!

Emánuel le kellett tegye a borotvát az asztalra, úgy reszketett egyszerre a keze.

– Biztos vagy benne? – fordította félig még szappanhabos arcát a cigány felé.

– Biztos hát! Fekete füst, szurokfenyő füstje a Keleti-hágón! – lelkendezett Piluc.

Emánuel néhány pillanatig maga elé meredt, aztán újra kezébe vette a borotvát.

– Te most ugorj be azokhoz, akikről szóltam – rendelkezett gyors, ideges hangon –, s mondd meg nekik, hogy félóra múlva ott legyenek a községháza előtt! Eridj!

A cigány kiperdült, Emánuel pedig sietett elvégezni a borotválkozást. De izgalmában három helyen is megvágta az arcát. Csak éppen letörülte a vért meg a szappanhabot, begombolta nyakán az inget, s néhány pillanatig ott állt, kezében a nyakkendővel, tanácstalanul, mint aki nem tudja hirtelenében, hogy ilyen alkalmakkor illik-e nyakkendőt viselni, vagy nem. Végül is úgy döntött, hogy a nyakkendőtlen ing jobban kihangsúlyozza a dolgozó nép melletti állásfoglalását, és a kék-fehér csíkos selyemdarabot visszalökte az asztalra. A kabátot már az ajtón kívül kapta magára, úgy sietett.

Samu ott állt az alacsony kis bolti létrán, és polcait rendezgette. A bolt üres volt, csak egy elkésett őszi légy zümmögött álmosan a napverte piszkos ablaküvegen.

– Apám! – dobbant be Emánuel a boltba idegesen, csillogó szemekkel, meg sem várva amíg az ajtó fölötti repedt csengő abbahagyja a csilingelést. – Itt van a nagy pillanat! A háborút ma befejeztük, a béke és igazság korszakába lépünk! Legjobb lesz, ha bezárja a boltot, és eljön maga is a községházára!

– Mi történt? – ijedt meg Samu ott fent a létrán.

– Az Új Megváltó katonái elérték a Keleti-hágót – felelte a fiú, s már fordult is ki megint a zörgő, csilingelő ajtón.

Samu, a boltos, néhány pillanatig mozdulatlanul állt fönt a létrán, arca szürke volt és nagyon öreg. Aztán lassan lejött, esett vállakkal átcammogott a bolton, s benyitott a lakásba. Sára asszony a mosást készítette elő nagy öblös fateknőbe.

– Asszony – mondta Samu, és a hangja olyan volt, hogy Sára ijedten kapta föl rá a fejét. – Gyújtsd meg a gyertyákat! Imádkozzunk!

– Mi történt? – hebegett a boltosné, s kövér, sápadt arca rémületet tükrözött.

– Gyújtsd meg a gyertyákat! – felelte az ura, és a szeme tele volt könnyekkel.

Emánuel akkor lépett be a községháza kapuján. Gyermekkora óta nem járt ott, de emlékezetből ismerte jól a helyet. Tudta, hogy szabály szerint le kellene porolja a cipőit a kapu előtti lábszőnyegen, de valami furcsa, dacos érzés azt kívánta, hogy azért se tegye meg. Végigment a hűvös kőfolyosón, és kopogás nélkül nyitott be az irodába.

A Bíró ott ült szokott helyén a nagy tölgyfa íróasztal mögött, és meglepetten nézett föl a könyvből, amit éppen olvasott. Az arca kérdő volt, és egy kicsit rendreutasító. „Semmit sem változott – gondolta Emánuel –, csak talán a haja lett fehérebb és az arca pirosabb..." Még a szaga is az volt, ami tizenkét évvel azelőtt, keserű, csípős, szivarszag.

– Bocsánat a zavarásért, Bíró úr – mondta, és furcsán, élesen hallotta a saját hangját, mintha egy idegen beszélt volna –, de fontos dologban jöttem. Azt hiszem, emlékszik reám.

A Bíró bólintott, és lassan becsukta a könyvet.

– S mi lenne az a fontos dolog? – kérdezte majdnem közömbösen.

– A hatalmas Szovjet Birodalom felszabadító hadserege félóra múlva itt lesz a faluban – felelte Emánuel kimérten, majdnem színpadiasan, minden egyes szót külön kihangsúlyozva, mint aki régen készült erre a mondatra.

Néhány pillanatig csönd volt a szavai után. A bíró becsúsztatta a könyvet a félig nyitott fiókba, s a fiókot betolta gondosan.

– Na és? – kérdezte, mint aki többet vár.

Emánuel rábámult az asztalnál ülő emberre, s egy pillanatig valóságos testi fájdalommal irigyelte a nyugalmát, méltóságteljes biztonságát, egész tekintélyességét. Aztán közelebb lépett hozzá, és két kezét rátette az íróasztal nehéz, hűvös lapjára.

– Félóra múlva megváltozik a világ itt, Bíró úr – mondta, és a hangja reszketett kissé –, a régi világ helyébe új világ jön, és én azért vagyok itt, hogy ezt az átváltozási folyamatot simábbá tegyem.

Itt elcsuklott a hangja az izgalomtól, és a Bíró szelíden rámosolygott, mint egy leckéjében belesült gyerekre. Aztán lassan megrázta a fejét.

– Nincs régi világ és új világ, fiatalember. Ezek csak szavak. Mindössze egy világ van, az emberi világ.

Emánuel nyelt egyet.

– Nem érti, Bíró úr? A szovjet katonaság félóra múlva itt lesz!

– Na és? – kérdezte a Bíró.

– Azt akarom, hogy készen várjuk őket! – szakadt fel a fiatalemberből, szinte kétségbeesetten. – Kész helyzet elé akarom állítani őket! Hogy ne ők hajtsák végre a változást, hanem mi magunk!

A Bíró keze kinyúlt a szivardoboz felé.

– Készen vagyunk – mondta nyugodtan –, rend és nyugalom van a községben, s az is marad. Akár jönnek a katonák, akár nem. Nem tudom, miféle változást akar. A rendből csak egy változtatás lehet, rendetlenség.

Emánuel előrehajolt az asztal fölött, úgy sziszegte bele a Bíró arcába:

– Értse meg, új világ indul itt a mai nappal! A dolgozó nép világa, nem az uraké! Egy szabad és újjászületendő világ, mely nem a kiváltságosaké, hanem mindenkié egyformán!

A Bíró leharapta a szivar végét, és mellénye zsebéből kis ezüst öngyújtót húzott elő.

– Zavarodott beszéd, fiatalember – mondta hideg és rendreutasító hangon –, mondtam, hogy nincsenek itt különféle világok, csupán egy, amit az Úristen alkotott, s aminek az alapja a rend, a tisztesség és a törvény. Ezen semmiféle katonaság nem tud változtatni.

Rágyújtott, és a füstöt kifújta maga elé. Aztán hátradőlt a széken.

– Kíván még valamit? – kérdezte.

– Igen – felelte a fiatalember –, azt kívánom, hogy adja át a hivatalát nekem.

Szinte önmaga is megijedt a kimondott szótól, olyan durvának, sértőnek és esetlennek hangzott ott a tiszteletet parancsoló komoly irodában, ahol az asztal egyik szögletén a bőrkötéses öreg Biblia, másikon feketetáblás törvénykönyvek őrizték a rend évszázados csapását. Egy pillanatig azt hitte, hogy a Bíró felpattan, és kikergeti a szobából, s lábai már ugrásra készültek az ajtó felé. Azonban a Bíró csak kivette szájából a szivarját, s mosolyogva megkérdezte:

– Milyen jogcímen, fiatal barátom?

A békés és barátságos hang egyszerre elöntötte Emánuelt meleg érzésekkel, s egy kétségbeesett segíteni akarással.

– Értse meg, Bíró úr – suttogta rekedten –, én csak azt akarom, hogy simán és erőszak nélkül menjen végbe a változás. Mert ha mi nem hajtjuk végre a változást gyorsan és békésen, mielőtt a katonák ideérnek, ők fogják végrehajtani, és abból még talán vérontás is lehet! Ha ön átadja nekem a hivatalt, és szépen meghúzódik a lakásában, én megszervezem az egész forradalmat gyorsan és békésen, s mire a katonák megjönnek, kész helyzettel várom őket...

– Fiatalember – szólt közbe a Bíró mély hangja szelíden, és egyszerűen –, ez komoly dolog, amit nem lehet iskolás gyermekekhez illő csínyekkel megoldani. Engem a nép bizalma helyezett ide, és tartott meg ebben a hivatalban több mint negyven esztendőn keresztül. Viselnem kell a felelősséget, amivel fölruháztak, még akkor is, ha a nyakamba kerül. Ez komoly dolog, fiatal barátom, és úgy nevezik, hogy becsület.

Néhány pillanatig csönd volt a szobában.

– És ha a nép követeli, hogy átadja a hivatalát? – kérdezte Emánuel.

Szemük egy pillanatra egymásba kapcsolódott.

– A nép az úr – felelte lassan a Bíró –, én csak szolga vagyok. De igyekszem hű és igaz szolga lenni – emelte föl a hangját –, s ha maga azt gondolja, hogy a mi józan népünk bedől a maguk bolond marxista maszlagjának, akkor téved, barátom. Ez a nép sokkal bölcsebb, kiegyensúlyozottabb és rendszeretőbb annál.

– Azt majd meglátjuk – vágott Emánuel a szavába türelmetlenül és idegesen, azzal megfordult, és majdnem futva ment ki a szobából.

A Bíró sokáig ült ott mozdulatlanul a nagy, kopott irodai székben, és a szivarfüstbe bámult. Aztán lassan felállt, és az ablakhoz ment. A langyos őszi napsütésben tisztán, fénybe-mosottan pihent a falu, de a piacon egy kis csoport nyugtalan ember összedugott fejjel tanácskozott, s a Bíró felismerte köztük a boltos fiának sötét kabátját. Alig volt egy tucatra való ember körülötte, s a Bíró arcát félig gúnyos, félig diadalmas mosoly világította meg. De a szeme hirtelen megakadt fent a szemközti hegyoldalon, s a mosoly lefagyott róla. Ahol a Pásztorhegy s a Szénégetők Északasa felől az ösvények kibukkannak az erdőből, mint egy megáradt, kétágú patak, úgy ömlött alá a hegyek népe a falu irányába.

Aggodalom ráncai szántották föl a Bíró sima, domború homlokát. Aztán sóhajtott, és visszaült az íróasztalához.

Mikor Emánuel egy félóra múlva belépett hozzá, ott találta. A szivar tövig égett a hamutartón, s a Bíró nézése mély volt, mint kutak vize.

65

– A nép engem bízott meg a hivatal átvételével – mondta Emánuel röviden.

A Bíró nem mozdult.

– Ahhoz hivatalos választást kell kitűzzünk – felelte.

– Forradalmak nem várnak hivatalos választásokra – vetette oda a fiatalember ingerülten, és az íróasztalhoz lépett – Tessék kinézni! A nép együtt van, és változást követel.

A Bíró lassan felállt, és az ablakhoz lépett. Nyugodt mozdulattal kinyitotta az ablakszárnyakat, és kihajolt. Az őszi erdők friss, tiszta levegője beáramlott a szivarfüstös szobába.

Odalent a piacon felmorajlott a tömeg. Aztán valaki elkiáltotta magát:

– Éljen a tekintetes Bíró úr!

S a moraj zúgó éljenzésbe ment át. A Bíró hátrafordult az ablakból, és Emánuelre mosolygott. Emánuel gyorsan az ablakhoz lépett. Szeme szúrósan fúródott a tömegbe. Pásztorok és szénégetők között a beavatottakat kereste. Amikor megtalálta őket, fölemelte a kezét. S a megbeszélt jelre, a rongyos katonazubbonyos Boldizsár ott a tömeg közepén rettenetes hangon elbődülte magát:

– Éljen a szabadság! Éljen az új bíró! Éljen Emánuel elvtárs, a Megváltó apostola!

– Éljen! – rikkantotta el magát a beavatottak csoportja.

A csodálkozó tömeg egy pillanatig döbbenve hallgatott, aztán előbb bizonytalanul, majd mind erősebben kitört belőlük is az éljenzés. Emánuel diadalmas mosollyal nézett a Bíróra. Szólani akart, de ebben a pillanatban valahol fönt a Hágó sziklái között eldördült egy lövés. Utána még egy. Aztán egészen más hangú, élesebb csattanással egy egész sorozat, gyors egymásutánban. A lövések végigvisszhangzottak a falu fölött, s nyomukban rettenetes csönd következett. Már nem éljenzett senki. Az emberek dermedten álltak, a hegyek felé fordulva, némán.

– Gyilkosok – mondta a Bíró nyugodtan, indulat nélkül, és betette az ablakot. Majd Emánuel felé fordult. – Takarodjék!

A fiatalember sápadtan meredt reá.

– Nem értem – hebegte –, ezek a lövések nem voltak a műsorban. Nem tudom, mit jelentenek.

– Takarodjék! – ismételte a Bíró hidegen és szigorúan. – Vannak dolgok, amiket nem lehet műsorba szervezni – tette hozzá –, ezek az emberi erények, meg az emberi bűnök. Aki ezt nem tudja, annak nincs joga történelmet játszani. Takarodjék!

Emánuel összeszorította a fogait, és kisietett. Nem volt idő vitatkozásra. Kint a piacon az emberek még mindig dermedten álltak, és fölfele néztek, a hágó felé. Fönt a legelő végében, ahol az út keskeny szalagja kifordult a sziklák közül, sűrű, fekete pontok mozogtak. Katonák. Fegyvereiken meg-megcsillant a nap ijedt fénye.

Emberek álltak a környező gazdaházak kapuiban is, megdöbbent, csodálkozó arcokkal, s gyanakodva nézték a szénégetők és pásztorok gyülekezetét, bár nem tudhatták, hogy miről volt szó. Innen-onnan egy-egy cseléd előóvakodott a gazdák pajtáiból, s lassan átment a tömeghez.

Emánuel lihegve fúrta magát keresztül az izzadságszagú embereken, amíg a középre ért, ahol a bizalmasok állottak. Boldizsár, a bozontoshajú, sovány Sánta Máté, Jábó s a többiek.

– Kezdjétek el – súgta oda nekik izgatottan –, kevés az idő!

Boldizsár nyomban elüvöltötte magát:

– Éljen a szabadság! Éljen a dolgozó nép! Éljen az igazság föltámadása, a testvériség uralma, éljen a szegények fölkelő csillaga!

A beavatottak teli torokból üvöltötték utána az éljent, s lassan az elámult tömeg is felolvadt némaságából, s kissé bizalmatlanul ugyan, de éljenezni kezdett.

– Éljen Emánuel elvtárs, közös akarattal megválasztott községi elöljárónk! – bődült közéjök Boldizsár.

– Éljen! – morajlotta rá áldását meglepetten a tömeg.

– Éljen közös akarattal Máté elvtárs, munkaügyi tanácsosunk! – harsogta a kétméteres katonaszökevény az emberek feje fölött.

Most már némán és bizalmatlanul figyelt a tömeg. Senki sem éljenzett, csak a beavatottak.

– Éljen Gidános elvtárs, termelési tanácsosunk!

– Éljen – zúgták az emberek kissé megkönnyebbülten, mert Gidánost, a szénégetőt, mindenki tisztelte.

– Éljen Boldizsár elvtárs, községi karhatalom! – rikkantotta el magát Sánta Máté.

A kis csoport ott a középen részeg éljenzésbe kezdett. A tömeg hallgatott.

– Éljen Jábó elvtárs, közvagyoni ellenőr!

Az emberek egymásra néztek, de Emánuel nem engedett időt nekik a gondolkozásra. Felugrott az előre odakészített ládára, s két karját kitárta széles gesztussal.

– Elvtársak! Dolgozó testvéreim! Rátok virradt hát a megváltás nagy napja! Ti, kik eddig a szénégetés keserves mesterségével kellett megkeressétek a mindennapi betevő falatot, Ti, kiknek élete abban telt el, hogy más jószágát gondoztátok, mely másoknak hajtotta a hasznot, nektek csupán a kínlódást, bejelentem nektek, hogy megnyílott ma számotokra a dolgozók paradicsoma! Ahol eddig Ti csak verejtékeztetek, de más aratott, ott ezentúl Ti fogtok aratni, mindannyian, a sokat szenvedett, kizsákmányolt, dolgozó nép...

Szép és hatalmas beszéd volt, évek óta készült már reá Emánuel. Nem tévesztett el egyetlen szót sem. A tömeg először megdöbbenve figyelt. Aztán az arcok lassan kigyúltak, a szemek megtüzesedtek, s végül is kitört a torkokból az orkánszerű, mindent elsöprő éljenzés. Emánuel arcán izzottak a szeplők, haja borzosan hullott a homlokába, szája körül győzelmes mosoly szélesedett.

– Bejelentem nektek, elvtársak, hogy a dolgozó nép akaratából közvagyonnak nyilvánítom az ezüstbányát! Közvagyonnak a mai napon minden erdőt, legelőt, kaszálót és szántóföldet, s a kizsákmányolóktól visszaszerzett föld gondnokául itt előttetek kinevezem azt, aki legjobban megérdemli ezt a kitüntetést, aki életében egyebet sem tett, csak másoknak cselédkedett éhbér ellenében: Álgya bácsi, lépjen elő! Maga a közbirtok gondnoka!

Öreg Álgya hátul a piac végiben eltátotta a száját, amikor a nevét meghallotta. Néhányan éljeneztek, ő meg csak bámult esetten, de Emánuel ott a ládán már mondta tovább a magáét. Szembe fordult a legelővel, és látta a katonákat lassan lefele mozogni az úton. Sietni kellett.

– Megbízom Máté elvtársat, mint munkaügyi tanácsosunkat, hogy dolgozzon ki egy olyan munkaprogramot, mely mindenkinek megelégedésére szolgáljon. Döntsék el végre már egyszer maguk a dolgozók, hogy naponta hány órát akarnak dolgozni, és mennyi legyen a napszám!

A tömeg lelkes éljenzése őszinte volt, először azon a napon. Az emberek egymásra nevettek, és bólogattak.

– Bejelentem továbbá – ordította Emánuel a ládáról –, hogy a mai naptól kezdve az erdő azé, aki dolgozik benne, vagyis a szénégetőké, a legelők pedig s a rajtuk található minden juh a pásztoroké!

– Hujjuju! – szakadt föl az ordítás a tömegből. – Éljen az úrfi! Éljen az új törvény! Hujjuju!

– S végül, hogy a dolgozó nép uralma ebben a községben rendben és zavar nélkül megszilárdulhasson, megbízom Boldizsár elvtársat, mint karhatalmi megbízottat, hogy jelöljön ki maga mellől, a nép soraiból egy tizenkét tagból álló karhatalmi csapatot a rend fenntartására és a népakarat végrehajtására!

Az éljenzés elmaradt, a nevető arcok elkomorultak. A „karhatalom" szó nem tetszett senkinek.

– Most pedig, elvtársak – fejezte be Emánuel a beszédét –, készüljünk föl a megváltó szovjet hadsereg illő fogadására. Nekik köszönhetjük fölszabadulásunkat.

Szemeit végigjáratta a figyelő arcokon és mosolygott.

– Jellemző, hogy csak pásztorokat, szénégetőket, bányamunkásokat és cselédeket látok itt e nagy és dicső alkalomkor. Nem kérdem, hogy hol maradtak a gazdák. Ha nekik nem kell az egyenlőség és a szabadság, magukra vessenek. Most pedig sorakozzunk föl a piac két oldalán, hogy méltó tisztelettel fogadhassuk azokat, akik a világ dolgozóinak szeretetét hozzák ide a mi községünkbe!

A tömeg tétován bámult. Az arcok a legelő felé fordultak. A katonák akkor tűntek el a szélső gazdaházak szilváskertjei között. Emánuel intett Boldizsárnak, s a falu verekedője magához kurjantotta embereit.

– Kettéválasztani a tömeget! Utat nyitni! Félre mindenki, nem hallják?

A toprongyos karhatalmi legények durván lökdösni kezdték az embereket. A tömeg morogva nyílt meg és húzódott hátra a piac két oldalán. Az utca fordulójánál, a Tromka-udvar deszkapalánkja mentén feltűntek az első katonák. Kettesével jöttek, hosszú, elnyúlt sorban, s a puskát nem a vállukon hozták, hanem a kezükben. Emánuel kihúzott a zsebéből egy vörös kendőt, meglengette néhányszor, s elindult szembe a katonákkal az emberek döbbent, néma sorfala között.

A piac sarkánál, szemben a tömeggel, a katonák megálltak, és felfejlődtek, félkör alakban. De a puskák még mindig a kezekben voltak. Mikor Emánuel hozzájok ért, fiatal kapitány lépett elő a sor mögül. Szűkre húzott, szigorú szemekkel mustrálta a közeledőt. Jobb keze a csípőjén volt, közel a pisztolytáskához. Emánuel megállt előtte, előhúzott a zsebéből egy cirill betűs papírlapot, és átnyújtotta a kapitánynak. Az bizalmatlanul olvasta el az írást, aztán szó nélkül visszaadta.

– A forradalmat végrehajtottuk – jelentette Emánuel oroszul, és a hangja remegett egy kicsit –, megszerveztük a dolgozó népet, és az uralmat átvettük. Minden a legnagyobb rendben van. A nép örömmel és boldog szeretettel köszönti földjén a dicsőséges felszabadító hadsereget!

A fiatal tiszt arca mozdulatlan maradt.

– Fent a hegyen egy bolond vénember már elvégezte a fogadtatási szertartást, elvtárs – mondta éles, pattogó hangon. – Hogy több lövöldözés ne legyen, elrendelem az ostromállapotot. Akinek lőfegyvere van, adja be, akinél rejtett fegyvert találunk, agyonlőjük. Elszállásolásunkról az elöljáróság gondoskodjék. Mindenki menjen haza. Akit sötétedés után házon kívül találunk, agyonlőjük. Adja tudtukra.

Emánuel sápadtan fordult szembe az emberekkel. Próbálta fölemelni a hangját, de a szavak vacogva estek ki mégis a száján.

– A kapitány elvtárs, mint a dicsőséges fölszabadító hadsereg hivatalos képviselője, az Új Megváltó szeretetét tolmácsolja minden dolgozónak. Azt kívánja, hogy mindenki térjen most haza, és örvendezzék otthon a fölszabadulásnak. Akinek lőfegyvere van, szolgáltassa be, sötétedés után pedig senki se hagyja el a házát. Jelen pillanatban még haditörvények alatt állunk, s akinél fegyvert találnak, vagy éjszaka házán kívül lelik, azt... eh... szigorú büntetéssel lesznek kénytelenek megfenyíteni. Hiába, ez a haditörvény. Egy lelkes éljent a kapitány elvtársnak, aztán menjenek haza!

Az éljenzés erőltetett volt, és sokan hallgattak.

– Oszoljanak! – intett kezével türelmetlenül a kapitány.

Emánuel izgatottan fordult hátra Boldizsárhoz.

– Oszoltassa a tömeget! Használjon karhatalmat, ha kell!

– Nem hallották? Mindenki menjen haza, Istenük ne legyen! – bődült el rekedten a falu verekedője. – Aki nem mozog tüstént, annak velem gyűlik meg a baja!

Hang nélkül, sötét ábrázattal fordultak az emberek a hegy felé.

– Maguk maradjanak a közelben – súgta Emánuel Sánta Máténak –, ha végeztem a katonákkal, gyűlést tartunk az iskolában!

Aztán a kapitányhoz fordult.

– Kapitány elvtárs szállása a községházán lesz – mondta mosolyogva –, a katonákról is gondoskodunk.

A kapitány nem mozdult, és nem mosolygott.

– Hol van a bánya? – kérdezte kurtán.

Emánuel fölmutatott az Ezüstlyuk felé. A fiatal tiszt a katonák felé fordult, és halk, kemény hangon parancsokat osztott. Egy szakaszvezető tisztelgett, kiválasztott tizenkét katonát, s elindult velük a jelzett irányba.

– Hol van hát az a községháza? – kérdezte a kapitány unottan, és intett a hátramaradt katonáknak, akik szótlanul követték, amerre Emánuel mutatta az utat a piacon át. A gazdaházak kapui üresek voltak már akkor, s a piac is üres volt. A tömeg, mint egy néma, fekete felleg ott nyomult fölfele az úton a Tromkapalánk alatt.

71

A Bíró még mindig ott ült a nagy, sötét íróasztal mögött, könyvével a kezében, s meg se moccant, amikor Emánuel s a kapitány beléptek kopogás nélkül az ajtón.

– Az uralmat átvesszük – mondta Emánuel kurtán –, fölszólítom önt, hogy vonuljon föl a lakásába, és ne mozduljon onnan, míg nem kap rá további parancsot!

A Bíró lassan letette a könyvet.

– Kinek a nevében beszél? – kérdezte lassan.

Emánuel nyelt egyet, és félszemmel a fiatal tisztre sandított, aki unottan állt mögötte az ajtóban.

– A megszálló hatalom nevében – felelte, és kissé elpirult. A Bíró lassan átfordította szemeit a kapitányra.

– Igaz ez? – kérdezte.

A kapitány nem értette meg a szavakat, és türelmetlenül nézett Emánuelre.

– Ki ez az ember, és mit mond?

– A régi rendszer bírója – felelte Emánuel –, öreg ember, és nem tudja megérteni, hogy a régi rendszernek vége van.

– Fogassam el? – kérdezte közömbösen a kapitány.

– Nem szükséges – rázta meg Emánuel a fejét gyorsan –, elég lesz, ha szobafogságot adunk az öregnek. De öntől akarja hallani a parancsot, hogy ki kell mennie az irodából.

A kapitány nyomban előre lépett, és intett kezével a Bíró felé:

– Davaj! Davaj! Mars!

A Bíró bólintott, becsukta a könyvet, és lassan fölemelkedett a nagy karosszékből. Mondani akart valamit, de ebben a pillanatban futó léptek dobogása verte föl odakint a kőfolyosó csöndjét, s a nyitott ajtóban lihegve jelent meg Piluc, a cigány. Arca szürke volt, mint aki rémet látott.

– Manóka úrfi! – rikácsolta elcsukló hangon, lihegve –, Manóka úrfi, Dominik bácsit meglőtték! Jaj Istenem, vériben van! Mit tegyünk vele, Manóka úrfi?!

Egy pillanatig dermedt csönd volt a szobában. A kapitány fölhúzott szemöldökkel fordult meg.

– Ennek mi a baja? – kérdezte.

Ebben a pillanatban a Bíró megmozdult. Erélyes, magabiztos

72

léptekkel megkerülve a kapitányt, odament az ajtó melletti szekrényhez, kinyitotta, elővett belőle egy kis, vörös kereszttel jelzett ládikát, s intett a cigánynak: „Gyere!" Aztán Piluccal a sarkában kilépett az irodából.

– Mi történt? – ismételte meg a kapitány a kérdést.

– Beteghez hívták – mondta Emánuel, elvörösödve.

– Doktor is ez a bíró? – kérdezte a kapitány, tisztelettel a hangjában.

Emánuel legyintett.

– Nem, de mivel orvos nincsen a faluban, őt szokták hívni, ha valakit baleset ér.

Ebben a percben nagyot csapódott egy ajtó valahol hátul, s éles, csattogó asszonyveszekedés támadt, melybe beleröffent olykor a katonák durva röhögése. A kapitány megfordult, s otthagyta az irodát. Siető léptekkel végigment a hosszú folyosón a zaj irányába, s a hátsó udvarra nyíló ajtóban megállt. Az ijedten utána siető Emánuel látta, ahogy a fiatal tiszt komor arca lassan vidám vigyorgásba ment át. Maga is kilesett a háta mögül. Az udvar közepén álló almafa körül Kicsi Ágnes kergette seprűvel a katonákat.

– Kicsoda ez a nő? – kérdezte a kapitány nevetve.

– A szakácsnő – felelte Emánuel ijedten.

– Jól főz? – akarta a kapitány tudni.

– Kitűnően!

A kapitány gyorsan odakiáltott néhány kurta parancsoló szót a katonáknak. Azok nyomban megálltak, kemény vigyázzállásban, majd eloldalogtak a fa mellől. Kicsi Ágnes megfordult a hangra, és lihegve, szitkozódva támadt rá a kapitányra, kezében rázva a seprűt.

– Ha az anyjuk odahaza nem tudta megtanítani tisztességre ezeket a maga katonáit, hát majd megtanítom én, hallja? Almalopó tolvajokat ne hozzon nekem ide a házhoz! Katona vagy nem katona, én ráncba szedem őket, ne féljen!

A kapitány csak vigyorgott.

– Kicsi Ágnes – békítette Emánuel fontoskodva a termetes asszonyságot –, a kapitány úr számára készítse el a vendégszobát, érti? S gondoskodjék az ellátásáról is. A kapitány úr egyelőre itt marad a házban.

Kicsi Ágnes komoran végignézte a fiatal kapitányt, tetőtől talpig. Aztán fölmordult.

– De a lábbelijét porolja le ám, amikor ide bejön, mondja meg neki!

– Mit mond a mamuska? – kíváncsiskodott a tiszt.

Emánuel restelkedve fordította le oroszra Kicsi Ágnes kívánságát, mire a kapitány hangosan elnevette magát.

– Akárcsak az anyámat hallanám! – mondta vidáman, s örömében megpaskolta a mellette elhaladó asszony széles hátát.

– Mama! – vigyorgott reá, s nyomban hozzá is fogott, hogy letakarítsa a csizmáit.

– Anyád a böjti boszorkány – dünnyögte Kicsi Ágnes boszszúsan, visszadübörögve a konyhába, s becsapva maga mögött az ajtót. De a bosszúság már csak színlelt volt. Valami hirtelen nagyon szíven ütötte, s csordultig megtöltötte a szívét furcsa, váratlan meghatódással, mely szinte könnyeket sajtolt a szeméből. Először történt az életben, hogy valaki így szólította: „Mama."

Amikor Emánuel megfordult, hogy visszatérjen az irodába, az emeletre vezető lépcsőn valaki állt. Könnyű, rózsaszín nyári ruha, sápadt-fehér arc, bronzvörös haj, nagy, ijedt, kék szemek. A fiatalember megtorpant, aztán előre lépett.

– Terézia! Nem ismer meg?

– Manó – mondta odafönt halkan a leány –, hol van Apa?

– Oh... csak kiment egy kicsit, beteghez hívták. Nem kell aggódnia – tette hozzá gyorsan, közelebb lépve a lépcső aljához. – Hogy van, Terézia? Sokat, sokat gondoltam magára, és jólesik látni magát megint...

Hangja elfogódott volt és esetlen. A leány szemei elnéztek fölötte. Aggódás volt bennök.

– Remélem, nem történik baja Apának. Tudja, milyen ő...

Ebben a pillanatban a kapitány odalépett Emánuel mellé. Mosolygás volt az arcán.

– Bemutatna kérem a hölgynek? – kérdezte udvariasan, oroszul.

A Bíró akkor már ott haladt a Keleti-hágó felé vezető úton, ahol nemrégen még a katonák ereszkedtek alá, kezében a ládikával, s Piluc, a cigány, alig győzött lépést tartani vele. A szilváskertek alatt a Bíró megtorpant.

– Hordágyra is szükség lesz – mondta nehezen szuszogva. – Piluc fiam, ugorj be Pattanáshoz, s kapjatok föl egy saroglyát!

Langyos és simogató volt az őszi napfény, de a délután nyúló árnyékai alatt lassan érezni lehetett már a közeledő este hűvös leheletét. Nyirkos lombszagot sodort alá az erdő felől a szellő, s a kökénybokrokon kövér rigók ültek, borzolt tollal estére készülődve.

Majdnem egy félórába telt, mire a Bíró fölért a sziklákig. Időnként meg kellett állania egy kis szusszanásra. A szív már nem volt a régi, s a lábak is reszkettek kissé a megerőltetéstől. Mikor az első sziklát elérte, nekitámaszkodott a langyos kőnek, s visszanézett a falu felé. A legelőn magányos emberi alak mozgott. Sietve jött fölfele. Megismerte messziről is. Samu volt, a boltos. Bizonyára szökik a városba, menti a bőrét a fia elől – gondolta a Bíró, és sóhajtott. Nem szégyen, hogy ilyen derék embernek olyan semmirevaló fia legyen?

Állt a szikla mellett, és pihent. Fentebb halkan csorgott a forrás vize, és hallani lehetett a bükkös halk neszét is, ahogy a szellő végigborzolta a sárgára vénült leveleket.

Egy idő múlva újra elindult. Nem kellett messzire menjen, keresni se kellett. Ott feküdt Dominik az ösvény szélén, ahogy a katonák hagyták. Elnyúlva a hátán, véresen, mozdulatlanul, mint holt ember a csatatéren. Három lövés volt benne. Egy a lábában, egy a mellében, egy a vállában. De még élt. A szíve vert, halkan, kínlódva, mint a lejárt óra, mely minden pillanatban megállhat örökre. Nem messze tőle ott hevert az ócska serétes puska, elgörbült csővel, darabokra törve, ahogy valaki gonosz erővel hozzávágta volt egy sziklához. A rozsdás, vén szerszám, amivel egy öreg csősz útját akarta állni a történelemnek ott fönt, a Keleti-hágón.

A Bíró nyugodt kézzel kinyitotta a vöröskeresztes ládikát, kimosta a sebeket fertőtlenítővel, be is kötözte, ahogyan tudta, s mire elkészült vele, Samu is megérkezett, izzadtan, kivörösödött arccal, lihegve.

– Jaj, Bíró úr, mit kellett megéljünk! – nyögte a kis kövér ember, amikor megállt Dominik mozdulatlan teste előtt. –Meghalt? A Bíró némán megrázta a fejét. Aztán sóhajtott.

– Amit tenni lehetett, megtettem már. A többi Isten dolga. Maga, Samu, csak menjen tovább, ha siet.

A kis kövér ember kockás kendőt vett elő a zsebéből, s megtörülte izzadt kopaszát.

– Segíteni jöttem – nyögte.

A Bíró ránézett.

– Azt gondoltam, hogy szökik.

A kis kopasz zsidó lassan leült a földre, Dominik mozdulatlan teste mellé, és megrázta a fejét.

– Szökni? – kérdezte. – Miért? Hova? Hát van hova? Nincsen, Bíró úr. Az emberi gonoszság elől nincsen hova szökni. Mindössze igyekszem egy keveset jóvátenni abból, amit a fiam elrontani segített. Felelős vagyok érte, nem? Hiszen a fiam.

– Nincs törvény mely felelőssé tehetne valakit azért, amit mások követnek el – felelte a Bíró.

Samu bólogatott, és maga elé bámult a földre.

– Törvény nem, azt én tudom – sóhajtotta –, de van egyéb is, Bíró úr. Valami, ami több mint a törvény. Emlékszik még, mikor ezt a forrást építettük? – kérdezte hirtelen, és állával a kőcsorgó felé bökött.

A Bíró bólintott.

– Emlékszem, Samu – felelte halkan.

És emlékezett. Emlékezett egy kopott, sovány kis emberre, aki valamikor sok évvel ezelőtt megérkezett ebbe a völgykatlanba egy asszonnyal meg egy vén öszvérrel, s lassú, szívós munkával életet teremtett magának. Aki hálából, amiért befogadta a falu, mindenhol tett valamit, ahol csak lehetett. Észrevétlen, okos apróságokat, szerényen, hogy föl ne tűnjön. Padokat az iskolának, új kályhát, tűzoltó szivattyút a község számára, s ezt a kőcsorgót itt, ahol az utak elágaznak.

– Emlékszem, Samu – ismételte halkan a Bíró.

Ültek Dominik mellett, és hallgattak. Lent a legelőn látni lehetett a sírásót és a cigányt, ahogy lassan jöttek fölfele a saroglyával. A nap ott ült már szemközt a Pásztorhegy gerincén, s a sziklák fekete odvaiban készülődni kezdtek az este nyirkos párái.

– Bíró úr – kezdte Samu, akadozó nyelvvel, nehézkesen egy idő múlva –, mit tetszik gondolni? Ez az új, hogyismondjam, meddig tart vajon? Akarom mondani, kérem... kommunista világ lesz itt ezután, akárcsak Oroszországban?

A Bíró vállat vont fáradtan.

– Nem tudom, Samu. Sok mindentől függ. Világpolitikai konstellációktól. De egy valamit tudok. Azt, hogy törvény és rend nélkül nincs emberi világ. Ezek a szerencsétlen, zavarodott fejű emberek nem tudják ezt. Azt hiszik, hogy övék a világ. Pedig tévednek, Samu. Minden rendszer, bármilyen eszmét hirdessen is, törvényen és tekintélyen épül, s ha ideig-óráig föl is használja a fölforgatókat, rendbontókat és csirkefogókat: előbbutóbb túlad rajtok megint. Meglássa, az új gazdák még sokkal szigorúbban bánnak majd el ezekkel a Boldizsár-félékkel, mint mi tettük volt.

– De mi lesz ebből, Bíró úr? – nyögött föl a kis ember. – A kommunizmus nem ismer magántulajdont!

A Bíró mosolygott keserűen.

– Addig, amíg a bolt a magáé, Samu, addig nem. De ültessenek bele egy Boldizsárt, vagy hozzája hasonlót, akinek eddig semmije se volt, akkor megváltozik a helyzet. Mindegy, hogy minek nevezik majd: felügyelőnek, megbízottnak, éppen úgy a sajátjának érzi majd azt a boltot, mint maga. A rendszerek változhatnak, Samu, de az emberi természet nem változik. Ezért van az, hogy a rend egy idő múlva minden forradalom után helyrebillen megint. Mert rend, törvény és tekintély nélkül nincs maradandó társadalmi rendszer.

A boltos sóhajtott.

– Én csak a fiamat restellem, Bíró úr – nyögte ki halkan –, úgy röstellem, hogy... hogy...

Nem tudta befejezni. Elfordította a fejét, hogy ne láthassa a másik a könnyeket. A Bíró nem szólt. Hallgatva ültek a csendben, s hallgatták Dominik hörgő, ziláló lélegzetvételét.

Mire Pattanás és a cigány megérkeztek a trágyahordó saroglyával, a nap már lebukott a hegy mögé, s a szürkület egyszerre úrrá lett a völgyön.

– Jajj a keservit... – nyögött föl a vén sírásó, amikor meglátta Dominik elnyújtózott testét a földön. – Beste gyilkosai, hogy a pokol égetné meg őket! Élsz-e még, öcsém? – hajolt a hörgő test fölé rémülten.

– Ne töltsük az időt hiába! – szólt rájok a Bíró szigorúan.

Aztán ügyelve fölemelték Dominiket a földről, föltették a saroglyára, s megindultak vele az erdő mentén a csőszház irányába. A sötétség gyorsan utolérte őket. Már alig voltak kőhajításnyira a háztól, amikor lent a faluban elkezdődött a lövöldözés. Dermedten álltak meg, s a saroglyát letették a harmatos fűre. Élesen csattantak a lövések, emberek ordítoztak, s egy kutya vonyított. Aztán néhány pillanatig nem hallatszott egyéb, csupán egy asszony eszelős sikoltozása. Hirtelen az is elhalt, és a fekete csönd ránehezedett a világra.

– A piac táján volt – suttogta Piluc fogvacogva.

– Fentebb – vélte a sírásó –, valahol az Ezüstlyuk környékén.

Aztán csak álltak és hallgatóztak. Csönd volt. A falu sötéten gunnyasztott odalent, csak itt-ott pislogott egy-egy ijedtszemű olajmécses. Hallani lehetett, ahogy a boltos fogai összeverődtek a félelemtől.

– Gyerünk, emberek – szólalt meg a Bíró nyugodt hangja –, segítsünk ott, ahol lehet! Ennek az embernek ágyban a helye.

Még kétszer ismétlődött meg a lövöldözés és sikoltozás lent a faluban, míg végre elérték a Dominik házát. A sötét udvaron szűkölve jött elébük Libuc, a kopó. Körülszaglászta a saroglyát, és a vérszagra vonyítani kezdett.

– Eridj dolgodra! – rúgott feléje Pattanás, s a kutya elkotródott a ház mögé, de szűkölését hallani lehetett továbbra is.

A Bíró kinyitotta előttük a ház ajtaját. Bent sötét volt, de a kemencében égett a tűz, s a lángok fénye nyugtalan sárga pászmákat hasított a sötétségbe. A kemence padkáján valaki ült, majd lassan felállt, és kinyitotta a kemence ajtaját. A tűz vörösen világította meg a ráncos, sovány arcot. Lidi néne volt, a boszorkány.

– Gyújts lámpát! – rendelkezett a Bíró. Az öregasszony szó nélkül kivett egy égő fadarabot a tűzből, a mennyezetről alácsüngő olajlámpához csoszogott, és meggyújtotta. A fal mellett frissen tömött szalmazsákon tiszta lepedő és pokróc várta a sebesültet. Az emberek letették Dominiket a szalmazsákra, és a Bíró megvizsgálta a kötéseket. A vér mindenütt átütött rajtuk, de ezen nem lehetett segíteni. Dominik szakállas, öreg arca szürke volt, mint a kialudt hamu.

– Vele maradsz? – kérdezte a Bíró.

Az öregasszony bólintott.

– Valaki gondját kell viselje a vén bolondnak – felelte nyersen.

– Ha magához tér, adj neki pálinkát, attól elalszik megint – mondta a Bíró –, egyebet nem lehet tenni. Talán megél. S ha nem, jobb neki, ha úgy alszik el kínlódás nélkül.

– Tessék rám bízni! – morogta az öregasszony, és rekedt hangja mögött könnyek sűrűsödtek.

– Ha kell valami, tudja, hol lakom – szólalt meg Pattanás –, holnap felnézek megint, úgyis.

Ebben a pillanatban Dominik ott a szalmazsákon felnyögött, és kinyitotta a szemeit. Nézése előbb megállt a lámpán, aztán lassan átfordult a körülállókra, arcról arcra, lassan, meredten, míg elérte a falat, és ott megállt, mintha az üres szeget nézte volna sokáig. Majd a szája is megmozdult a borzolt, véres szakállszőrök között. Először csak fehér hab jött ki rajta, majd piros vér. Végül szavak.

– A puskám... mért... hagytátok... ott...?

Az emberek összenéztek. Lidi néne szólalt meg elsőnek.

– Majd én elhozom azt is, Dominik. Elhozom reggel.

A vénember szemei lassan elmozdultak a faltól, megkeresték a beszélőt, és néhány pillanatig megpihentek az arcán.

– Lidi... – mondta alig hallhatóan a szája –, hát te, Lidi...

Aztán a szemek lecsukódtak megint.

Lassan, szinte lábujjhegyen mentek ki a házból. Pattanás

lépett ki utolsónak, és óvatosan betette maga mögött az ajtót. Az éjszaka sötét volt, és hideg.

– Ki hitte volna – morogta a sírásó, és a küszöbre köpött –, éppen a Lidi. Ki hitte volna?

– Egy ilyen napnak kellett jönnie, hogy ez megtörténhessen – mondta csöndesen a Bíró, és sóhajtott. – Isten tudja csak, mit miért rendel. Gyerünk, emberek!

Szótlanul mentek lefele a sötét ködökbe burkolt legelőn. Lent a faluban egyetlen ablak sem világított már. Ijedt és fekete volt az éjszaka a házak fölött, s a csönd mintha ráfagyott volna a néma völgyre. Az első házaknál Pattanás s a cigány lemaradtak. Az üres és sötét, kanyargó utca mintha roppant sírgödörbe vezetett volna alá, lépéseiket szomjasan itta föl a csönd.

Már majdnem a piacnál voltak, mikor valahol az Ezüstlyuk irányában kicsapódott egy ajtó, s részeg nótázás hangja rikoltott bele az éjszakába. Aztán az ajtó újra döndült, s csönd volt megint, csak néhány kutya ugatott rémült, magasba szökő hangon.

– A győztesek mámora – mondta a Bíró halkan és keserűen.

Samu, a boltos, nem szólott semmit, de hallani lehetett, ahogy a fogai vacogtak.

A piac üres volt és néma. A Tromka-udvar széles kapuja nyitva állt, s volt valami félelmetes ebben a sötét és üres nyitottságban.

– Jó éjszakát, Bíró úr! – mondta Samu dideregve.

– Jó éjszakát! – felelte a Bíró, és elváltak.

A községháza emeletének hátsó ablakából, ahol a nappali szoba volt, fény szivárgott elő a lehúzott függönyök alól. Amikor a Bíró benyitott a kapun, meghallotta a zongoraszót is. Megismerte mindjárt. Terézia Chopint játszott.

A folyosó üres volt, senki sem állta útját. Lassan, fáradtan ment föl a lépcsőn. Egyszerre valami nagy, súlyos fáradtság nehezedett a vállaira, mintha egy láthatatlan teher szakadt volna reá a kapun belül. Az emeleti folyosón, a lépcső fölött két kis olajmécs égett, és minden a megszokott rendben volt. A velencei tükörasztal, a virágdísz, a kanári-kalitka. És a nappali szoba csukott ajtaja mögül lágyan ömlött elő Chopin békés zenéje, mintha mindaz, ami történt, csak rossz álom lett volna.

Néhány pillanatig ott állt az ajtó előtt, aztán lenyomta a kilincset.

A zongoránál égett a két rózsaszínű ernyős lámpa, s fényük ismerős meleg sugárzással csillant meg Terézia bronzvörös haján. A hosszú, fehér ujjak simogató puhasággal siklottak tova a billentyűkön, s a Terézia feje kissé oldalra hajlott, félig csukott szempillái alól álmodozó tekintet révedt a széles nappali sötét sarkaiba. A dohányzóasztalnál, a nagy függőlámpa alatt ott ült az idegen tiszt, s szemei csillogva tapadtak a zongorázó leányra, arca szinte kisfiús volt így. A másik karosszékben Emánuel ült, a boltos fia, s az ajtó nyílására a feje idegesen megrándult, majd lassan felkelt a székből, és fejét kissé meghajtotta a Bíró felé.

– Örvendek, hogy visszajött – mondta a boltos fia kimérten –, és kérem, hogy ne hagyja el a házat többet!

A beszédre a fiatal tiszt is odanézett, és amikor meglátta a Bírót, szélesen elmosolyodott, és kezével barátságosan intett feléje. A Bíró betette halkan az ajtót maga mögött.

– Mi volt a lődözés? – kérdezte, összeráncolt homlokkal.

A boltos fia elvörösödött, mint a csínyen ért diák, de a nyaka megrándult dacosan.

– Levertük az ellenforradalmat – jelentette ki keményen.

– A mit? – kérdezte a Bíró.

A fiatalember úgy tett, mintha nem hallotta volna a kérdést.

– A karhatalom helyreállította a rendet, és reméljük, hogy több zavar nem lesz – mondta a kelleténél kissé hangosabban.

A leány a zongoránál meghallhatta a beszédet, mert a zene hirtelen megszakadt. Mint aki álomból ébred, lassan megfordult a zongoraszéken, és a hirtelen beállott csöndben hallani lehetett a szék halk csikorgását. Aztán a szeme megakadt az apján, nagyra, kerekre nyílt, mint az ijedt gyermeké, majd egy halk sikoltással felugrott, odaszaladt hozzá, két karját a nyaka köré fonta, s menekülő, védelmet kereső mozdulattal ráborult a mellére.

– Apám, jaj apám...

– Na, na, na – dadogta a Bíró meghatottan, és a szíve furcsán, ijedten összeszorult –, na, na, na...

S keze esetlen gyöngédséggel lapogatta a sovány, gyönge vállakat.

A fiatal tiszt felállt, kezébe vette az asztalon levő boroskancsót, teletöltött két poharat, s odalépett velük a Bíró elé. Egyik poharat feléje nyújtotta, s barátságosan mosolyogva mondott valamit.

– Azt mondja, hogy inni akar önnel, mert az apjára emlékezteti – tolmácsolta Emánuel a tiszt szavait, majd hozzátette:

– Az apját két évvel ezelőtt végezték ki, Moszkvában.

A Bíró savanyúan elmosolyodott, és átvette a felkínált poharat.

– Megtisztelő, de nem nagyon megnyugtató – mondta, majd megbiccentette a fejét a tiszt felé. – Egészségedre, fiam!

– Tovaris – mondta a tiszt vigyorogva, és egyszerre itták ki a borukat.

– Ugye nem baj, hogy zongoráztam? – kérdezte Terézia szinte félve, s a szeme ijedt volt még mindig és kérdő. A Bíró megrázta a fejét.

– Nem. Miért volna?

– Ő kért meg, hogy zongorázzak – magyarázta a leány. – Azt mondja, hogy a nagymamájára emlékeztetem, ő zongorázott neki mindig, amikor kisfiú volt. A nagymamája bárónő volt egyébként, orosz bárónő...

– A forradalom előtt – tette hozzá Emánuel szigorúan.

– Uhum – mondta a Bíró, és letette a poharat az asztal szélére –, és hogyan értetted meg mindezt, Terézia? Hiszen nem tudsz oroszul.

– Manóka a tolmácsunk – felelte a leány, és elpirult.

– Egyébként Eugen magyar leckéket fog venni tőlem – tette hozzá sietve –, meg akarja tanulni a nyelvünket!

– Kicsoda Eugén? – bámult rá a Bíró.

A leány sápadt arca elvörösödött.

– A... a vendégünk... – dadogta.

A kapitány csillogó szemekkel bámulta Teréziát, és vigyorogva mondott valamit a maga nyelvén. Szavait ujjainak zongorázó mozdulataival kísérte.

– Azt akarja, hogy zongorázzak még... – mondta halkan Terézia, és az apjára nézett.

A Bíró bólintott.

– Akkor zongorázz – mondta keserűen –, ő nyerte meg a háborút!

A leány visszaült a zongorához, s ujjai megérintették a billentyűket. A Bíró Emánuelhez fordult.

– Ide figyeljen – mondta fojtottan, szinte hörögve –, ha ez az állat hozzányúl az én lányomhoz, csak egy ujjal is, megölöm, érti? Magát is. Megmondhatja neki.

Azzal megfordult, és kiment a szobából, de az ajtót nyitva hagyta maga mögött.

Emánuel utána bámult, aztán sóhajtva visszaült a kapitány mellé. Terézia ujjai alól könnyedén hullámoztak elő a melódiák, s megtöltötték körülöttük játékos csilingeléssel a szobát. A kapitány szemei csillogva tapadtak a zongorázó leányra, s Emánuel érezte az aggodalmat fölkúszni a torkán. Ez a nézés szinte beteggé tette. Éveken keresztül hordozta magában a Terézia emlékét, álmaiban hányszor volt már az övé ez a gőgös, hideg úrileány, aki mindig csak valami közömbös lenézéssel bánt vele, a boltosfiúval. S most, hogy elérte a célját, a hatalmat, a leány is hozzá kellett tartozzon ehhez a győzelemhez.

– Remélem, néhány napig vendégül tisztelhetjük az elvtársat a faluban – fordult sima udvariaskodással a kapitány felé, halkan, hogy ne zavarja meg hangjával a zenét, de megtörje a néma bámulás varázsát. A fiatal tiszt türelmetlenül legyintett, mint aki legyet hesseget el.

– Nem vendégül jöttem – mondta szinte durván. – További parancsig itt maradok.

Emánuel elsápadt.

– A katonák is? – kérdezte hebegve.

– Feladatunk a bánya védelme, és a fokozott termelés biztosítása – vetette oda válla fölött a kapitány, türelmetlenül, szemeit egy pillanatra se véve le a zongorázó leányról.

83

– Óh, azt mi már elrendeztük – próbálkozott Emánuel kétségbeesetten. – Meglátja elvtárs, a hálás nép...

– A népnek semmi köze a bányához – szakította félbe a fiatal tiszt szinte ingerülten –, minden bányaüzem állami tulajdon, s a békeszerződés megkötéséig minden állami tulajdon katonai igazgatás alá esik. Majd ráérünk megtárgyalni ezt máskor.

Azzal felállt, kezébe vette a poharat, s megkerülte vele a zongorát. Többé figyelemre se méltatva Emánuelt, rákönyökölt Téréziával szemben a zongora sarkára, csillogó egészséges fogsorával ránevetett a leányra, s fenékig kiitta a poharat. Aztán csak állt ott, s szemeit egy pillanatra se vette le a leányról.

Emánuel némán összegörnyedve ült a süppedező karosszékben, és gondolatai kétségbeesetten és kuszán rajzottak a fejében. Hosszú idő múlva súlyosan dobbanó léptekre rezzent föl. Kicsi Ágnes állt ott a nappali szoba közepén, kezében égő lámpás.

– Kisasszonyka, ideje aludni térni! –recsegte bele a zeneszóba.

A zene elhallgatott, mintha kettévágták volna. Terézia felállt. A kapitány bosszúsan fordult meg, de Kicsi Ágnes keményen a szemébe nézett.

– Maga pedig menjen le a vendégszobába, ott a helye ilyenkor! Manó úrfi majd megmutatja, hol van! Menjen!

A fiatal tiszt nem értette ugyan a szavakat, de megértette a nézést és a kézmozdulatot. Hangosan elnevette magát.

– Hej, Mama, Mama! – mondta, s odaugorva a hatalmas termetű öregasszonyhoz, átölelte mindkét karjával, jól meg is ropogtatta. – Mama, mama, mamuska! – kiáltotta nevetve, azzal Emánuellel a nyomában nagy léptekkel elindult a lépcső felé.

– Isten bolondja, te! – dünnyögött utána Kicsi Ágnes, de a hangjában alig volt igazi bosszúság.

– Mondja meg a féleszű barátjának – kiáltott Emánuel után –, hogy eszibe ne jusson ám valami, mert én itt alszom az én kisasszonykám ajtaja előtt a nagy disznóölő késsel, s kifordítom a bőrét annak, aki a közelibe jön! Mondja meg neki!

De a lépcsőről csak a kapitány vidám, hangos nevetése felelt.

Csak másnap reggel, mikor a falu felocsúdott az éjszaka fekete rabságából, derült ki, hogy voltaképpen mi is történt. Kerítések tövén, pajták mögött jártak a szörnyűséges hírek házról-házra, s az ijedtség megmarkolta a falu szívét, mint kicsi madarat a karvaly.

Az első szavahihető hírt az Álgya leányunokája hozta meg a bányából, aki cselédként szolgált a Tromkáék konyháján, s úgy húzták ki az ágyból éjszaka a gazdáival együtt, s terelték föl őket a bányához. Reggel aztán elengedték, mert kiderült, hogy csak cseléd, s nem tartozik a családhoz.

Azzal kezdődött, mesélte a Juli leány a nagyapja házában összegyűlt szájtátóknak, hogy a szakaszvezető, akit a tizenkét katonával fölküldtek volt a Peles-házhoz, meglelte a borospincét, s félóra alatt lerészegedett a katonáival együtt. Részeg fővel aztán elkezdtek erőszakoskodni a Peles-ház asszonynépével, még a nyolcvan éven fölüli nagymamával is, s amikor Peles meg a fia védelmére keltek az asszonyoknak, a katonák lelőttek mindenkit, aki a házban volt, még Rózsit, a cselédlányt is, meg Ferit, az istállófiút. A szörnyűséges mészárlás után tovább ittak, s ekkor jött föl hozzájuk Boldizsár, a verekedő, aki széles, vörös karszalagot visel, és karhatalmi parancsnoknak nevezi magát. Hogy mit mondott Boldizsár a szakaszvezetőnek, mit nem, azt nem lehetett tudni, de az összeszedte a katonáit, s rámen velük előbb a Tromka-udvarra, majd a többi, piac közelében lakó gazdák házaira, s agyba-főbe vertek mindenkit, férfiakat, asszonyokat, gyermekeket, összelődözték a házak falait, feltereltek mindenkit a bányához. Ott kiválasztották maguknak a lányokat, a többit pedig bezárták a szerszámos pincébe. A lányokkal reggelig részegen dorbézoltak a Peles-házban, ott volt közöttük Juli is, látni lehetett rajta, csupa tépett rongy volt rajta a ruha.

– Teremtőisten – hebegték az emberek, akik hallották a Juli meséjét, aztán mentek, és hordták szét a borzalmas hírt a kertek alatt –, ez hát a szabadulás, amit az úrfi ígért...!?

Samuhoz, a bolt mögötti lakásba, maga öreg Álgya hozta meg a hírt, még napkelte előtt. Csak éppen virradt, a kakasok szóltak lelkesen, de a köd még ülte a falut, akár a lidércnyomás. Öreg Álgya kétszer is megzörgette a lakásajtót, míg végre csikordult a zár, és Samu megjelent, vörös szemmel, gatyásan, pislogva, sörtés rőt szakállal az arcán.

– Maga az, Álgya bácsi? – csodálkozott a boltos.

– Én – felelte az öreg cseléd, és a hangja kemény volt, amilyennek még soha nem hallotta Samu azelőtt –, én. S az a maga híres fia hol van?

– A hátsó szobában – felelte Samu, s még ijedtebben pislogott.

– Valami baj van, Álgya bácsi?

– Baj? – kérdezte a vénember, és kiegyenesedett. – Nem. Ez már nem baj. Ez már több annál, Samu úr. Akiket megváltókként fogadtunk volt a tegnap, azok ördögökké lettek az éccaka! S mondja meg annak a maga fiának, hogy én visszahoztam neki a hivatalt, amit reám adott, mert én ha szegény cseléd is voltam egész életemben, de én gyilkosokkal nem cimboráskodom, ezt mondja meg neki!

Már kiabált a vénember, s a zajra Sára asszony is megjelent a nyitott ajtóban, borzosan, sápadtan, magára kapott ócska pongyolában.

– Mi a baj? Történt valami?

– Hogy történt-e? – riadt rá Álgya. – Kérdezze meg a fiát, az tudja! Peles úrékat kiirtották családostul az éccaka, mint patkányokat szokás! Az én gazdámat s másokat puskatusájával verték ki az ágyból, s amit az asszonyokkal cselekedtek... piha! Nem emberek azok, de még csak nem is állatok, mert állat nem teszen ilyesmit, nem ám! Phü, phü! Mondja meg annak a híres fiának, hogy öreg Álgya, aki csak cselédember, köpött az olyan új világra, amit gyilkolással s asszonygyalázással kezdettek el! Phü!

Azzal nagyot köpött Samu lába elé, a küszöbre, megfordult, s egyenesen, soványan, kalapja alól kilógó hosszú ősz hajával tovacsoszogott a hajnali ködben, mely perc alatt elnyelte megint, mint egy csodát.

– Jaj, jaj, jaj – szakadt föl Sára asszonyból keservesen a sírás, és leroskadt egy székre, s kezébe temette az arcát. Samu lassan betette az ajtót. Állt egy darabig a homályos, hideg szobában lehajtott fejjel, és hallgatta a felesége szaggatott sírását. Aztán lassan az ágyhoz ment, magára húzta a nadrágját, belebújt cipőibe, s kiment. Lassú, kimért és nagyon elszánt léptekkel benyitott a hátsó szobába. Az ajtót tárva hagyta maga mögött, és a hideg köd füstként tódult be utána.

– Manó! Kelj föl Manó!

Emánuel megmozdult a takarók alatt, álmosan nyögött.

– Kelj föl! – parancsolta Samu, s a hangja kemény volt.

– Mi az? He? – könyökölt föl a fia.

– Kelj föl, és hordd el magad innen! – parancsolta az apja.

Emánuel most már fölült. Az ajtón betóduló ködös homályban az arca gyűrött volt és kísértetiesen sápadt.

– Először magadtól távoztál ebből a házból – mondta Samu hidegen, kíméletlenül –, másodszor én kergetlek el. Az én házam nem rablótanya, s nem gyilkosok szállása. Takarodj innen, de gyorsan! Amíg az én Istenem erőt ad ahhoz, hogy ne emeljek kezet reád. A fiamra, aki gyilkolással és gyalázattal fizet mindazért a jóért, amit ez a falu az apjának adott! Mars ki!

Azzal megfordult, s nyitva hagyva az ajtót maga mögött, otthagyta a fiát egyedül a köddel telt szobában.

Az asszony még mindig ott ült a széken, és sírt, amikor belépett hozzá. Odahúzta melléje a másik széket, és leült ő is. Rettenetes fáradtságot érzett. Mintha az egész hosszú, nehéz élet minden munkája egyszerre súlyosodott volna a vállaira ebben a percben, egy ólmos, szörnyű fáradtság, amilyenhez hasonlót még sohasem érzett. Szótlanul ült egy darabig alatta, aztán a keze lassan, reszketve kinyúlt, és átfogta az asszony megtört vállait.

– Sára, valamit elhibáztunk, Sára, valami nem jól volt, ezzel a fiúval...

Az asszony hangosabban felzokogott a szavaktól. De Samu mondta tovább:

– Sára, nekünk nincs többé fiúnk. Gyermektelenek vagyunk, Sára.

Az asszony zokogása elcsuklott, teste rádőlt a férfira, megpihent rajta, és úgy ültek sokáig, sokáig. Nem volt több szó, csak a halk, panaszos sírás, más semmi.

Aztán kint a kövön léptek kopogtak. Megálltak az ajtó előtt.

– Apám... – monda halkan egy hang. Aztán újra: – Anyám... De senki sem felelt. A két megtört, szomorú ember bent a sötétben egymáshoz húzódott, mint akik védelmet keresnek, s csak a könnyek csorogtak, alácsorogtak egy petyhüdt, munkában megöregedett asszonyarcon, alácsorogtak egy ráncos, borostás férfiarcon, s lecsöpögtek az egymást szorító néma kezekre, csípősen, sósan, fájdalmasan. Aztán a léptek lassan tovább mentek az ajtótól, s elvesztek a szürke, kegyetlen csöndben.

Hosszú, hosszú idő múlva kopogtak az ajtón.

– Kinyissam a boltot, Samu úr? – kérdezte Piluc hangja, és a boltos rekedten felelt:

– Nem kell kinyitni, Piluc.

Hallani lehetett a cigány tétova csoszogását, ahogy visszatért az istállóba.

Egy idő múlva az asszony megmozdult, és kezét lassan, ügyelve kihúzta az uráéból.

– Fel kell tegyem a kávét – mondta halkan. – Pilucnak reggeli kell.

Samu is felállt. A szemük égett, s bent, a szívük tájékán valami iszonyúan nehéz volt, alig tudták vonszolni magukkal. De a könnyek elapadtak már, s csak néhány fáradt sóhajtás maradt bennük, s valami szép, puha, szomorú érzés, ahogy egymásra néztek, két megöregedett, törődött, csalódott ember: a közös élet végén a közös bánat egybefonódó mély szeretete.

A nap már átfúrta magát a ködön, s elkezdte kékre söpörni az eget a falu fölött, amikor megzörgették kívül a boltajtót.

– Samu úr, hej Samu úr! – kiáltotta egy rekedt hang. – Tessék kinyitni!

Samu letette a kávéscsuprot, kiment az udvarra, s onnan került az utca felé. Máté, a sánta pásztor zörgette az ajtót.

– Zárva a bolt, Máté – szólt oda Samu csöndesen.

– Tessék hát kinyitni, sze nappal van már! – perlekedett a sötétképű legény, és látni lehetett rajta, hogy még mindig részeg.

– Nem nyitjuk ki többet – felelte a boltos szelíden, de határozottan –, bezártuk a boltot.

Máté eltátotta a száját, és néhány pillanatig úgy állott ott megzavarodva. Aztán kitört belőle a felháborodás.

– Nem lehet az, hallja-e! Az embereknek kell a dohány, meg az olaj, meg egyéb! Nem lehet ám csak egyszerűen csukva tartani a boltot, mit gondol maga?

– Ki mondja azt, hogy nem lehet? – kérdezte Samu, és nekitámaszkodott az udvari kiskapu léckerítésének.

– Én mondom! – döngette meg Máté a mellét. – Én vagyok itt a munkaügyi tanácsos úr, és én elrendelem, hogy mindenkinek dolgoznia kell! Magának is! Nyissa ki a boltot! Eltelt az úri lustálkodás ideje!

Samu szó nélkül megfordult, és visszament a lakásba. Tíz perc is alig telt el, s Boldizsár nyitotta rá az ajtót. Még két ember volt vele, jól ismert semmirevalók azok is a hegyekből, s mindhárman széles, vörös karszalagot viseltek. A boltos a szoba sarkában térdelt, előtte égő gyertya, fején hamu, ruhája megtépve, kezében imakönyv, s félhangosan mormolt ismeretlen zsidó szavakat. A három ember megtorpant az ajtóban. Aztán Boldizsár előrelépett, és levette fejéről a kalapot.

– Samu elvtárs, tessék kinyitni a boltot! – mondta Boldizsár.

A boltos tovább mormolta a héber halottas imát.

– A bolt köztulajdon – mondta Boldizsár keményebben –, s mi karhatalomként jöttünk. Tessék kinyitni!

Az öreg zsidó egy pillanatra abbahagyta az imádkozást, de az arcát nem fordította az emberek felé. Keze felmutatott az ajtó melletti falra.

– Ott a kulcs. Nyissátok ki magatok, ha a tietek!

A három ember egymásra nézett, aztán Boldizsár visszanyomta fejébe a kalapot, s leakasztotta a kulcsot a szegről.

– Nekünk jó lesz így is – mondta, s azzal kimentek.

Kint előrángatták a cigányt az istállóból, markába nyomták a kulcsokat, s ráparancsoltak, hogy nyissa ki a boltot.

– Te ismered a járást, te vagy a boltos ezentúl – mordult reá Boldizsár –, én parancsolom!

Piluc ijedten nyitott be a lakásba.

– Samu úr, az Istenért... – hebegte ijedten.

– Tedd, amit parancsolnak, övék a hatalom! – mondta Samu, és tovább imádkozott.

A cigány reszkető kezekkel kinyitotta a boltajtót, s Boldizsár meg a két karhatalmi ember bementek, leakasztottak a csüngőről egy-egy üres zsákot, s megtöltötték mindenféle holmival, amíg csak úgy tele nem volt, hogy alig bírták a vállukra emelni. Azzal elmentek. De nemsokára mások is jöttek, egyre többen, s a bolt rohamosan ürülni kezdett. S mikor az egyiktől, a kovács fiától, aki gyermekkori játszótársa volt, Piluc ügyelve megkérdezte, hogy a fizetséggel mi lesz, az ránevetett:

– Minden a népé ezentúl, nem tudod? Gyűjts te is magadnak bolond, amíg van miből!

Erre Piluc szaporán megtöltött a maga számára is három zsákot, s azokat rendre kicipelte az istállóba, és elrejtette a széna alatt. Mikor az utolsóval is elkészült, a bolt már üres volt, csak néhány gyerek mászkált még a polcok alatt, elhullott savanyúcukrot keresve. A cigány megcsóválta a fejét, köpött egyet a padlóra, és otthagyta a kifosztott boltot, szélesre tárt ajtóval, a nép számára. Mikor a lakásablakon belesett, Samu még mindig ott térdelt a gyertyacsonk előtt, és imádkozott.

Egy idő múlva az öreg pap jött át a piacon. Feketében volt, karján a palást és kezében a Biblia. Vele volt Pattanás, a sírásó. A pap benézett a boltba, megrázta a fejét, aztán hátra került a lakásajtó felé. Az első kopogásra nem jött felelet. A másodikra sem. A harmadikra megnyílt kissé az ajtó, és Sára asszony dagadtra sírt sápadt arca lesett ki a nyíláson.

– Tessék bejönni, tiszteletes úr! – mondta halkan, amikor megismerte a papot, és szélesre tárta az ajtót előtte.

Samu felnézett az imádságból, aztán lassan, görnyedten lábra emelkedett.

– Tessék leülni! – mondta.

– Temetni megyünk – mondta az öreg pap nagyon szomorúan, és az arca nem volt piros mint máskor, hanem szürke és vén.

– Borzasztó eset, rettenetes. Az emberek félnek temetést rendezni. De valaki mégis kellene legyen ott rajtunk kívül. Isten nem azt nézi, hogy ki milyen valláson van.

– Gyerünk! – mondta Samu kurtán.

A hamut le sem verte magáról, úgy indult az ajtó felé, ahogy volt. Csak éppen biztatóan megveregette a felesége vállát.

– Jaj, jaj... – sóhajtott föl a megkínzott lelkű asszony, és két kezét összetette könyörögve. – Vigyázzon magára, jaj, vigyázzon magára!

Szótlanul baktattak keresztül a piacon, föl az Ezüstlyuk felé, elöl Samu meg a pap, lépéssel mögöttük Pattanás, a sírásó, vállán a szerszámokkal. Az iskola kapujában puskás katona állott, és gyanakodva nézte végig őket.

– Kaszárnyát csináltak az iskolánkból – morogta alig hallhatóan a pap. – Mit gondol, meddig maradnak itt?

– Kit tudhatja azt? – sóhajtott föl a boltos.

A községháza emeletén nyitva voltak a nappali szoba ablakai, s az egyik ablakban egy pillanatra megjelent Terézia feje, aztán gyorsan visszahúzódott megint. Az iroda ablakai csukva voltak.

Szótlanul mentek. A napsütés langyos volt, és jó, vidám verebek csiripeltek a kerítéseken, s a kertekből áradt az érett alma édes illata. Az utca, föl az Ezüstlyuk felé, üres volt és kihalt. A sovány gazdaházak magukra zárkózva álltak, mintha nem is lett volna több élet az ablakaik mögött. A Peles-ház kerítése mentén egy karszalagos legény jött szembe velük. Megállt, és összehúzott szemöldökkel, gyanakodva szemlélte végig a csoportot.

– Hova mennek? – kérdezte durván.

– Temetni – felelte az öreg pap méltóságteljesen.

A legény elvigyorodott, s böffentett egyet.

– Kutyákat nem szokás temetni – mondta –, már beásattuk a rabokkal a dögöket. Ettől elkéstek.

A pap megtorpant, s elmeredt szemmel nézett az ocsmányul vigyorgó legényre.

– De egy imát elmondhatunk talán? – nyögte ki szinte alázatosan.

– Tőlem akár százat – mondta röhögve a karhatalmi legény, és köpött egyet a pap lába elé –, úgysem támasztja föl többé a rohadt kapitalistákat semmiféle papi malaszt, nem ám!

Azzal már ment is tovább, de néhány lépés után hirtelen megállt, és visszafordult.

– De a bánya közelibe ne menjenek – mondta gonoszul villogó szemekkel –, mert megbízhatatlan elemeknek ott tilos a járás!

A pap nyelt egyet.

– Merre vannak a sírok? – kérdezte reszkető hangon.

– Sírok? – üvöltötte el magát a legény. – Döglött kutyának nincsen sírja, nem tudja azt maga? Tanult ember maga? Dögöknek ott a helyük a dögtemetőben!

A pap lehajtotta a fejét, mint aki szégyell más emberre nézni. Pattanás előretolta homlokán a lyukas kalapot, és megvakarta bozontos tarkóját.

– De megnőtt a hangja ennek a senkifiának – mondta csodálkozva – még múlt évben kecskebukát vetett örömében, ha fölfogadták napszámra valahol, amilyen egy rest, dologkerülő volt...

– Menjünk, tiszteletes úr! – mondta Samu, s a három ember folytatta az útját fölfele a Peles-ház kerítése mentén, némán, megrendülten, elszántan. A sárgalombú nyárfák között megmegvillant a széles udvarház felér fala. Látni lehetett a betört ablakokat is, s a fegyveres katonát, ahogy őrt állt a kőlépcső alatt.

A dögtemető fönt volt a bánya mögötti hegyoldalban, két holdnyi bozótos, bekerített föld, buckás, tövissel benőtt, egyébre se jó, gazdátlan terület. Az erdő mentén csavargó ösvényről látni lehetett a bányát, az őrtálló katonát az irodaajtóban, s egy szomorú csoport embert, ahogy ott álltak sorban a tárna előtt, s valaki szitkozódva beszélt hozzájok. A sírásó, akinek jó szeme volt, megismerte azt a valakit, még onnan az erdő széléről is.

– Ejszen Máté, a sánta, akit valami munkaügyi micsodának neveztek ki tegnap, oktatja ott az embereket – mondta Pattanás, amikor egy pillanatra megálltak szusszanni a hegyoldalon. – S ott a sorban a harmadik alighanem Tromka lesz. Csoda, hogy áll még a lábán, azt hallám, nagyon elverték volt az éjszaka...

A tiszta őszi csenden át hallani lehetett a sánta rikácsoló hangját.

– Ne pofázzon, mert a hasába taposok, bitang kulákja! Az az idő eltelt, amikor a maga szava volt itt minden! Most én beszélek csak, s magának kuss!

– Gyerünk! – mondta a pap és sóhajtott.

Aztán ott álltak fönt a dögtemető tövisei között, egy nagy, frissen ásott földcsomó körül. A föld sárga volt, és agyagos, s a tövis le volt taposva körülötte. Pattanás levette a kalapját, és a pap magára terítette a palástot. Aztán kinyitotta a Bibliát, és lassú, nehéz hangon olvasni kezdte: „Mondá pedig az Úr: Káin, Káin, mit cselekedtél? A te atyádfiának vére kiált énhozzám a földről..."

– Imádkozzunk!

Mikor újra fölemelték a tekintetüket a sárga agyagföldről, a sírásó hirtelen kinyújtotta a kezét, és lefele mutatott az ösvényre. Egy csapat fekete ünneplőbe öltözött öregasszony jött cammogva, lassan, a falu felől.

– Várjuk meg őket! – mondta a pap halkan.

És vártak. Tizennégyen voltak az öregasszonyok, csizmásan, fekete kendővel, ünneplősen, ahogy temetésre szokás jönni. Nehéz volt nekik a hegy, piros volt az arcuk, és szuszogtak mire fölértek a dögtemető tövisei közé. Csöndesen, szepegve megálltak a csúnya sárga sír túlsó oldalán, szemközt a pappal, és vártak. Ott volt közöttük a Boldizsár anyja is, és ő volt, aki először megszólalt.

– Imádkozzék, tiszteletes úr!

S a pap elkezdte:

– Mindenható Isten... – és a hangja reszketett, s a száját sírás csavarta félre, hogy alig jöttek ki rajta a szavak.

– Az én fiam nem hibás ebben – mondta Boldizsár anyja, amikor az imának vége volt. – Sok mindenben hibás, de gyilkosságban nem.

Sovány, sápadt arcú öregasszony volt a Boldizsár anyja, soksok szomorú ránccal az arcán, s a szemei szárazok voltak, és mélyen ülők.

– Ebben nem – ismételte csökönyösen, s a többiek sóhajtoztak, és szipogtak körülötte, törölgették a szemeiket kendőik csücskével, s felváltva mondogatták: „Jaj, jaj!", és felváltva mondogatták: „Istenem, édes Istenem".

– Az Úristen mindeneket megmér – szólt az öreg pap –, mindenkit a maga súlya szerint. Akár gazdag, akár szegény. Akár úr, akár szolga. Övé az ítélet, Boldizsárné. Mi magunk is csak bűnös emberek vagyunk mindannyian.

Aztán levette válláról a palástot, gondosan összehajtogatta, s a karjára vette.

– Mehetünk – mondta, s a kis csoport szótlanul elindult mögötte lefele a dögtemetőből. Az öregasszonyok rendre lemaradtak a menet végéről, szó nélkül, lehajtott fejjel besuvadtak a házakba. A piac sarkában Pattanás is elbúcsúzott.

– Ejszen fölmegyek Dominikhez ma délután – mondta –, hadd lám, megmarad-e?

Aztán már csak a Boldizsár anyja meg Samu maradtak a pappal.

Négy ember jött ki a községháza kapuján, Jábó, a lopó, Borza, a hazudó, Máté, a sánta és Boldizsár, a karhatalmi parancsnok. Boldizsár vitte a szót hangosan.

– Te Borza, fölszaladsz Gidánoshoz a hegyre, és megmondod neki, hogy estére itt legyen az iskolában. Ő a termelési főnök, s Emánuel elvtárs meg akarja szervezni a termelés rendjét. Érted? Jábó, te számbaveszed a közvagyont, amit elkoboztunk a kuláktól. Te, Máté, összeírod azoknak a neveit, akiket be lehet fogni bányamunkára. Vagyis mindenkit, aki nem végez valami egyéb, a köz számára hasznos munkát. Úgy rendelte volt a kapitány elvtárs, én hallottam a fülemmel. Ezentúl nem lesz úri lustálkodás ebben a faluban – emelte föl Boldizsár a hangját még hangosabbra, és félszemmel odavillantott a piac közepén haladók felé –, ezentúl mindenkinek egyformán doloznia kell, akár tanult embernek nevezi magát, akár nem!

Ebben a pillanatban öreg Boldizsárné megállt a piac közepén, és szembe fordult a pappal.

– Tiszteletes úr – mondta éles, sipító vénasszonyhangon –,

belevenné-e a vasárnapi templomi imádságba az én kérésemet, hogy az Isten büntesse meg ezt az én lator fiamat? Megfizetném az árát tisztességgel!

A négy ember ott a községháza előtt felfigyelt a vénasszony hangjára. Aztán Borza szemére húzta a kalapját, és elindult. A másik három állva maradt.

– Nem tehetem Boldizsárné – felelte a pap halkan –, Isten szolgája vagyok, nem tehetem.

Ebben a pillanatban rájuk dördült a Boldizsár rekedt, durva hangja.

– Héj, pap elvtárs! Hány esztendős maga? Ha nem töltötte még be a hatvanötöt, akkor hétköznapokon a bányában kell dolgoznia, mert egyéb dolga úgysincs!

– Hetvenkettő vagyok, fiam – felelte a pap csöndesen. – De ha az Isten bányamunkára rendel, akkor elvégzem azt is.

– Itt én vagyok az Isten! – vert rá Boldizsár hetvenkedve a tulajdon széles mellére. – Ezt tanulja meg, elvtárs! Elmehet!

A pap lehajtotta a fejét, és megindult. Samu undorodva fordított hátat Boldizsárnak, de az öregasszony ott maradt egy helyben, és csípőre tett kézzel megeresztette a nyelvét:

– Nem szégyelled magad te, te utolsó szemét, te! Hogy nem sül ki a szemed, hogy...

– Fogja be a mocskos pofáját, és menjen haza! – ordított rá Boldizsár az anyjára. – Azt akarja, hogy itt verjem el, mindenki szeme láttára? Mi?

– Verjél! – rikoltotta a kis, sovány öregasszony. – Verjél hát! Hadd lássa az egész világ, hogy micsoda egy bitang szemét vagy! Kezet emelsz tulajdon édesanyádra, aki fölnevelt, te mocsok! Ha tudtam volna, hogy miféle lesz belőled, belenyuvasztottalak volna egynapos korodban a teknőbe, bele én! Te disznó, te utolsó, te anyád szégyene, üssél hát, üssél csak megint, ahogyan szoktad, mégis megmondom az egész világnak, hogy micsoda egy utolsó disznó vagy!

A pap szaporán lépett, alig tudott Samu lépést tartani vele a kurta lábaival. Tompa puffanásra fordultak vissza. Boldizsár ott állt az anyja előtt, haragos-kéken, s ököllel verte az öregasszony arcát. A harmadik ütésre az asszony összeesett, de Boldizsár még ott is tovább rugdosta a földön. Az éles sikoltozásra megnyílt az iroda ablaka, s Emánuel jelent meg benne.

– Boldizsár! – kiáltotta a fiatalember éles, elcsukló hangon. – Azonnal hagyja abba! Azonnal jöjjön ide!

A nagydarab, dühös ember az ablak felé fordult.

– Ez az én dolgom, nem a magáé! – kiáltotta oda durván. Aztán még egyszer belerúgott a kis, véres arcú öregasszonyba. – Menjen haza! Egy-kettő! S ha még egyszer meglátom kívül a kapun, megölöm. Érti?

Samu elérte a boltot.

– Tiszteletes úr – mondta akadozó nyelvvel –, ez a világ vége.

A pap ránézett, és bólintott.

– A mi világunknak vége van – felelte –, ezután valami más következik.

– Jó, hogy az ember nem él örökké – folytatta a boltos, és a szemei könnyesek voltak.

– Jó bizony – hagyta rá a pap.

Sápadtak voltak mind a ketten. A községháza előtt az öregasszony akkor tápászkodott föl a földről. Átkozódásai élesen tépték föl az üres piac csöndjét. Boldizsár s a társai már nem voltak sehol.

– Isten vele, Samu! – mondta a pap, és sóhajtott. Aztán lassan tovább ment a papilak felé. A templom tornyán egy nagy, fekete varjú ült, és éles, recsegő károgása végigkísérte a megvert öregasszony távolodó átkozódásait.

Bent a lakásban Sára asszony és Piluc javában tanácskoztak, amikor Samu rájok nyitotta az ajtót. Az asszony sápadt volt, és a szája szélei remegtek, s Piluc zavartan topogott előtte.

– Jaj, jöjjön, az Istenért! – szakadt rá Samura a felesége – hol jár ilyenkor! Mit tegyünk, Istenem, mit tegyünk? Már kétszer jártak itt ezek az emberek, amióta maga elment!

– Miféle emberek? – kérdezte a boltos, és nagyot sóhajtva leült az egyik székre. – Nekem úgy tűnik, hogy nincsenek is már többé emberek ebben a faluban, csak vadállatok.

Az asszony szapora szóval elhadarta, hogy Boldizsár meg

Jábó kétszer is voltak ott, és azt követelték, hogy Samu azonnal gondoskodjék áruról megint, mert a boltnak nem szabad üresen állania. A bolt a közé, mondták, s Jábó volt megbízva az ellenőrzésével.

– Ha holnap reggelig nincs áru és kiszolgálás a boltban, akkor elveszik tőlünk az árulási engedélyt – sápítozott Sára asszony. – Mit tegyünk, Samu, mondja meg, mit tegyünk?

– Semmit – felelte a boltos kurtán.

– De elveszik a boltot! – ijedt meg az asszony. – Miből élünk meg?

– Nem élünk meg – mondta Samu, és tenyerét rátette az asztal lapjára. – Nem élünk meg, Sára. Minek élni?

Szemeik egymásba fogództak, és az asszony hallgatott. Szemében megenyhült lassan az ijedtség, engedelmes alázattá vált, és a feje meghajlott, mint egy súly alatt.

– Ahogy maga akarja, úgy lesz – suttogta alig hallhatóan, azzal lassan megfordult, némán, megadó asszonyi sírással.

A cigány ijedten bámult a gazdájára, de az csak ült a széken, mintha egyedül lett volna nemcsak a szobában, de az egész nagy világon.

– Samu úr, kérem... – kezdte el aggodalmasan.

A boltos fölkapta a fejét, és úgy nézett rá, mintha akkor látta volna először életében.

– Mi akarsz?

– Készítsem föl az öszvéreket, instállom?

Samu nézte egy darabig a cigányt, aztán lassan megrázta a fejét.

– Ne készíts semmit, Piluc – mondta lassan, fáradtan, de valami mély, elszánt határozottsággal –, a bolt a közé, az öszvérek a közé, te is a közé vagy, én is a közé vagyok. Hagyjuk hát a közt, hogy tegyen velünk, ahogyan akar! Nem megyünk sehová. Eridj a pajtába, s aludj, s ha meguntad, fordulj át a másik oldaladra! Mi tettünk a közért eleget, te meg én, több mint huszonöt esztendőn keresztül. Most másokon a sor.

A cigány kiment. Egy darabig hallani lehetett tétovázó lépteit kint az udvar kövén, aztán a léptek lassan eltávolodtak az utca felé. Talán egy félóra múltával hallani lehetett a lépteket megint, ahogy visszatértek az utca felől. De nem voltak egyedül. Más léptek is követték. Ismerős léptek. Samu még mindig ott ült a széken, úgy mint azelőtt, azzal az iszonyú, tompa fáradtsággal a vállain. S a konyhában is csönd volt. Aztán kopogtak az ajtón.

– Szabad – felelte a kis, öreg boltos, nem halkan, de nem is hangosan, csak éppen közömbösen, lélek nélkül –, ma minden szabad ezen a világon.

Az ajtó kinyílt, Emánuel állt a küszöbön.

– Bejöhetek? – kérdezte szerényen, kissé szomorúan.

– Tessék – felelte az apja –, te vagy az úr a faluban. Én csak egy szegény, átkozott, kapitalista disznó vagyok.

Emánuel bejött, és csöndesen betette maga mögött az ajtót.

– Apám – mondta halkan –, a világ halad, és nem lehet megállítani. S aki a kerekek elé veti magát, azt könyörtelenül eltapossa a szekér. Mért nem akar inkább a szekéren ülni, s együtt haladni a világgal?

– Beszélj – bólintott az apja –, én csak hálás lehetek, ha megelégszel a beszéddel, s nem ütsz meg, mint ahogy a barátod tette az anyjával. Úgy látszik, az is a világ haladásához tartozik, akár az emberölés, meg a lányok meghurcolása. Beszélj csak!

Emánuel sóhajtott, és leült az apja mellé az üresen álló székre.

– Nincs haladás forradalmak nélkül, és nincs forradalom kilengések nélkül – mondta –, ezen sajnos nem lehet változtatni. De a most születő népi demokrácia egy szebb és boldogabb jövendőt fog hozni erre a falura. Jóban és rosszban egyformán osztozik majd minden ember, és így elviselhetőbb lesz a rossz, és többeket boldogít a jó. Mért nem akarja apám tovább vezetni a boltot?

– Miféle boltot? – kapta föl Samu a fejét. – Nincs többé bolt. A közé. Mindenkié!

Emánuel szelíden, megbocsájtóan elmosolyodott.

– Igen – mondta, és bólintott –, ez igaz. A bolt a közé. De apám vezethetné tovább, mint eddig, mindössze, hogy ezentúl a munkájáért rendes fizetést kapna, havi díjazást, akár egy tisztviselő, és nem lenne rászorulva arra, hogy krajcáros keresetekből izzadja ki az életét. Ha apám együtt dolgozik a közzel, a köz hűségesen eltartaná apámat.

A kis, kövér, borzos szakállú, tépett öltözetű boltos ránézett a fiára, és a nézése megkeményedett, s az arca egyszerre olyan volt, mintha valahonnan az Ótestámentum penészes lapjairól nézett volna alá.

– Én – mondta, és minden egyes szót külön is megnyomott, mintha azt akarta volna, hogy mindegyik örökre odavésődjék valami láthatatlan nagy könyv lapjaira –, én nem dolgozhatom együtt ezekkel a te embereiddel, Manó. Mert ezek tolvajok, rablók és gyilkosok. S aki tolvajokkal, rablókkal és gyilkosokkal szövetkezik össze, azt Jehova haragja lesújtja, mint ahogy eddig is lesújtotta mindig. S ha te csak ezért jöttél a te atyádhoz, Emánuel, hogy tisztességben megvénült fejére gyalázatot hozzál, akkor inkább maradtál volna azok között, akiknek a gyalázat a kenyerük.

Emánuel sóhajtott, és türelmesen rámosolygott az apjára, mint a jó tanító, akinek egy nehézfejű gyermek került a keze alá.

– Apám nem érti – mondta szinte bocsánatkérően –, az új rendszer mindenkinek a legjobbat akarja. Mindenki számára a lehető legkevesebb munkával a lehető legmagasabb életszínvonalat. Ehhez azonban együttműködésre van szükség. Apám továbbra is vezeti a boltot, és rendes fizetést kap ezért a falutól. A felelősség pedig másoké...

– Felelősség? – nézett föl a boltos a fiára. – Rablók és gyilkosok ismerik ezt a szót?

– Nézze, apám, a Bírót! – érvelt Emánuel most már türelmetlenebbül –, ő megértette, hogy hiábavaló lenne szembeszegülni a történelem sodrával. Ő nem okoz nehézségeket...

– A Bíró úr teheti – felelte Samu lassan, anélkül hogy szemét egy percre is levette volna a fia arcáról. – Ő úr. De én csak egy szegény zsidó vagyok, akinek egyebem sincs, csupán a becsületem, s akinek vétkeit hetedíziglen bünteti meg az Isten a többi zsidókon. Nekem vigyáznom kell, Manó. S neked is.

Emánuel felállt a székről, türelmetlen, heves mozdulattal.

– Az a világ eltelt – mondta határozottan –, amikor azt nézték, hogy ki zsidó, ki nem. A népi demokrácia előtt minden ember egyforma, s annyit ér, amennyit a közösség érdekében dolgozik. Utoljára kérem apámat, vállalja el a bolt vezetését, mint egy tisztséget, amit a nép szeretettel felkínál apámnak.

Lassan Samu is felállt, és ahogy ott állt szemközt a fiával, az arca lassan kiveresedett, s a hangja egyre élesebb lett, és rikoltóbb, míg végül kiabálássá növekedett.

– A nép? Kit nevezel te népnek? Azt a néhány gyilkolásra kész szájaskodó tolvajt, akik a maguk erejéből nem tudtak semmire se menni, mert restek voltak, akárcsak te, s most mástól veszik el, amit összegyűjtött? Ez a bolt az én életem műve, nyomorult féreg-életem műve, de az enyém! Elvehetitek tőlem, te és a rablóid, mert veletek van a fegyveres hatalom, de a világnak nincsen az a fegyvere, mely arra kényszeríthetne engem, hogy fizetett cselédként dolgozzam rablók parancsa szerint a magam tulajdonában! S hogy éppen te vagy az, aki ezt a megaláztatást reám akarod mérni, a tulajdon egyetlen fiam, ez több, mint amit egy apa köteles elviselni! Itt a felelet! – Azzal jobbról is, balról is keményen arcul ütötte Samu a fiát.

– Most pedig takarodj, s ha valaki is megkérdi ezután, hogy van-e fiam, azt fogom felelni, hogy nincs! S megátkozom azt is, aki emlékeztet reá! Kifele innen!

Emánuel arcán égtek az ütések, de azért nyugodtan és indulat nélkül lépett az ajtóhoz.

– Bármikor – mondta, és a hangja halk volt, szinte szelíd –, bármikor meggondolná apám a dolgot, csak egy szavába kerül. Engem mindig megtalál az irodán.

Mikor az ajtó becsukódott mögötte, és Samu lassan, fél kézzel az asztalra támaszkodva megfordult, Sára ott állt a nyitott konyhaajtóban. Arca rettenetesen sápadt volt, és a szája szélei reszkettek. De a szemei nagyok voltak és mélyek, csodálatosan szép asszonyszemek. Lassan odajött az asztalhoz, és két karját az ura vállaira tette, úgy nézett a hamuszürke, meggyötört, szakállas arcba.

– Samu – mondta halk, mély, szív mélyéről jövő hangon –, bocsásd meg nekem, hogy nem tudtam különb fiút szülni.

Elsőnek a férfi feje csuklott meg, aztán ott sírtak mind a ketten, egymás vállára borulva.

Talán egy órával később megjelent Jábó, s nagy hangon rendelkezni kezdett Piluccal kint az udvaron. Az öszvéreket kiterelték a pajtából, s Jábó beordított a lakásajtón, hogy tegyék tisztába a hátsó szobát, s fűtsenek be, mert ezentúl ő lakik majd ott, és Samu meg a felesége tartoznak kosztot adni neki.

Napnyugta előtt két, batyukkal megrakódott alakot lehetett látni, ahogy lassan, nagyon lassan fölfele kapaszkodtak a falu mögötti tövises hegyoldalon, a nyugati hegygerinc felé. A szálaserdő szélén, fent, megálltak, letették batyuikat a gyepre, s leroskadtak maguk is melléjük.

Ültek, ültek, s néztek alá a falura. A fák árnyéka hosszúra nyúlt már, szomorú szürke párák kezdték ellepni a völgyet, s minden olyannak látszott, mintha valaki könnyeken keresztül nézte volna.

– Császár volt a neve annak az öszvérnek – mondta hirtelen Samu, a boltos –, emlékszel még rá? Itt jöttünk ki vele az erdőből, éppen ezen a helyen, amikor először megláttuk a falut. Hány éve annak? Harminc? Több?

– Nem tudom – felelte az asszony fáradtan és halkan –, régen volt. Ma már csak annyi, mintha álmodtuk volna.

A bánya környékén lövés csattant, s a csönd vérezni kezdett tőle. A két fáradt vándor lassan lábra állt megint, fölvették a nagy, nehéz batyukat, talán sóhajtottak is, de annak a hangját elnyomta a hűvös esti szél zörgése, mely akkor indult meg valahol bent a fák mélyén. Aztán a nyugat felé vezető erdei ösvény elnyelte őket, mintha ott sem lettek volna sose.

5

ANNAK a hétnek a vasárnapján a köd meggyűlt a falu fölött, odaragadt az égre, felleggé sűrűsödött, s amikor Pattanás végzett a verebeivel, s elindult, hogy meghúzza a templom harangjait, az eső is eleredt. Az utcák sárga agyagja megsíkosodott, pocsolyák gyűltek a gödrökben, s a Libató körül gágogtak örömükben a falu ludai. Meglepően sok ember gyűlt össze mégis a templomban. Különösen a hegyről jöttek alá sokan. Igaz, hogy aznapra hirdették meg az irodabeliek a népgyűlést is, s talán ez okozta, hogy aki tehette, mindenki lejött.

Fent a szószéken a pap felnyitotta a Bibliát, és erős, bátor hangon olvasni kezdte az Igét, János Evangéliumából: „Ismerjétek meg az igazságot, és az igazság szabadokká tészen..."

Gidános emelte föl elsőnek a fejét a szénégetők sorából, és sötéten, keményen nézte a papot. De rendre a többi fejek is fölemelkedtek, és az ázott daróc keserű szagát árasztó tömeg feszülten figyelt minden szóra, ahogy az öreg pap beszélni kezdett Krisztusról és az igazságról.

– Nincs többféle igazság, nincs külön igazság a szegénynek és külön a gazdagnak. Külön a gazdának, a szénégetőnek, a pásztornak... nincs külön emberi és külön isteni igazság. Csupán egyetlenegy igazság van ezen a világon, amit az Úr Jézus Krisztus tanított: szeresd a te felebarátodat, mint tenmagadat...

– Édes Jóistenünk, Mennyei Atyánk – kezdte el a pap lassú zengő hangon az imát odafönt a szószéken –, Te, aki egymagad uralkodsz napsütés, szél és eső fölött, kinek egyetlen szemrebbenésedre országok tűnnek el, és országok születnek: tekints alá erre a sokat szenvedett népre, adj nekik áldást, békességet, és töltsd meg szíveiket egymás iránt való türelmes szeretettel...

Meghajoltak a fejek az ima súlya alatt, s Terézia kisasszony sírva fakadt ott hátul, az orgona mögött. Az első padban, mint rendesen, ott ült a Bíró, egyenes háttal, komoran. De mögötte üresek voltak a Peles-család, a Tromka-család és mások helyei, és senki se mert az üres padokra nézni.

– Köszönjük Neked Uram – mondta az öreg pap hangja magasan a fejek fölött –, hogy ilyen szép számban egybehoztál bennünket ezen a napon, s kérünk, légy velünk továbbra is, de főként azokkal, akik sorainkból hiányzanak. Adj erőt az élőknek, hogy szenvedéseiket elviseljék, s a holtaknak, Uram, adj pihenést és örök békességet... Ámen.

A gazdák soraiban félve és idegesen mozdultak a fejek, és átlestek a túlsó oldalra, ahol a pásztorok meg a szénégetők tömöttődtek. A gazdák és a hegylakók között évszázados volt a civódás és a baj, napszám miatt, legelőjog miatt, pásztorbér és szénnek való erdő kérdésében. De még soha sem történt igazi baj. Szavazata csak a birtokos gazdának lehetett, füstönként, ahogy a régi rend írásban kimondta. Ki tudja, mi lesz a mai gyűlés vége, aggodalmaskodtak a gazdák, talán még a földeket is elveszik, utolsó holdig, mindenkitől...

Több mint félórán át beszélt az öreg pap az igazságról, s az emberek figyelték minden szavát, feszülten és aggodalmasan, mint akik félnek, hogy valami elszalad a fülük mellett, ami fontos. Istentisztelet után pedig ott maradtak valamennyien csoportokba tömöttődve a templom előtt, s mikor az öreg lelkész utolsónak kilépett az ajtón, minden arc feléje fordult. Gidános lépett elébe elsőnek, nehézkesen, mogorván, esetlenül mint egy medve.

– Megkövetem alássan, tiszteletes úr – kezdte el mondókáját a szénégető –, mink megértettük a szentbeszédet igencsak nagyon. S mink, lássa, azon is volnánk, hogy megismerjük az igazságot, amint azt a Szentírás mondja, csakhogy az a baj, lássa, tiszteletes úr, hogy ahányan vannak azok, akik vezetni akarnak bennünket, annyiféleképpen mondják az igazságot, eladdig, hogy ezentúl pásztorok és szénégetők csinálják a falu törvényét, pedig a tiszteletes úr nagyon szépen és okosan beszélt volt Jézus Krisztusról, de abból mi meg nem tudhatjuk, hogy mi hát az igazi igazság a münk saját dolgainkban, mint teszem azt a legelők, meg a bánya, meg a szántóföldek kérdése, meg hogy hány órát dolgozzék az ember s mennyi fizetéssel, meg hogy mi legyen azokkal, akik nem akarják azt, amit a többség akar? Erre tessék nekünk feleletet adni, tiszteletes úr, mert a Biblia szavaival münk ezekben a dolgokban nem sokra megyünk!

– Mért nem beszélt akkor az igazságról, amikor a gazdagok gyötörték a szegényt! – csattant föl a háttérben egy türelmetlen hang. – Mért csak mostan, amikor a szegénység próbálja kézbe venni a maga sorsát?

Többen helyeseltek. És Gidános feketén, fölvetett fővel állott előtte.

– Erre feleljen meg, tiszteletes úr! – mondta lassan, és sötét nézése egy pillanatra sem hagyta el az öreg pap arcát.

Az zavartan nézett körül a szinte fenyegetően tömöttődő embergyűrűn.

– Én csak Isten szolgája vagyok – mondta akadozva –, s nem politikus vagy közigazgatási ember, s a polgári élet dolgaihoz én nem értek...

Majd hirtelen, mintha megérezte volna a szavai közt didergő félelmet, és elszégyellte volna magát miatta, fölemelte a hangját, és úgy harsogta oda az embereknek, bátran:

– De azt tudom, hogy gyilkolással és egyéb erőszakosságokkal nem lehet igazságot és békességet teremteni az emberi világban. Ne ölj, mondotta az Úr, és ne kívánd a másét, és énelőttem a tízparancsolat törvényei minden más törvénynél előbbre valóak!

Szeme ebben a pillanatban megakadt a Bíró egyenes alakján, ahogy ott haladt az emberek mögött a piacon át a községháza felé, karján Teréziával.

– Mért nem kérdezik meg a Bíró urat, emberek? – vetette föl a kérdést. – Ő jobban meg tudná mondani, mint én, hogy hol van az igazság az ilyen apró közigazgatási kérdésekben!

Néhány pillanatig súlyos csönd volt a szavai után, aztán Gidános megvakarta a fejét.

– A Bíró úr nincsen velünk ebben a mi dolgunkban – mondta lassan, minden egyes szó súlyát gondosan megmérve a nyelvén, mielőtt kimondta volna. – Őkelme mindenre csak a törvénykönyvekkel felel. Samu úr is itt hagyott, pedig reája is hallgattunk volna. Most meg a tiszteletes úr is bemenekül előlünk a Bibliájába. Münk tudjuk azt, hogy embert ölni nem szabad, meg hogy ne kívánja az ember azt, ami a másé. De ki mondja meg nekünk igazán, hogy mi az, ami a másé valójában, s mi az, ami a miénk abból, amit a másénak mondanak? Mert benne vagyon a tízparancsolatban, hogy ne vedd el a másét, ez igaz. De az nincsen ám benne, hogy ne vedd vissza mástól azt, ami a tied! Igaz-e? Na, Isten segítse, s harag ne legyen!

Azzal megbillentette szénporos fekete kalapját, s már ment is az iskola felé, melynek ajtajában akkor tűnt el Emánuel meg a kapitány. Az emberek tömege szótlanul követte. Sokan még a kalapjukat se billentették meg.

A pap sóhajtott, s az asszonyok felé fordult, akik ott álltak oldalt, a kis, fehérhajú papné körül. Ahogy lassan, lehajtott fejjel és zavaros gondolatokba veszve közeledett feléjök, megütötte a fülét az egyik asszony éles, rikácsoló hangja.

– Ne féljen semmit, tiszteletes asszony lelkem, több emberölés itt nem lesz! Megmondom én a magamét a gyűlésen, meg én! Ne tessék félni semmit, mi asszonyok is ott leszünk! S ha a mi embereink nem hallgatnak reánk, hát főzzenek, s mossanak magukra, hadd lám, miként élnek meg asszony nélkül ebben a felfordult világban!

Megismerte a szájaskodó asszonyt. Gidánosné volt. Mikor a közelükbe ért, szétrebbentek a fehérnépek, mint a varjak, s szaporán megeredtek embereik nyomán az iskola felé. A törékeny kis papné rámosolygott az urára. Bizakodás volt a mosolyában.

– Jó földbe hullott a prédikáció magja – mondta –, az asszonyok nagyon a szívükre vették. A férfiak mit szóltak hozzá?

Az öreg pap szomorúan legyintett.

– Vagy énbennem van a hiba, vagy az emberi élet távolodott

el nagyon messzire az Evangéliumtól – sóhajtotta –, nem értjük egymás nyelvét többé, akárcsak a Bábeltorony népe. Gyere, lelkem, menjünk haza!

Az eső még mindig szemerkélt. Szürkén, szomorúan, ahogy őszi esők szoktak. Odalent a papkert hervadt virágágyásain nagy cuppogó csizmákkal egy katona gázolt keresztül, markában cipelve két vágottnyakú ludat, s egykedvűen fütyörészett.

A szűk és alacsony kis iskolaterem pillanatok alatt megtelt az ázott condra kesernyés szagával, amikor a nép betódult a községi gyűlésre. Az asztal körül már ott ült az elöljáróság: középen Emánuel, mellette a kapitány, s két oldalon Jábó, Máté, Boldizsár és Gidános, a szénégető. A nép begyömöszölődött a szűk kis padokba, melyeket Samu, a boltos ajándékozott volt jó húsz évvel azelőtt az iskolának, s a bicskákkal összefaragott, barna deszkák korukhoz mérten recsegtek is az idétlenül kuporgó felnőttek súlya alatt.

A gazdák közül kevesen jöttek el. Egy részük nem volt képes rá, mert a bányában dolgoztatták őket a katonák, más részük meg nem mert. Az a néhány, aki mégis elóvakodott, aggodalmaskodva bújt össze az ajtó közelében lévő szélső padokban, s behúzott nyakkal figyelte a község új parancsolóit a tanítói asztal körül.

Azonban a hegyről mindenki ott volt, aki csak mozogni tudott. Birkaszagú pásztorok s kormos szénégetők duvadásig megtöltötték a padsorokat, s ami hely még maradt a falak mentén, oda bezsúfolódtak az asszonyok, feketekendősen, hangosan. Még akkor sem szűnt meg közöttük a beszéd, amikor Emánuel megnyitotta a gyűlést.

– Elvtársak – mondta Emánuel, és szeplős, sovány arca pirosra gyúlt a beszéd izgalmától –, a Nagy Szabadító, aki a szegények és üldözöttek Megváltója, betöltötte ígéretét, és felszabadított bennünket a kapitalisták, imperialisták és feudalisták zsarnoksága alól. A népek új megváltója és igazi atyja kezünkbe adta a sorsunkat, és mi azért hívtunk itt össze benneteket, elvtársak, hogy a kezünkbe adott hatalommal élve megszervezzük ennek a községnek az új rendjét a felszabadult nép akarata szerint...

106

– Fogják be a szájukat ott hátul! – förmedt rá Boldizsár a fecsegő asszonyokra, s az ajtónál őrt álló két karszalagos legény fenyegetőleg fordította feléjük a fejét. Emánuelt kissé kihozta sodrából a goromba hang, s emiatt rosszallóan nézett a főrendőrre. Majd folytatta:

– Elsőnek a földkisajátítás és közbirtok kérdését kell megtárgyaljuk. Ennek a kérdésnek Álgya elvtárs lenne az előadója, de ő sajnos magas életkorára való hivatkozással tisztségéről lemondott, tehát új embert kell válasszunk...

Az asszonyok pusmogni kezdtek, s egyik közülök hangosan megjegyezte, úgy, hogy mindenki, aki ott volt, érthette a szavait:

– Egy frászt, nem olyan öreg az. De ha az én onokámmal tették volna a híres fölszabadítók, amit az ő Juliján elkövettek, én nemcsak, hogy lemondtam volna minden hivatalról, de még a kisbaltát is a fejükhöz vagdostam volna néhányszor, én igen!

– Csönd! – ordította Boldizsár, s Emánuel elvörösödve folytatta.

– Én azt javaslom, hogy ennek a kérdésnek a végrehajtására válasszunk meg egy háromtagú bizottságot, s bizottsági tagokul ajánlom a közgyűlésnek Gidános elvtársat, a szénégetők képviseletében, Lukács elvtársat, a pásztorok képviseletében és Boldizsár elvtársat, mint gazdát és a végrehajtó hatalom fejét!

Egy pillanatig olyan csönd volt, hogy hallani lehetett kint az esőt, ahogy halkan kaparászott a bádogtetőn.

– Van már jelölt? – kérdezte Emánuel.

S ekkor mozdult meg Gidános az asztal végiben, Boldizsárral szemközt. Két súlyos fekete öklét az asztalra tette, s lassan felállt.

– Várjunk egy csöppet úrfi! – mondta nyugodtan, lassan és sötéten, majd szemét körüljáratta a figyelő embereken –, vagyunk itten sokan, akik bizonyos dolgokban nem látunk tisztán, és szíves engedelemmel szeretnénk egyet s mást megkérdezni!

– Tessék! – bólintott Emánuel mosolyogva, és a hangja árván koppant a néma teremben. Mindenki figyelt. És Gidános mondta. Megszegett nyakkal, keményen.

– Először. Itt minálunk, ebben a faluban emberölés csak egyszer történt, amióta én az eszemet tudom, s annak is tizenhat esztendeje immár. A gyilkost a törvény megbüntette volt annak rendje szerint. Így volt, vagy nem így volt, emberek?

A padsorok megmozdultak.

– Úgy hát.

– Csendőrök vitték el Piripókot!

– Az hát, Piripók volt, a részeges!

– Késsel ölte meg az öreg Álgya idősebbik fiát!

– Én magam ott voltam!

Gidános bólintott, s szembe fordult Emánuellel meg a kapitánnyal.

– Na már most, úrfi, itt emberölés történt a faluban, mégpedig nem csupáncsak egy embert, hanem egy egész családot pusztítottak ki! Én a kapitány úr nyelvit nem értem, különben magam kérdezném meg őkelmét, hogy miféle büntetést szab hát ki az ő törvénye a gyilkolás ellen? Mert immáron három nap is eltőtt, s az emberölők még mindig szabadon járkálnak, s még csak a fegyverüket sem vette el tőlük senki!

Emánuel a kapitányhoz hajolt, és szaporán sugdosott a fülébe. A kapitány szeme rávillant Gidánosra, s néhány kurta, haragos szót mondott. Emánuel arca vörös volt, s a fülei égtek.

– Elvtársak – mondta rekedten és akadozva, mint aki nem leli meg a helyes szavakat –, ez a kérdés kívül áll a mi hatáskörünkön, ez a megszálló hadsereg ügye. Ez...

– Engedelmet kérek – sújtotta meg Gidános széles tenyerével az asztalt –, ez a mi ügyünk! Mert holnap az én családomat lődözhetik halomra, vagy a szomszédomét, ha úgy tetszik nekik! S nem azt mondotta-é nekünk az úrfi odafönt a hegyen, hogy a Szabadító Megváltó, vagy mi a szösz, katonái úgy jönnek ide hozzánk, mint a tulajdon édes testvéreink? Hát már pedig ha az én testvérem rosszat cselekszik az én házamban, úrfi, akkor testvér ide, testvér oda, de én úgy kiszórom a kapumon, hogy a lába sem éri a fődet többé!

– Tiszta igazat mond! – rikácsoltak föl a fal mellett az asszonyok. – Meddig kell tűrjük a garázdálkodásukat? Nem az én lányomat is meghajszolták tegnap este a legelőn? Szabadítók, és a szegény ember malacát lopják? Nekik minden szabad, mi? – Csönd legyen! – dörrent rájuk Boldizsár, s a kapitány meg Emánuel halk, izgatott szavakat váltottak. Majd, hogy a zaj mégsem ült el, a kapitány vörösre gyúlva kirúgta maga alól a széket, s felpattant. Ökle lecsapott az asztalra, és ettől csönd lett. Mondott néhány kemény, csattanó szót, és Emánuelre nézett, aki lassan fölemelkedett, és remegő hangon tolmácsolni kezdte a szavakat:

– Elvtársak, a kapitány úr azt mondja, hogy azok a katonák életüket és vérüket adták azért, hogy maguk szabadok lehessenek. Maguk ezért hálával tartoznak... Egyébként vegyék tudomásul, mondja a kapitány úr, hogy katonai megszállás alatt vannak. Akik a katonákat parancsaik végrehajtásában akadályozzák, cselekedeteiket bírálják, azokkal szemben a hadsereg szigorú megtorlást használ. Ennek példáját láthatták fent a bányánál...

A kapitány néhány rövid, csattanó szóval befejezte a mondókáját, és leült.

– Az új rend fölépítése érdekében kívánatos, hogy a katonaság és a lakosság között jó viszony legyen – fordította át Emánuel a szavakat –, s a kapitány úr reméli, hogy ez így is lesz. Van egyéb kérdés?

– Nincs – felelte Gidános lassan és sötéten, s néhány pillanatig hallgatva nézett Emánuelre. – Nincsen, úrfi! – tette hozzá –, csak annyi, hogy a hivatalról, amit adott, én ezennel lemondok. Ha a katonák az urak ebben a faluban, akkor münk hiába ne töltsük az időt.

Azzal súlyos léptekkel lement az emelvényről, s a léptei tompán döngtek a csöndben. A szénégetők némán szorítottak helyet neki a pad végében. Emánuel a kapitányra nézett, a kapitány vállat vont, és mondott néhány halk, türelmetlen szót.

– A földosztás és közbirtok ügyét egyelőre magamnak tartom fönt – mondta Emánuel haragosan, és ceruzájával idegesen megkocogtatta az asztalt –, célunk az, hogy megkönnyítsük a gazdák munkáját, és ugyanakkor emeljük a termelést. Szétforgácsolt és egyénileg kezelt magánbirtokok helyett szakszerűen vezetett közbirtok fogja a lakosság számára termelni a szükséges gabonákat, ahol mindenki egyformán veszi ki részét a munkában, és egyformán részesül a javakból. Remélem a gazdák megértik ennek a rendszernek az előnyeit és önként csatlakoznak majd be birtokaikkal a közbirtokba...

– Engedelmet kérek... – szólalt meg egy rekedtes, mély hang a pásztorok sorában, és öreg Lukács emelkedett föl lassan, görnyedten. Két hosszú, fakó bajusza szinte egészen eltakarta sovány vénember arcát, de a szemeiben élet, szelídség és jóakarat csillogott. – Engedelmet kérek, Manóka úrfi – mondta öreg Lukács –, s ne tessék zokon venni, ha így szólítom, de én ma is csak az az egyszerű tanolatlan pásztorember vagyok, aki annak idején a térdemen ringattam Manóka úrfit ott a juhok mellett, amikor az apjaura kihozta volt a hegyre, akit az Úristen vezessen és oltalmazzon, akárhol is van, mert derék és becsületes embernek ismertem volt mindig. De hát mármost tessék rám ügyelni egy csöppet. Nemdebár azt tetszett volt mondani nekünk, hogy az Új Megváltó őszentfelsége érkezett el újra a földre, amint azt a Biblia ígéri? S hogy ezek a katonák, akik... szóval hát akik ma, elég sajnos, itt vannak a faluban, a Megváltó országából jöttek, hogy elhozzák az ígért szabadítást? Igaz-é, hogy ezt tetszett mondani?

– Igaz – felelte Emánuel, és mosolygott.

– Nohát akkor – folytatta öreg Lukács –, mi meg emberek vagyunk, gyarlók s talán nehéz eszűek is, akik egyet hallunk, s mását látunk, s nem tudunk sehogyan sem kiokosulni, hogy hát mi is az igaz? Márpedig, ahogy a tiszteletes úr olyan szépen elmondta volt az előbb ott a templomban, münk szeretnők ám megismerni az igazságot! Szemünkkel látni, na! A Megváltót, akiről az úrfi szólott, meg az ő országát! Mert münk elismerjük azt, hogy amért gyarlóak vagyunk, azért hát bennünket még a jó felé is terelni kell, olykor erőszakkal is, mint a birkát az új legelőre. De viszont látni szeretnők, hogy miféle is hát az a legelő, ahonnan ezek a katonák jöttek, akik erőnek erejével azt akarják, hogy münk is olyannak csináljuk a magunk életit, amilyen az övék! Megérti-e, Manóka úrfi, hogy miről beszélek én?

– Értem – felelte Emánuel mosolyogva az asztal mellől –, s ígérem, hogy mostanhoz egy évre látni fogják a különbséget a régi és az új rendszer között. Csak persze ehhez is kell egy kis idő, mint minden egyébhez. Máról holnapra nem lehet eredményt fölmutatni.

Öreg Lukács megcsóválta a fejét.

– Nem tetszett engemet megérteni. Lássa, a Szentírásban írva vagyon, hogy amikor az angyalok megjelentették volt a pásztoroknak, hogy megszületett a Megváltó, a pásztorok fölkerekedtek, s elindultak a csillag után, hogy szemükkel lássák. Nem mintha nem hittek volna az angyalnak, dehát csak buta pásztorok voltak, akárcsak én, meg a többiek itt, s szemükkel akarták látni, hogy milyen is az a Megváltó Jézus. Nohát, ha münk is fölkerekedhetnénk néhányan, hogy szemre vegyük ezt az újféle megváltót, meg az ő országját, hát nem kellene annyi sok szót cibálni itt össze-vissza. Mert amit az ember a tulajdon két szemivel lát, azt osztán el is hiszi, igaz-e emberek?

Tartózkodó morgás volt a felelet, s Emánuel meg a kapitány újra sugdosódni kezdtek. A kapitány szeme kíváncsian méregette az öreg, bajuszos pásztort, majd bólintott. S Emánuel mondta, mosolyogva, szinte vidáman:

– Lukács bácsi igazán fejin találta a szöget! A kapitány úrnak is az a véleménye, hogy ez a legjobb megoldás. Ígéri, hogy kieszközöli az engedélyt ahhoz, hogy egy szűk küldöttség, mondjuk, három ember elmehessen a Szabadság Országába, és megtekinthesse mindazokat a nagyszerű intézményeket, melyeknek egyetlen célja a nép boldogítása. Mindnyájunk nevében köszönöm Lukács bácsi indítványát, és igyekezni fogunk, hogy az minél előbb megvalósulhasson. Addig is azonban haladunk a magunk megkezdett útján. A javak igazságos szétosztására tervezetet dolgoztunk ki Jábó és Máté elvtársakkal, ugyancsak a közmunka megszervezését illetően. Be kell jelentenem, hogy a bánya egyelőre a megszálló katonaság ellenőrzése alatt marad. Munkaerőt a község köteles adni, tervezet szerint naponta huszonnégy embert.

Ebből a huszonnégyből tizenhárom már ott is van állandóan, mint őrizet alatt álló megbízhatatlan elem, akik nyíltan kimutatták, hogy a nép ellenségei. Ezeket a megszálló katonaság állandó kényszermunkára ítélte. Így hát a község csak tizenegy munkaerővel kell hozzájáruljon a bányatermeléshez. A rendelkezésre álló emberanyagból Máté elvtárs fogja hetenként kijelölni azokat, akik sorra kerülnek ennél a munkánál. A beosztás igazságos alapon történik, és kérek mindenkit, hogy vonakodás nélkül tegyen eleget a hívásnak, amikor sorra kerül. A bányaüzem sima menete előfeltétele a megszálló hadsereggel való barátságos együttműködésünknek...

A teremben csönd volt, csak az eső kaparászott halk körmökkel a bádogtetőn. Az emberek össze-összenéztek, némán, gondtelten, s az asszonyok közül halk pusmogás indult a sarokban. Emánuel befejezte a mondanivalóját, s körüljáratta szemét a tömegen.

– Van-e valakinek egyéb kérdése, vagy jelenteni valója? – kérdezte, s már emelkedni is kezdett a székből.

Ebben a pillanatban hátul, az asszonyok sarkában kitört a vihar.

– Mi lesz a bolttal? – rikácsolta egy éles hang, s egyszerre többen is belekiabáltak: – Elkergették Samu urat, s odatették azt a tökéletlen cigányt, aki egyebet sem tud mondani, mint hogy nincs, nincs! Honnan vesszük a lámpába való olajat? A lisztet? Bezzeg a karszalagosok zsákkal hordhatták el a boltból a holmit! A népnek mi maradt? Üres szavak, más semmi! Ezentúl a városig kell gyalogoljunk, ha szükségünk lesz valamire? Ezt nevezik maguk fölszabadulásnak, hogy a boltunkat is elveszik?

– Csönd! – ordította el magát Boldizsár az asztalnál, s a két ajtónálló fenyegető ábrázattal fordult az asszonyok csoportja felé. De azokat nem lehetett ám ilyen könnyen elhallgattatni. Anyák voltak mind, nagyanyák sokan. Nem ijedtek meg a férfiszótól.

– Reám ne kiabálj, te! – ordította oda Boldizsár felé a Gidános felesége a sarokból, s megrázta csontos, sovány öklét. – Mit gondolsz, ki vagy te, rongyos kocsmavirág? Csavargó senki, te, aki nem restelled bottal verni tulajdon édesanyádat, aki fölnevelt, hogy szakadna le a két kezed, te tetves! Magadra cicomáztad azt a piros rongyot, s most azt hiszed, minden szabad neked?

Boldizsár kirúgta maga alól a széket. Kékvörös volt az arca.

– Tartóztassák le ezt az asszonyt! – üvöltötte.

– Hát fogjatok meg, na! – rikácsolta Gidánosné –, akasszatok föl! Akkor is megmondom az igazat! Rablókkal és tolvajokkal akarnak itt új rendet csinálni? Nem szégyelli magát az úrfi? Hova tette a derék jó apját meg az édesanyját, mi? Megölette azokat is, mint a Peles úrékat? Nekem azt ne mondják, hogy a jó öreg nagymama fönt a Peles úréknál valamit is tett a maguk katonái ellen! Ezt nevezi maga szabadulásnak meg miafenének? Phi, phi, phi! Adják vissza a mi öreg bírónkat, s menjenek a nyavalyába! Őalatta ilyesmi nem történt, de nem ám!

– Vigyék el innét! – ordította Boldizsár, s a két karszalagos elszánt arccal lökdöste szét az asszonyokat, hogy hozzá jussanak a kiabálóhoz.

Ekkor mozdult meg Gidános a túlsó oldalon. Lassan felállt a padból, s az arca sötét volt, mint a halál.

– Nocsak – mondta, s bár nem kiáltott, a hangja végigzúgott a tömeg fölött, mint a távoli ágyúszó. – Aki kezet teszen az én asszonyomra, az elébb ássa meg a sírját!

Azzal kihúzott a csizmaszárából egy akkora disznóölő kést, hogy apró ember kezében kardnak is bevált volna, s megindult vele a padok között. Az emberek némán nyitottak utat neki.

– Csend legyen! – kiabálta Emánuel kétségbeesetten az asztalnál, de hangja elveszett a kavarodásban. Az asszonyok úgy estek neki a két karszalagosnak, mint károgó varjúcsapat a kányának.

– Mit akartok?

– Nem szégyellitek magatokat? Asszonynéppel verekszetek, híresek? Nem megyek félre, nem én! Ha szabadság, akkor legyen szabadság! Lüjjetek agyon, na! Tetvesek! Rongyosak! Cigányok! Szemérmetlenek!

Éles, idegen parancsszó csattant végig a fejek fölött, s úgy vágta ketté a zajt, mint kés a vajat. A kapitány haragtól vörösen állt az asztalnál, s rövid, parancsoló szavakat harsogott, majd keze kivágódott az ajtó felé:

– Davaj! Mars!

– Menjetek haza! – tolmácsolta Emánuel sápadtan a kapitány kitörését. – Akit öt perc múlva itt találnak a katonák, azt bánya-munkára viszik.

A kapitány még mindig ott állt, kemény, mozdulatlan arccal, és az ajtóra mutatott. Elsőnek a gazdák mozdultak meg, és sirültek kifele, mint az egerek.

– Gyerünk hát, emberek! – szólalt meg reszelős, vén hangon öreg Lukács –, itt ejszen végeztek velünk.

Szavára a tömeg megmozdult, fölemelkedett a padokból és topogva hullámzott az ajtó felé.

– Elébb az asszonyok – adta ki Gidános hátul a parancsot, s a férfiak megtorpantak az ajtónál, majd utat nyitottak. – Gyerünk, fehérnépek!

Senki se szólt, csak lábak topogását és ruhák súrlódását lehetett hallani. A két karszalagos megszeppenve lapult a fal mellett.

– Adja ide azt a kést! – szólt le Boldizsár az asztal mellől Gidánosnak, éles, kötekedő hangon. – Nem tudja, hogy gyűlésre fegyveresen jönni nem szabad?

A nagy, fekete ember ránézett.

– Vedd el hát – morogta –, ha olyan nagy legény lettél!

Emánuel sápadtan, bosszús arccal súgott oda valamit a karhatalmi főnökének, mire az dühösen rántott egyet a vállán, és elfordult. Több szó aztán nem esett.

A vezetőség utolsónak lépett ki az ajtón. Az eső még mindig esett, de a felhők magasabbak voltak már, és hűvös északi szél kavarta meg a szitáló, ködszerűen apró cseppeket. A tömeg már ott haladt csoportokra oszolva a piac végiben, ahol az utca fölfele tért a hegyre, elöl az asszonyok, feketén és lármás méltatlankodással, mögöttük a férfiak, lassan, komoran, szótlanul.

– Kezembe kerül még egyszer ez a nagy, szénporos ökör – dünnyögte Boldizsár dühösen, de senki sem ügyelt reá. Jábó és Máté, a sánta, pislogva kémlelték az eget, s a karszalagosok öszszedugott fejjel suttogtak az ajtóban.

114

– Nehézfejű nép – mondta Emánuel a kapitánynak, és sóhajtott hozzá –, erőszakkal kell megváltani őket.

A kapitány legyintett.

– Minden nép nehézfejű, és erőszak mindenhol szükséges. Azonban az a vén, bajuszos adott egy ötletet – tette hozzá elgondolkodva –, amit nem is lesz olyan nehéz keresztülvinni, s ami néhány esztendőre megnyugtatja majd őket. Öt évre mindenesetre. Ötéves tervekkel kell etetni a parasztot.

– A küldöttség? – kérdezte Emánuel kétkedve.

A kapitány bólintott:

– Az. Ha három embert, mondjuk...

Emánuel megcsóválta a fejét:

– Veszedelmes. A dicsőséges Szovjet Birodalom kiváló teljesítményei mellett esetleg olyasmit is látnak majd, ami nem tetszik nekik... Látja, kapitány elvtárs, milyen makacs és maradi ez a nép – tette hozzá sietve, nehogy félreérthessék a szavait –, ezek még a legnagyszerűbb népboldogító intézményekben is képesek hibát találni...

A kapitány furcsán, gúnyosan elmosolyodott:

– Arról majd gondoskodnak ott, hogy ne találjanak hibát, megvannak a módszereink hozzá. Mi csak arra kell vigyázzunk, hogy megfelelő embereket küldjünk, akiket hamar meg lehet győzni arról, hogy amit látnak, az a Paradicsomkert.

Emánuel gondtelten nézett maga elé, ahogy lassan áthaladtak az esőáztatta piacon a községháza felé.

– S tegyük föl, hogy sikerül – mondta –, s a nép elhiszi, hogy ami ott van, az mind jó. De hogyan hitetjük el velük, hogy ha ránk hallgatnak, akkor itt is úgy lesz? Villany meg vízvezeték a házakban, kövezett utak?

– Ötéves terv – felelte a kapitány, és feltűrte a gallérját – minden ember szívesen viseli el öt évig a legnehezebb helyzetet is, sőt hősnek érzi magát, ha bízik abban, hogy öt év múlva minden jobb és szebb lesz.

– De lesz-e szebb és jobb valaha is ebben az eldugott gödörben? Olykor még én magam sem tudom elképzelni, s ilyenkor megijedek, hogy talán...

A hang suttogó volt, és tele aggodalommal. A kapitány megtorpant a piac közepén, és csodálkozva nézett a mellette kullogó sovány fiatalemberre. Aztán durván elböffentette magát.

– Ne legyen nevetséges – förmedt reá. – Egyikünk sem gyerek már. Csodák nincsenek ezen a világon. De ötéves tervek mindig lesznek, s ha az ember ügyesen kormányozza a maga hajóját a rendeletek között, egy féltucatot megél közülük, amire hurokba kerül a nyaka. Talán többet is – tette hozzá vigyorogva –, s nicsevo, pajtás, ki törődik azzal, hogy mi lesz azután? Akár pokol, akár mennyország, az ember csak egyszer él, és soha többet!

A községháza kéményéről fekete füstöt vert alá a szél, és amikor beléptek a homályos folyosóra, Terézia éppen akkor jött ki a konyhából. Arca piros volt a tűztől, és a kapitány lekapta fejéről tányérsapkáját, és lelkesen kurjantotta:

– Szer-ret-lekk, kis-sasz-szony, krum-pli-le-ves, ká-pusz-ta!

Terézia nevetett, s hogy még pirosabb lett az arca vagy nem, azt nem lehetett látni a homályban.

– Mondja meg neki – fordult Emánuelhez –, hogy szorgalmasabban kell tanuljon, ha velem akar beszélni. Legalább húsz szót a szótárból minden nap!

Azzal nevetve fölszaladt a lépcsőn.

Emánuel kedvetlenül bár, de lefordította a szavakat.

– Haha! – kurjantott a kapitány fiatalos jókedvvel a lépcső felé – kan-nal, vil-la, ku-csa, ló! Szer-ret-lekk!

Hangja végigvisszhangzott a tágas, sötét épületen, majd jókedvűen berúgta az irodaajtót, és felhajította sapkáját a fogasra.

– Ivan! Ivan, hej! – ordította oroszul –, fát hozzál a tűzre, fene a bőröd et!

S bent a konyhában egy hosszú, bambaképű katonalegény esze nélkül szökött föl a padról, ahol éppen krumplit hámozott, s futva rohant a fásszín felé, felrúgva közben a kismacska tányérját a kemence mellett.

– Súly essék a lábodba – morogta Kicsi Ágnes a sütőnél –, soha nem nevelek embert belőled, amíg a világ meg egy nap...

116

6

A KAPITÁNY betartotta az ígéretét, amit a pásztoroknak tett. Küldönckatona jelentést vitt át a hegyen, s néhány nap múlva megjött rá a válasz. A válasz kedvező volt, és a kapitány aprólékos gonddal válogatni kezdte az embereket a megtisztelő kiküldetésre, hogy a falu szemével láthassák a Megváltó országát, és a falu szájával tegyenek majd hűséges vallomást róla a falu füle hallatára.

Kétnapi töprengés után maga elé hívatta az irodába Jábót, a lopót, Borzát, a hazudozót és Kehőst, a gyávát. Rajta kívül csak Emánuel volt az irodában, más senki, amikor a három embert fogadta. Félóra múlva Jábó, Borza és Kehős izgalomtól kivörösödött arccal léptek ki az irodából, a kapitány pedig elégedetten dörzsölte a kezeit bent az íróasztal mögött, és ezt mondta Emánuelnek, aki kissé zavartnak és hitetlennek látszott:

– Ennél a háromnál alkalmasabb fickókat nagyítóüveggel sem találhattunk volna. Az egyik mindent megtesz a pénzért, a másik mindent megtesz félelemből, a harmadik még akkor is hazudik, ha nincs szükség reá.

– S ha mégsem sikerül? – kérdezte Emánuel aggodalmasan.

– Akkor megszabadultunk három semmirevalótól – felelte a kapitány, és nevetett. Majd hozzátette:

– Mindenképpen megszabadultunk tőlük, mert ha sikerül is a színjáték, a szájukat be kell tömjük, mihelyt lehull a függöny, nehogy utólag fecsegjenek. Majd valamilyen más ürüggyel viszszaküldjük őket, kitüntetésképpen, s ott aztán gondoskodnak, hogy örökre eltűnjenek. Régi recept ez, és mindig bevált.

A nagy hír először az alsószállási pásztorokhoz jutott el, mert ott lakott Borza az anyjával. A kemény, katonás tartású özvegyasszony éppen a kisborjas tehénnel bajlódott, amikor Borza bedobbant hozzá a pajtába.

– Édesanyám – lihegte lelkendezve a szőke, leányosképű legény – az Úr Jézus szót üzent érettem az irodába, hogy: „Gyere Borza, látogass meg engem a mennyek országában, hogy szemeddel lássad, miként élnek az én megváltottjaim!" Mit szól ehhez?

– Ne vétkezz, te – förmedt rá az anyja a tehén mellől –, nem arra tanítottalak, hogy az Úr Jézus nevét ne vedd a szádra gyalázatosan?! Azt akarod, hogy hozzád verjem a laskaserítőt? Inkább gyere, és takarítsd el a ganét innen!

– De bizonyisten, édesanyám! – lelkendezett a legény. – Ott volt az üzenet írásban a kapitány úr előtt, s rajta az én nevem! Holnap indulunk!

Özvegy Borzáné megcsóválta a fejét.

– Mondd az igazat, fiam, mondd az igazat! Ne mindig hazudjál elé meg hátra!

– De ez a szent igazság, édesanyám! A Megváltó Úr Jézus maga üzent érettem a megváltás országábul...

Tovább már nem juthatott, mert Borzáné elkapta a falnak támasztott vesszősöprűt, s szó nélkül nekiesett vele a fiának. Addig ütötte-verte, amíg a vézna fehérarcú legény beesett a tehén jászlába, s ott jajgatott a széna között. Akkor aztán visszatámasztotta a seprűt a falnak, s fejcsóválva, szomorúan szólt rá keservesen zokogó fiára:

– Mondd az igazat, édes fiam, tanuld meg már, hogy az igazat mondjad! S most fogd a lapátot, s tisztítsd ki a pajtát, de szaporán!

Azzal otthagyta magára a legényt a tehénnel.

De a nagy hír mégis eljutott a többi házhoz is Kehős meg Jábó útján, s mire Jábó fölért a Sóskút gödrébe, már tudta az egész hegy, hogy a kapitány állotta a szavát, amit öreg Lukácsnak adott volt a gyűlésen, s hogy holnap reggel napkelte után ünnepélyesen búcsúztatja a falu a kiküldötteket, kik igazságot látni mennek a falu szemével. Hamarosan egy féltucat vénasszony is összesereglett a Borzáné konyhájában, pletykaéhes lelkende-

zéssel, s akkorra már a legény is végzett a pajtával, s ott duzzo-
gott a kemence melletti padkán, tapogatva a verés nyomait.
– Lássa, anyám, milyen maga? Ha az ember igazat mond, az
is baj...

– Mégis hazudtál – torkolta le az özvegyasszony szigorúan –,
mert nem az Úr Jézus invitált bé a mennyek országába, ahogyan
nekem mondtad, hanem az a kapitány küldöz benneteket Orosz-
országba, ennyi az egész.

– De hát nem a Megváltót emlegetik folytonosan? – védte a
maga igazát sértődötten a fiú –, s nem a megváltás országát meg
effélét? Ha az ember nem emlékszik tisztán ezekre a cifra sza-
vakra, az még nem vétek!

– Mondd az igazat – intette az anyja ott a vénasszonyok előtt
is –, ha már így adódott, hát legalább szégyent ne hozz reám ott
az idegenyek között! Ne hazudd nekik, hogy bíró vagy idehaza,
vagy nagygazda, vagy mit tudom én mi, ahogy nagyvásárkor
szoktad a városban. A hazugság még eddig mindig csak bajt
okozott mindenkinek...

A férfinép Gidános háza előtt jött össze este, nagy ropogó tűz
körül megtárgyalni a dolgot. Tetszett nekik, hogy a kapitány így
tartotta a szavát, bár a választással nem voltak megelégedve. Kü-
lönb embereket is jelölhetett volna az a kapitány arra, hogy a
községet képviseljék. De hát minden nem lehet az ember szája
íze szerint ebben a világban, mondták legtöbben, s dicséretes
igyekezet így is, hogy ez a három legény elmehet, s megnézheti,
hogy milyen is az az új rend, amiről szó van. S akármilyen sem-
mirevalóak, azért mégis van szemük nekik is, hogy lássanak ve-
le. Öreg Lukács kicsit sértődött volt, mert maga szeretett volna
menni, de Gidánosnak az volt a nézete, hogy jobb így. Ha netán
csalás az egész, s ez a három odavész az idegen földön, nem nagy
kár érettük.

A szénégetők közül néhányan éles hangon felhánytorgatták
azt is, hogy mind a három küldöttet a pásztorok soraiból válasz-
tották, pedig igazság kedvéért egy pásztornak, egy szénégetőnek
és egy gazdának kellett volna mennie. De Gidános erre csak
annyit mondott, hogy: „Miközöttünk semmirekellőket nem ta-

láltak az új urak", s ettől aztán elhallgattak a szénégetők. Viszont a pásztorokat sértette ez a beszéd, s ha nem is mutatták ki mindjárt, de keserű érzésekkel távoztak a Gidános udvaráról, s hazatérőben voltak olyanok is, akik emlékeztették társaikat a múltra, amikor a pásztorok és szénégetők között gyakorta került verekedésre a sor különböző okok miatt, mint például a források vize, amit a szénégetők erőszakkal vettek el, és mocskoltak be kemencéik számára, s a pásztorok másfelé kellett tereljék a nyájakat, hogy vízhez juthassanak.

A felindult érzések ellenére is azonban másnap reggel mindenki lejött a búcsúztató ünnepre, aki csak mozogni tudott. Alig pirkadt, az ösvényeken szállingózni kezdtek alá az emberek apró csoportokban, ünneplőben, komolyan, akárha vasárnap lett volna. Hideg reggel volt, a szél tépett felhőrongyokat hajszolt tova a hegyek fölött, s a levegőnek hó és fagy szaga volt. A felhők között nagy-nagy messzeségben, néha felcsillant egy-egy pillanatra a nap, de fénye sápadt volt és erőtlen, mint a vénemberek öröme.

A piacon a községháza és az iskola között, készen állott már a nyers deszkákból összetákolt emelvény. Az emelvényt éjszaka ácsoltatták össze a bányabeli rabokkal a katonák, s a deszka is onnan volt, a bánya kis, vízhajtotta fűrészmalmából. A rabok fél éjszaka dolgoztak rajta szurokfáklyák fénye mellett, s közben néha, amikor a katonák nem néztek oda, lopva belesandítottak a sötétségbe, amerre az otthonaikat tudták, s a szemükben vágyódás és fájó keserűség csillogott.

De mindez nem látszott meg az emelvényen, s akik a hegyről jöttek, csak egy szép, vadonatúj emelvényt láttak ott, ünnepélyesen földíszítve az Új Megváltó vörös lobogóival, és szinte meghatódtak a gondolattól, hogy az új urak ennyire megtisztelik a népet.

Lassan gyűlt a tömeg. Megjött Borza, az anyjával, vállán ott csüngött a batyu, útra készen, s az anyja szorosan tartotta maga mellett, és félhangosan egyre mondta neki:

– Édes fiam, ígérd meg, hogy csak az igazat mondod, mindig csak az igazat...

Kehősék is leérkeztek a hegyről, elöl a fiú meg az apja, hátul az asszonynép, s az öreg Kehős, egy kis zömök ember büszkén hordozta a fejét a fia mellett, mintha őt érte volna a nagy kitüntetés. A Jábó anyja is ott volt, egyedül, néma, szepegő kis öregasszony, meghatódottan sírdogálva, pedig a fia nem is törődött vele. Otthonosan járt ki s be a községháza ajtaján, mint aki az urakhoz tartozik.

Aztán a szakaszvezető vezetése alatt megjöttek a katonák, s feszes vonalban felsorakoztak az emelvények mögött. Boldizsár s a másik két karszalagos pedig félkör alakjában terelték egybe a népet az emelvény elé. Végül a községháza ajtaján kilépett a kapitány, a szakaszvezető elkurjantotta magát, s a katonák tisztelegtek. S akkor már látni lehetett a papot is, ahogy Emánuel mellett, lassan, palástosan közeledett a piacon át.

A kapitány, Emánuel és a pap felmentek az emelvényre, s Emánuel odaintette Jábót, Borzát és Kehőst is.

– Elvtársak! – kezdte el a boltos fia az ünnepi beszédet –, olyan ünnepi pillanatnak vagyunk a tanúi, amilyen ennek a községnek a fennállása óta még nem adódott. A Felszabadító meghallotta ennek a népnek a kívánságát, s bár ez a kívánság bizalmatlanságból fakadt, nem neheztelt meg érette mégsem, hanem nagylelkűen meghívta országába ennek a községnek kiküldötteit, hogy maguk győződjenek meg kétségeiknek oktalan volta felől. Demokratikus rendszerünk szerint választani kellett volna a kiküldötteket – folytatta az úrfi –, azonban nem láttuk értelmét annak, hogy hiú és haszontalan versengéssel ellentéteket és sértett érzéseket támasszunk a nép között, s ezért magunk jelöltük ki ezt a három legényt a nagy és megtisztelő feladatra. Jelölésünknél azt tartottuk szem előtt, hogy olyanokat küldjünk, akiknek nincsenek családjaik, s emiatt könnyebben nélkülözhetők a közösség részéről, mert ez az utazás sok időt vehet igénybe, hiszen a Szabadító birodalma nagy, és rengeteg benne a látnivaló.

E bevezetés után Emánuel elkezdte fölrajzolni a hallgatóság elé, hogy mi minden nagyszerű dolgot fognak látni a kiküldöttek az Új Megváltó országában. Gyárakat, ahol élvezet és öröm a munka, pompás szórakozóhelyeket, ahol a dolgozó nép tölti szabad óráit, munkáslakásokat, ahol csapból folyik a meleg víz, s villany tölti be az olajlámpások helyét. S a nép hallgatta türelmesen. Mikor aztán vége lett a beszédnek, a pap lépett elő, s kinyitotta a Bibliát. Máskor piros arca sápadt volt, és gondoktól ráncos, és a hangja reszketett, ahogy felolvasta a búcsúztató igét:

– Ismerjétek meg az igazságot, és az igazság szabadokká tészen!

Majd megáldotta a távozókat, és hátul a tömegben sokan az asszonyok közül szipogni kezdek, és kendőikkel törülgették a szemüket.

– Most pedig menjetek, népi küldöttség, és nézzetek meg mindent jól, hogy elmondhassátok, amit láttatok – adta meg Emánuel az induláshoz a jelt, s a kapitány intésére négy katona előlépett a sorból, puskával a vállán.

A népi küldöttség lemászott az emelvényről, s fölszedte a földről a batyukat. Az anyák sírtak, és Kehős apja, a kis zömök pásztor odakiáltott a fiának:

– Aztán te ne félj semmitől, édes fiam, csak az Úristentül egyedül!

Ekkor szólalt meg Gidános a jobb szélen, és hangja végigdörgött a tömeg fölött:

– Aztán ne csak azt nézzétek meg, amit mutatnak néktek, hanem azt is, amit rejteni akarnak!

A legények ijedten kapták föl a fejüket a hangra, s a nép halkan felmorgott. A kapitány odahajolt Emánuelhez, és Emánuel lefordította neki a szavakat. Aztán a kapitány mondott valamit, és a fiatalember mosolyogva tolmácsolta szavait a népnek:

– A kapitány úr ígéri maguknak, hogy semmi sem marad elrejtve a küldöttség szeme elől. Semmi!

A tömeg újra felmorgott, s lassan utat nyitottak a népi küldöttségnek. Elöl ment két katona, puskával a vállán, közbül a három legény, batyusan, s hátul a másik két katona. Így mentek át a piacon, a nép bámuló sorfala között, s így fordultak be a Keleti-hágó felé vezető útra.

– Amikor én katona voltam, mi így kísértük volt a rabokat – mondta Gidános a mellette állónak, de a szavait mások is meghallották sokan.

7

VALAMIVEL későbben Terézia odalopózott az emeleti sarok-
szoba sötét tölgyfaajtajához, és sokáig állt ott, hallgatózva. Csönd
volt a szobában. Mindenütt csönd volt, kint a piacon is. Az
emberek szétszéledtek már, s az emelvény csupaszon állt ott, és
elhagyottan. Csak hosszú Ivánnak, a kapitány legényének ál-
mos fütyölése hallatszott föl a konyhából, egyébként néma volt
a ház.

Terézia lassan rátette kezét a kilincsre, de még mindig nem
merte lenyomni. Ez az ajtó a könyvtárszobába nyílott, ahol már
sok-sok esztendő óta, pontosan amióta Terézia anyja meghalt,
egy ágy is állott a sarokban, mert a Bíró lezárva tartotta a régi há-
lószobát, s odaköltözött egészen, könyvei közé.

Egyik keze a kilincsen volt még mindig, s másikkal halkan
kopogott az ajtón. Háromszor is kellett kopogjon, mire bent
megszólalt a Bíró nyugodt, szilárd hangja:

– Tessék!

Terézia mély lélegzetet vett, lenyomta a kilincset, s benyitott.

Mindig valami furcsa szorongás fogta el, valahányszor ebbe
a szobába belépett. Talán a mennyezetig érő, magas könyvszek-
rények okozták ezt, melyek eltakarták a falakat, s valami ko-
moly, szinte fennkölt árnyékot vetettek mindenre. De lehet,
hogy csak gyermekkorból visszamaradt félelem volt ez: itt osz-
totta volt az apja a büntetéseket, ha valami rosszat követett el
annak idején.

A Bíró ott ült az ablak melletti olvasóasztalkánál, s kezében
nagy vöröskötéses könyvet tartott. A könyvet lassan becsukta,
és letette, amikor meglátta a leányát.

– Apám – kezdte el Terézia sebesen –, szükségem lenne valamire a városból.

A Bíró mosolyogva bólintott.

– Ülj le, kislány – mondta szelíden és jóságosan, mint mindig –, majd igyekezni fogunk, hogy hozzá juss, amire szükséged van. Mi lenne az?

– Egy szótár – felelte Terézia, és az arca piros lett.

A Bíró felhúzta a szemöldökét.

– Szótár? – kérdezte hitetlenül. – Micsoda szótár?

A leány sovány nyaka dacosan megrándult.

– Orosz szótár – felelte.

– Úgy, úgy – mondta halkan a Bíró, és bólogatott. Aztán levette szeméről az olvasószemüveget, és letette maga elé az asztalkára.

– Ülj le, kislányom – mondta csöndesen és komolyan –, beszélni szeretnék veled!

Terézia szíve alig érezhetően elszorult, amikor leült a nagy öblös karosszékbe, szemközt az apjával. Az ablak párás volt, s kint a szürke őszi eső kietlenségében csupasz és ázott fák nyújtották bele esdő karjaikat a semmibe.

– Kislányom – kezdte el a Bíró csöndesen, de nagyon komolyan –, föltétlenül helyesnek találom, ha a megszállókkal szemben barátságosan viselkedsz, ez az egyetlen okos politika ma. Azonban bizonyos primitív gondolkodású emberek a túlzott barátságot könnyen félremagyarázzák, és olyasmire következtetnek belőle, ami... khm... vagyis az igazat megvallva, egyáltalán nem tetszik nekem ennek a kapitánynak a viselkedése!

Néhány pillanatig szótlanul nézték egymást apa és leánya. Az apa komolyan, gondtelten, szeretettel, a leány pirosra gyúlva, dacosan. Aztán Terézia egy halk sóhajjal az ablak felé fordult.

– Apu – kérdezte halkan –, tudod-e hány éves leszek jövő szombaton?

Jóindulatú szelíd mosoly terjedt szét a Bíró arcán.

– Persze, persze – mondta dörmögve, kedvesen –, születésnapja lesz megint az én kislányomnak. Van valami különös kívánságod a születésnapodra?

– Van – felelte Terézia kissé élesen, és egy hirtelen mozdulattal visszafordult az ablaktól, szembe az apjával. – Van – ismételte –, az életemet kérem!

A hang éles volt, majdnem ellenséges, és a Bíró arca elkomorult tőle.

– Magyarázd meg a szavaidat! – mondta parancsolóan.

Terézia előretolta hegyes állát harciasan, és sovány nyakán kifeszültek az erek.

– Harmincegy éves leszek jövő szombaton – mondta fojtottan, keserűen, mintha vádolt volna a szavaival –, más leányok ilyen korukban régen férjnél vannak, de én ugyan kihez mehettem volna? Itt, ebben a faluban? Valamelyik zsírosbekecsű paraszthoz? Szénégetőhöz? Ideje hát, hogy kezembe vegyem a magam sorsát, ha még nem késő!

– Mit akarsz ezzel mondani? – kérdezte a Bíró, szinte ijedten.

– Azt, hogy ha Eugén feleségül kér, hozzámegyek!

Az éles, csattanó szavak után mélységes csönd lett a szobában, s a csöndben csak a Bíró súlyos lélegzése hallatszott.

– Terézia – szólalt meg a Bíró lassan –, elment az eszed?

A leány hirtelen felugrott a karosszékből, és hisztérikusan tört ki belőle a sikoltás:

– Nem akarok vénleány maradni! Nem akarok! Nem, nem!

A Bíró felállt, odament hozzá, átölelte két karjával a reszkető, vékony vállakat, és szelíden visszanyomta a leányt a székbe.

– Ülj le, kislány! Így ni. Beszéljük ki magunkat, mint régen szoktuk! Amikor még hozzám szaladtál valahányszor eltörött a babád, vagy szálka ment az ujjadba...

– Apu – vágott szavaiba a leány, és a szeme könnyes volt –, én nem vagyok gyerek többé. Én harmincegy éves vagyok. Én...

– Tudom, tudom – felelte a Bíró, szomorú bölcs mosollyal az arcán, és gyöngéden megpaskolta a kigyúlt, csontos arcocskát –, az én kislányom már felnőtt nagy leány lett, de azért a babák még eltörnek olykor, s a szálka is ugyanúgy fáj, mint régen.

– Apám – mondta Terézia, és megrázta vörös hajfürtjeit, mintha azzal is akarná hessegetni a gyerekes beszédet –, Eugén jó családból való, nem lehet kifogása ellene. Báró. Nem tudom mi a fizetése egy ilyen kapitánynak, de azt hiszem...

A Bíró sóhajtott, fölemelte a kezét, és rátette a Terézia karjára.

– Kislányom – mondta –, Oroszországban nincsenek bárók. Megölték őket.

– De ő... – próbálta Terézia félbeszakítani, azonban a Bíró újra fölemelte a kezét.

– Várj! Most én beszélek. Ha mégis lennének bárói ivadékok, akik cselédül szegődtek szüleik, nagyszüleik gyilkosaihoz, és kiszolgálják azt a rendszert, mely eltaposta őket, úgy azok éppen olyan mélyfokú erkölcsi süllyedést jelentenek, mint amilyen erkölcsi süllyedés volna a te részedről feleségül menni a megszálló hadsereg bármely tagjához...

– De Apu, Eugén nem...!

– Most én beszélek – szólt rá szigorúan az apja –, ne szakíts félbe! Megfeledkeztél Pelesékről?

A leány csodálkozva nézett reá, látszott, hogy nem érti a kérdést.

– Megfeledkeztél a kedves öreg nagymamáról? Viktorról, akivel együtt játszottál...?

– Mindig rossz szagú volt a szája – felelte Terézia dacosan.

A Bíró hangja most már csattant.

– Ez nem ok arra, hogy legyilkoljanak egy egész családot, és még kevésbé, hogy az én leányom megbocsásson a gyilkosoknak! A kapitányt nem dobhatom ki a házból, mert fegyveres hatalommal van itt. De neked megtiltom...

Nem fejezhette be a szavait, mert Terézia közben felállt, kiegyenesedett, és úgy mondta, hidegen, majdnem színpadiasan:

– Apu, nem tilthat meg nekem semmit. Istennek hála, felszabadultunk az ostoba régi rendszer alól.

Azzal kimérten, egyenes derékkal, vissza se nézve többet elhagyta a szobát.

A Bíró néhány pillanatig mozdulatlanul állt az üres karosszék mellett, valami furcsa, csodálkozó döbbenettel az arcán. Aztán a feje meghajolt, s az arc egyszerre iszonyúan öreg lett, és fáradt.

Majd sóhajtott, s lassú léptekkel az ablakhoz ment. Kinézett. Szürke felhők kúsztak alá a hegyekről. Csepergni kezdett. Sokáig állt ott. Mikor visszafordult, a dereka egyenes volt megint, csupán két mély, éles ránc húzódott alá a szája szögleteiben. Biztos, nyugodt léptekkel az ajtóhoz ment, kilépett a folyosóra, lement a lépcsőn, végig a hosszú kőfolyosón, és kopogás nélkül benyitott az irodába. Emánuel ült az asztal mellett egyedül, papírosok fölé hajolva. Csodálkozva nézett föl a Bíróra.

– Hol a kapitány? – kérdezte a Bíró hidegen.

– Katonai ügyben elhívták – felelte a fiatalember. – Lehetek a segítségére valamiben?

A Bíró ránézett, nézte egy darabig, mint aki mérlegeli a lehetőségeket, aztán bólintott.

– Igen. Megmondhatja a kapitány úrnak, hogy ezt üzenem, elfoglalhatta katonáival a falumat. Megölhet mindenkit, akit akar. De egy valamihez nem nyúlhat hozzá: s ez a házam és családom tisztessége. Ha hozzá mer nyúlni a lányomhoz, megölöm.

Azzal sarkon fordult, s mielőtt a bambán és megrökönyödve rámeredő Emánuel egy szót is szólhatott volna, kilépett az ajtón.

A folyosón egy pillanatra megállt. Aztán, mint akinek eszébe jut valami, a lépcső mögötti fogashoz ment, leakasztotta a kalapját és esőkabátját. A neszre Kicsi Ágnes kilesett a konyhaajtón.

– Megy valahova a Bíró úr? – kérdezte aggodalmas arccal.

A Bíró bólintott, és magára vette az esőkabátot.

– Még mindig vannak bizonyos kötelességek – mondta lassan, s azzal megindult a kijárat felé.

A nagy, csontos házvezetőnő fejcsóválva nézett utána, és morgott valamit.

Kint esett az eső. A hegyről alávezető útról akkor fordulhattak ki a piacra Samu öszvérei. Hosszú útról jöttek, mint mindig, s hátukon vizes ponyva födte a terűt. Előttük ott gyalogolt lógó fejjel, ázottan Piluc, a cigány, s kezében tartotta a vezéröszvér kötőfékét. Kalapjáról arcába csurgott az esőlé, léptei cuppogtak a felázott sárga agyagban. Az öszvérek mögött két katona ballagott, morcosan, rosszkedvűen. Mikor a menet elhaladt a községháza előtt a bolt felé, a Bíró még hallotta bent nyílni az iroda ajtaját, s Emánuel éles hangját, ahogy átkiabált a konyha felé:

127

– Ágnes! Ha valamire szüksége van, most menjen a bolt-
ba, amíg a készlet tart! Holnapra talán már széthordanak min-
dent!

A Bíró sóhajtott, feltűrte kabátgallérját, és kilépett az esőbe.
A piacon egy pillanatra még megállt, aztán lassú, sétáló léptek-
kel megindult föl a legelők felé. Az ázott kertek szomorú gyü-
mölcsfáin fekete varjak gubbasztottak, s a lapuló házak kémé-
nyeiből keserűen szivárgott elé a füst, s nem tudott elszállni, az
eső lenyomta a falura.

Libuc már messziről ugatni kezdett a Dominik ócska csűrje
mögött, s a ház ajtaja megnyílt egy résnyire, majd becsukódott
megint. Mikor a Bíró benyitott, a kemence ajtaja nyitva volt, s a
bükkfatűz fehér lángnyelvei nyugtalan fénysávokkal világítot-
ták meg az alacsony mennyezetű homályos szobát. Dominik ott
feküdt a fal mellett a szalmazsákon. Szakállas sovány arcára éles
fényt vetett a tűz. A kemence melletti padkán ketten ültek. Az
egyiket megismerte mindjárt. Lidi néne volt. A másiknak ár-
nyékban volt az arca, de leányosan fiatalnak látszott.

A Bíró lerázta esőkabátjáról a vizet.

– Hogy érzed magad, Dominik? – kérdezte, közelebb lépve a
fekhelyhez.

A beteg feléje fordította az arcát, s ráncai torz vigyorgásba
szöktek.

– Bíró úr, jelentem, ejszen megmaradok – nyögte ki nehézke-
sen –, akit boszorkányok s angyalok közös segédlettel gyógyíta-
nak, az tán még a sírból is kimászik négykézlábon...

– Hallgasson már, s ne pogánykodjék – förmedt rá Lidi néne
gorombán a kemence mellől –, inkább igya meg a teáját, mielőtt
kihűl, vén bűnös!

Dominik sovány keze kinyúlt a padlón lévő repedt csupor
felé, s nagyot kortyolt belőle.

– Tessék leülni, Bíró úr, oda a székre ni – mondta az öreg-
asszony, s fölállva megtörölte kötényével a széket –, lámpásunk
nincsen, mert az olaj kifogyott...

A Bíró leült. Az ócska szék megcsikordult alatta.

– Bíró úr – fordult feléje Dominik, letéve a csuprot –, mikor mennek el ezek a... – szavakat keresett, de nem talált megfelelőt, s így egy sóhajtással befejezte a mondatot –, mikor mennek már el?

– Nem tudom – felelte a Bíró tompán.

A beteg figyelte a szavak után beálló csöndet, mint aki vár még valamire. Aztán újra sóhajtott.

– Tán nem maradnak itt?

– Nem tudom – ismételte a Bíró –, a világ megváltozott, Dominik. Nincs többé rend és törvény.

Ebben a pillanatban a pad sötét sarkában a mozdulatlan alak elnevette magát. Csilingelő, vidám nevetése volt, s ahogy előrehajolt a tűz fénye megcsillogtatta kibontott aranyszőke haját, s megvilágította egy pillanatra a szép, puhavonalú arcot. A Bíró meglepetten bámult oda, mint aki csodát lát.

– Okos ember vagy, s bolondokat beszélsz – mondta egy vidám, dallamos leányhang a kemence mellől –, a rend és a törvény nem emberekkel jön és emberekkel megy! Bíró vagy, és még ezt sem tudod?

– Hogyan beszélsz a Bíró úrral, te! – förmedt rá Lidi néne elképedve, s Dominik is megszólalt a szalmazsákon:

– Rozi lelkem, a Bíró úrnak nem azt mondjuk, hogy „te", hanem hogy „tekintetös Bíró úr"!

Egy pillanatig csönd volt, aztán a leány hangja újra megszólalt a sarokban, halkan, szelíden.

– Én úgy tanultam, hogy még a Jóistent is úgy szólítjuk „Te", pedig a Jóisten minden úrnál nagyobb. Ő ügyeli a rendet, és cselekszi a törvényt, s más rend és más törvény nincsen. Így mondta volt a Szent Ember, s ő tudta.

– A remetéről beszélsz? – rándult meg a Bíró idegesen a széken –, akkor te vagy a...

Már nyelvén volt, hogy kimondja, de elhallgatott, és nyelt egyet.

– Igen – felelte a leány a sarokban –, én vagyok. A vak leány, azt akartad mondani, ugye? Így neveznek sokan. A látók vaknak mondják azt, aki nem a szemével lát, mert ők csak a szemükkel tudnak látni.

Néhány pillanatig csönd volt, csak a tűz pattogását lehetett hallani.

– Úgy tudtam fent élsz a pásztoroknál – mondta halkan a Bíró –, gondoskodni akart rólad a község, amikor a remete meghalt, de a pásztorok...

– A Szent Ember nem halt meg, csak elköltözött innét – szakította félbe a leány –, s én a pásztoroknál vagyok, ez igaz. Ők küldik le velem az élelmet Dominik bácsinak kétnaponként, mert akik a völgyben élnek, azoknak más dolguk van. Így mondta Lukács bácsi.

– Bizony, a pásztorok tartanak el, Bíró úr, ki hitte volna? – nyögött föl az öreg csősz a szalmazsákon. – Pedig amióta a gazdák csősznek megfogadtak, s bizony sok éve már annak, csak bajt vittem nekik, valahányszor fönt jártam a hegyen, s most mégis ők tartanak el, nyomorúságomban.

A Bíró lehajtotta a fejét.

– Rossz idő jár a gazdákra, Dominik – mondta halkan –, nem csoda, ha sok mindenről megfeledkeznek.

– Pedig őmiattok állt a puskák elé ez a vén bolond! – csattant föl az öregasszony méltatlankodva. – Az ők vagyonát próbálta védelmezni, nem a saját szegénységit! Igaz-e vagy nem?

– Hallgass, Lidi, mondtam már, hogy hallgass! – mordult föl a vénember a recsegő szalmazsákon –, amit tettem, nem érettök tettem, hanem a böcsületért, vedd eszedbe, asszony!

– Jól van, morogj, medve, morogj – zsörtölt vissza vén Lidi –, ami a szívemen, az a számon, s ha nem szereted, ne hallgasd!

A beálló csöndben a leány szólalt meg újra halkan.

– Akik a bajban megfeledkeznek arról, ami fontos, miképpen várhatják, hogy elmúljék a baj? Tudsz-e felelni erre, Bíró?

A Bíró türelmetlen mozdulattal dőlt hátra a székén.

– A remete nyelvén beszélsz te is, leány – felelte ingerülten –, amit mondasz, annak se füle, se farka. Kérdezz egyenesen, s egyenes választ kapsz!

– Egyenesen? – kötődött a sarokból a leány –, a te nyelveden ez azt jelenti: beszéljek úgy, hogy a siketek is megértsék, ugye? Hát ide hallgass, Bíró! Emlékszel, mikor két esztendővel ezelőtt a szénégetők kérték volt az utat a községtől? Hogy ne kelljen szekereikkel megkerüljék az egész hegyet, vesződjenek az Ezüstlyukhoz a Csergésen át? Emlékszel, Bíró?

– A Csergés közbirtokossági erdő – felelte a Bíró hidegen –, utat kellett volna vágni benne. Az Északasról az út az ormányosi gödrön át vezet le, így van a térképen.

– De a szénégetők maguk vállalták, hogy elkészítik az utat! A Bíró alatt reccsent egyet a szék.

– Nem értesz te ehhez, leány – mondta türelmetlenül –, a Csergés a közbirtokosságé, s a telekkönyv szerint út nem vezet át rajta. Utat vágni benne bonyodalmakhoz vezetett volna. De mindez apró ügy, leány, ma már kár beszélni róla.

A pad sötét sarkából sóhajtás hallatszott.

– Sok apróból lesz a nagy – felelte halkan a leány hangja –, sok kis keserűség, ha meggyűl, nagy keserűség lesz. Kár, hogy ezt nem tudtátok megérteni idejében, Bíró. Keserűségből lesz a gyűlölet, gyűlöletből az, amit te az előbb bajnak neveztél. A Szent Ember próbálta megértetni veletek, de nem figyeltetek reá.

A Bíró felállt. Lába dobbant a deszkapadlón.

– Örvendek, hogy jó kezekben vagy, Dominik – mondta –, s ha valamire szükséged van, csak küldd le Lidit, érted?

– Köszönöm alássan – felelte Dominik a szalmazsákról –, s köszönöm alássan, amit értem tetszett tenni, Bíró úr. Pattanás elmondta.

– Kötelességből tettem, Dominik – szakította félbe a Bíró, türelmetlenül –, na Isten áldjon, s fogadj szót Lidinek.

Azzal súlyos léptekkel megindult az ajtó felé. Már a kilincsen volt a keze, amikor hátul a kemencénél megszólalt a leány.

– Sajnállak, Bíró.

A Bíró megtorpant, és visszafordult.

– Mit mondtál?

– Árnyék jár veled, Bíró – mondta halkan a leány a sötétből –, és sok rossz kell történjék még, hogy jó is történhessen. Te azt hiszed, hogy tudod az igazságot, s emiatt nehezen jutsz el odáig.

131

– Ezt is a vén barlanglakó mondta? – kérdezte a Bíró gúnyosan, s lenyomta a kilincset.

– Ezt én mondom – felelte mögötte a leány dallamos, kissé szomorú hangja. – Te sok mindent tudsz, ami írva van, de nagyon keveset, ami nincs a könyvekben, Bíró. Ítélni tudsz csak, de nem szeretni. S az az egy, akit szeretsz, az is elhagy...

De a Bíró ekkor már kint volt a hideg, esős estében, s az ajtó hangosan becsapódott mögötte.

8

EMÁNUELNEK gondjai voltak. A százszor átgondolt elképze-
lésekbe hiba csúszhatott be valahol, mert a megváltás folyamata
nem úgy haladt, ahogy azt az Új Hit kátéi tanították. A nép nem
örvendezett. Senki se volt boldog. Még a pásztorok se, a szén-
égetők se, akik pedig semmit se vesztettek, csupán nyertek a
változás által. Mogorvák voltak, szűkszavúak és bizalmatlanok.
   – Ne törődjön velük – vigasztalgatta a kapitány a maga gu-
nyoros módján –, a názáreti próféta vallásának is kétszáz év kel-
lett, míg valami lett belőle. Mi ennél mégiscsak gyorsabban dol-
gozunk.
   De Emánuelnél az ilyen beszéd nem segített. A vézna, vörös-
hajú fiatalember bent a szívében csupa jóakarat volt, csupa fa-
natikus, mindenkin-segítő, mindent-rendbehozó jóakarat, s fájt
neki az emberek bizalmatlansága.
   – Csak egy kis együttműködést mutatnának – sóhajtgatta –,
annyival könnyebben menne minden.
   De egyelőre semmi se ment könnyen. Bár Boldizsár és az ő
pribékjei csak a gazdákat terelték bányamunkára, a többinek bé-
két hagytak, az iroda állandóan tele volt panaszosokkal. Asszo-
nyokkal főként. Ki a katonákra panaszkodott, ki a boltra, ahol
semmit sem lehetett kapni többé. Pedig kétannyi ezüst megy ki
a faluból hetenként az öszvérek hátán, mint régen – érveltek az
asszonyok, mégis félannyi áru se jön be helyette, s azt is, ami
jön, a bennfentesek elkapkodják nyomban. A szénégetők is pa-
naszkodtak, hogy a bánya nem ad kenyérlisztet s más előleget a
szénre, mint a Pelesék idejében, s a pásztorok nem tudták meg-
érteni, hogy miért marad el a havi liszt-, szalonna-, dohány- és

133

pálinkajuss, amit emberemlékezet óta pontosan küldtek föl a gazdák minden elsején. Emánuel százszor is megpróbálta elmagyarázni nekik, hogy ezentúl nem másnak dolgoznak, hanem saját maguknak, s a megalázó cselédfizetést eltörölte a törvény. Nem ment bele a fejükbe, sehogyan sem. A havi járandóság megszüntetésében nem egy megalázó helyzet alól való fölszabadulást, hanem jogtiprást láttak, s duzzogtak miatta, mint az igazságtalanul megbüntetett gyerek. Volt olyan is, különösen az aszszonyok között, aki lármázott és szitkozódott ott az irodában, s megmondta nyíltan, hogy mit csináljon Emánuel az ilyen huncut fölszabadulással, melyben a szegény ember kenyér nélkül marad. A kapitányt nem egyszer ragadta el a méreg, s kész lett volna nyomban lefogatni a lármázókat, de Emánuel kérésére megtérési időt ígért a falunak, s megfogadta, hogy kesztyűs kézzel bánik velük, míg a csodanéző küldöttség visszatér.

– Ha ez a visszatérés műsor szerint zajlik le – ígérte Emánuel a kapitánynak és önmagának –, s ez a három legény kellő lelkesedéssel számol be arról, hogy mi vár a népre a göröngyös út végén, akkor talán feloldódik ez a bizalmatlanság, s kész lesz mindenki az együttműködésre, hogy mielőbb itt is minden úgy legyen.

Az együttműködésről a kapitánynak más véleménye volt ugyan.

– Egy csőre töltött puska rábeszélőbb minden ékes szónoklatnál – szokta mondogatni.

De azért beleegyezett ő is a várakozásba. Mindössze annyit tett, hogy jelentéseiben kérte az illetékes hatóságokat, siettessék kissé a népiküldöttség „felvilágosítását", mert mielőbbi hazatérésük a rendfenntartás érdekében szükségesnek látszik. Ez okozta talán, hogy alig háromheti távollét után egyszerre csak megjött katonapostával a hír: küldik haza a csodalátókat, kellőleg előkészítve!

Fent a hegyen hajnalonként már dér lepte a füvet akkor, s a bükkös csupasz volt, mint a csontig aszott test. Olykor jég bőrözte a libató vizét is, és a falu körül a szántatlan gazdaföldek hóra vártak már.

134

Esteledett már, amikor Piluc, a cigány bebotlott lihegve a papék konyhájába.

– Gyünnek haza a Jézuskanézők! – lelkendezte a cigány. – Azt izeni az úrfi, tessék elkészülni a fogadó beszéddel, holnap már itt lesznek!

Az öreg pap a konyhaasztalnál ült, s haragosan nézett a cigányra. De a kis, fehérhajú papné, ki a vacsorát készítette a kemence mellett, megelőzte a kifakadását.

– Piluc, Piluc – mondta szelíden, megcsóválva a fejét –, hogyan mered szádra venni az Úr Jézus nevét tiszteletlenül? Nem féled az Urat?

A cigánynak ijedtében tátva maradt a szája.

– Kezitcsókolom, hát nem azt mondották volt...? Ki más lehetne a Megváltó, akiről annyi szó esik, ha nem az Úr Jézus maga?

Az öreg pap nagyot sóhajtott.

– Krisztust keresztre feszítették a zsidók, immár kétezer éve majdnem – mondta szomorúan –, de abból föltámadott. Most feszítik keresztre másodszor.

Piluc csak bámult, ijedten, eltátott szájjal.

– Én ezt nem tudtam, instállom – hebegte –, az úrfi nem szólott erről!

– Mert ő sem tud róla – mondta a pap –, te pedig hallgass erről, mert ilyesmit ma nem jó mondani. Hát mit üzen az úrfi?

A cigány nyelt egyet.

– Hát, hogy holnap délután megjönnek azok a... tudja már tiszteletes úr, az a három legény, akit a falu kiküldött! S a tiszteletes úr kell, hogy várja őket ünnepi beszéddel, ezt mondta az úrfi, mert hát nagy dolog ez ám!

A hír még azon az éjszakán megjárta a hegyet is, s az emberek mintha megfiatalodtak volna tőle.

– Na, most legalább tudni fogjuk hányadán állunk ezzel a világgal! – jelentette ki Gidános a szénégetők tüze mellett, s fent a pásztorok szállásán öreg Lukács fölemelte csontos mutatóujját.

– No, emberek, ágasúthoz jutánk! Innet térülnünk kell vagy erre, vagy arra, akár jóval, akár rosszal térnek meg azok a legények. S hogy merre térünk, az holnap kiderül.

135

Az öregnek igaza volt, tudta azt mindenki. Itt a tél mahol-
nap, s a juhnak szénán a helye. A széna pedig odalent volt a gaz-
dák szérűjén. Vagy visszatér a jószág meg a sok deberke túró ah-
hoz, akit illet, s feljön helyébe a hányad meg a gabona s miegy-
más, mint emberemlékezet óta mindig, vagy a széna kell meg-
lelje valamiképpen az utat a havasba, s a túró meg oda, ahol ga-
bonát, zsírozót, bocskort s lámpásba való olajat adnak érte. De
valamerre térülni kell, pontosan ahogy öreg Lukács mondta,
mert különben éhen pusztul a jószág, s nyomorúság szakad az
emberre. Tudta ezt mindenki. S másnap délben a hegyi ösvé-
nyek ontani kezdték a sok embert lefele.

Sokan ünneplőben jöttek, mint templomba szokás. A kis töm-
zsi Kehős hetykén hordozta a fejét, hiszen az ő fia dicsőségéről
volt szó. De ott volt a Jábó anyja is, meg a Borza család, s öreg
Jábóné egyre hajtogatta lefele ballagtában a többieknek:

– Minden bűnét megbocsájtom most az egyszer, meg én, s
Isten is megbocsátja, tudom, ha becsülettel állotta a helyét ez az
én fiam!

A piacon már készen állott a fogadtatási díszkapu. Gazdagon
csüngtek róla az Új Megváltó vörös lobogói, s a kapitány kérésé-
re Terézia odaállította alája az iskolás gyerekeket is, ünneplőben,
hogy eldalolják a fogadó éneket, amit Emánuel tanított nekik. A
díszkapu előtt csak a kapitány állott, meg Emánuel, meg a pap.
Boldizsár s a karszalagosok hátraszorították a népet a bal oldal-
ra, míg a jobb oldalon a katonák sorakoztak föl, fényesre sikált
gombokkal, fegyveres parádéban. A kapitány kezében ott volt
az ünnepség egész műsora, ami a múlt esti levélben érkezett, s
azt átnyújtotta Emánuelnek. Idegesnek látszott.

– Én nem értem a beszédjüket, maga kell ellenőrizze a műsort
– súgta –, ha nem aszerint megy a dolog, figyelmeztessen, érti?

Emánuel sápadtan bólintott. Ebben a pillanatban valaki elki-
áltotta magát a tömegben, s a fejek a Keleti-hágó felé fordultak.
Ahol az út előkanyarodott a sziklák közül, egy kis csoport em-
bert lehetett látni, ahogy lefele jöttek.

– Jönnek – mondta halkan Emánuel, s valami összeszorította
a torkát.

A kapitány némán bólintott mellette, s az öreg pap lehajtott fejjel motyogva imádkozni kezdett.

A tömeg állt, nézett fölfele, és senki se beszélt. Lassan teltek a percek. A kis csoport ott fönt a hegyoldalban jött, közeledett. Már lehetett látni, hogy öten voltak. Hárman elöl jöttek, ketten hátul. Már azt is lehetett látni, hogy a két hátulsó egyenruhát viselt, s vállukon puska volt.

Az ég sápadt hideg kékségében magasan állt a nap, és iszonyú távol, melege alig ért alá a piacra. Élesen és tisztán látszottak a hegyek, s a csöndben hallani lehetett az Ezüstlyuk zúzógépének tompa mormolását. Aztán a kis csoport odafent elérte a szilváskertek szélét, s eltűnt szem elől az úttal együtt.

Valahol egy asszony halkan sírdogálni kezdett a tömegben.

– Drága jó Istenem, hát ezt is megéltük... ó, hála legyen a Jóistennek...

Jábóné volt. A kapitány arca idegesen rángatódzott. Magához intette a szakaszvezetőt, és súgott neki valamit. Az tisztelgett, és visszalépett a katonák sorához. Minden emberéhez sorra odament, és mindegyiknek mondott valamit. Aztán odaállt a sor végére.

– Hát most kiderül az igazság – mordult föl egy hang a szénégetők csoportjában.

Néhányan morogtak valamit hozzá. Aztán egyszerre néma csend lett. A Tromka-palánk sarkában, ahol az út a piacba torkollott, megjelentek az érkezők.

A kapitány alig észrevehetően fölemelte a kezét. A szakaszvezető előre lépett egyet. Vezényszó csattant, s a katonák vigyázzba merevedtek. A kapitány hátranézett Teréziára, s Terézia intett a gyerekeknek. Vontatottan és minden lelkesedés nélkül a gyerekek énekelni kezdték:

Szegények voltunk eddig,
Most gazdagok leszünk!
Eljött a Szabadító,
Kinyitá a szemünk!

Mire végére értek, az érkezők már alig voltak ötven lépésre a díszkaputól. Most a két katona jött elöl, s mögöttük a három

137

legény: Jábó, Borza és Kehős. A tömeg nézte őket, s alig ismert rájok. Soványak voltak, aszottak, szürke arcúak, öregek.

– Jaj, drága fiam, mit tettek veled! – sóhajtott föl hallható szóval Kehős anyja alig pár lépésre a díszkaputól, s a tömeg morogva meghullámzott, a hátul levők is látni akarták milyen képpel térnek haza a falu hírhozói. De ebben a pillanatban a szakaszvezető elordította magát: „Stoj!" S a két katona megállt. A legények is megálltak mögöttük. A szakaszvezető újra kiáltott valamit, mire a két katona sarkon fordult s kemény, katonás menetben kiléptek oldalra, s beálltak a katonák sorába. S a három ijedtképű sovány legény ott állt magára maradva a piac közepén, szemben a díszkapuval. Álltak ijedten, tanácstalanul, mint aki mozdulni sem mer, csak a szemük szökdösött a díszkapu meg a katonák felé.

Emánuel intett, s az öreg pap lépett egyet előre. „Mi Atyánk! Ki vagy a mennyekben! Szenteltessék meg a te neved!" – kezdett bele remegő, vénember-hangon a Miatyánkba, s a fejek meghajoltak az ima súlya alatt, sokan együtt morogták a szavakat. Aztán az öreg pap fölemelte a fejét, és egyenesen ránézett a három mozdulatlan, ijedt emberre.

– Az Úristen hozott benneteket haza, fiaim – mondta messzehangzó szóval, szinte kiáltva – s úgy áldjon meg benneteket, ahogy ti hordozzátok magatokban az igazságot! – Azzal megfordult, s lehorgasztott fővel visszalépett a díszkapu mögé.

Néhányan megmozdultak az első sorokban.

– Halljuk hát! – kiáltotta valaki. – Mit láttatok Muszkaországban?

Emánuel elsápadt, gyors pillantást vetett a kezében lévő papírra, aztán hangosan elmondta az előírt bevezető sorokat.

– Itt vagytok hát újra, pásztorok! Íme egybegyűlt a nép, hogy szátokból hallja meg, mit láttatok a megváltott világban, a Szabadító országában, a dolgozók paradicsomában! Beszéljetek hát, pásztorok!

Szavai után egy hosszú pillanatig szinte félelmetes csend volt, s minden szem a három mozdulatlanul álló legényt nézte. De aztán pontosan az írott műsor szavai szerint Borza, a hazudós, aki a sor jobb szélén állott, az idomított állat ijedt gépiességével előre lépett egyet, s hadarni kezdte betanult mondókáját.

– Láttuk a dolgozó nép paradicsomát, láttuk az igazság földjét, ahol nincs szegény és gazdag, nincs úr és szolga, nincs elnyomó és elnyomott...

Itt megakadt, mint a leckéjébe belesült gyerek, és hápogva nézett körül, ijedt szemekkel. A tömeg lélegzetvisszafojtva figyelt.

– Láttuk... – súgta Emánuel a kezében lévő papírról.

– Láttuk! – kapta föl kétségbeesetten a szót a kis sovány legény, mint fuldokló az odadobott kötelet. – Láttuk a... a...

– Világbéke gazdag áldásait! – súgta Emánuel, s a rémült legény szája már formálta is utána a szót, amikor hirtelen, mindjárt ott elöl az első sorban, egy kis hajlott hátú öregasszony megszólalt csöndesen:

– Csak az igazat mondjad, édes fiam, csak az igazat.

A legény arca a hang felé fordult, torkában megakadtak a betanított szavak, s egy pillanatig csak bámult kivörösödő, eltorzult arccal. Aztán úgy csuklott ki belőle a szó, mint egy zokogás:

– Édesanyám! Jaj, édesanyám! Fusson, fusson, borzasztó dolgokat láttunk! Jaj nekünk, édesanyám!

Emánuel nem kellett lefordítsa a szavakat, a kapitány tudta már, hogy mindennek vége. Egy kurta szót harsogott csupán a katonák felé, s a puskák már csapódtak is le a vállakról, závárok kattantak, s alig tett a fejétvesztett legény két menekülő, botorkáló lépést az anyja felé, már dördült is a sortűz, s úgy kapták le lábáról a golyók segítséget kérő kinyújtott karral, begörbült ujjakkal, kétségbeesetten. Vele egyidőben roskadt le a piac sáros agyagjára a másik kettő is. Kehős, a gyáva volt az egyetlen, aki még élt. Véres arcát fölemelte, s ráhörgött a kővé dermedt tömegre:

– Börtönök és kínozó pincék... ezt láttuk, emberek...!

A következő pillanatban halántékon érte a szakaszvezető pisztolyának golyója.

A tömeg csak állt, fagyottan, némán, s a holtakra meredt, mint akiket gonosz varázslat bénít. Aztán három asszony élesen, rettenetesen felsikoltott, s három anya kiszakadt a tömeg testéből, berohant a középre, s borzalmas jajszóval rávetette magát a holtakra. A tömeg meglódult és fölmorajlott, mint a kitörni készülő vihar. Katonapuskák závárja csattant, s a fekete csövek szembefordultak a tömeggel.

– Davaj! Haza! Mars! – harsant a kapitány hangja, keményen.

– Mindenki menjen haza! – sipította utána Emánuel, s a térdei reszkettek, mint a hideglelősé.

– Gyilkosok! – szólalt meg mögötte a pap remegő hangja. – Verje meg az Isten a gyilkosokat!

A tömeg megmerevedett, és farkasszemet nézett a puskacsövekkel.

– Menjenek haza! – könyörgött Emánuel fogvacogva. – Az Isten szerelmére, emberek, menjenek haza!

S ekkor Gidános, a szénégető, előlépett a tömegből.

– Megyünk, úrfi – mondta a nagy fekete ember sötéten –, münk elmegyünk, attól ne féljen. De ami a mienk, azt magunkkal visszük, ha a világ minden katonája utunkat állja, akkor is!

Azzal lassú, súlyos léptekkel odament a holttestek fölött zokogó anyákhoz. Mások is kiléptek a sorból. Sötét, szótlan hegyi emberek. Beszéd nélkül, némán fölvették a holtakat a földről, s megindultak velük vissza a hegyre. A tömeg némán, hang nélkül zárult be mögöttük, s tódult utánok mint egyetlen nyáj. Csak az asszonyok sírása hallatszott, más semmi.

A kapitány megkönnyebbülten sóhajtott föl, és cigaretta után nyúlt a zsebébe. Emánuel egész testében reszketve fordult hátra, de már senki sem volt a díszkapu mögött, csak néhány futó gyerek, s az öreg pap távolodó, meggörnyedt alakja. És Terézia. Két karjával belekapaszkodott a díszkapu fájába, és hányt. Kicsi Ágnes esetlen, lomha futással jött a községháza felől, mint egy megrémült vén kotló. S fent az emeleti ablakban mellén összefont karokkal, mozdulatlanul állt a Bíró, mint a kőből faragott vádolás maga.

– Nem sikerült – hebegte Emánuel, és reszkető kézzel törülte meg verítékkel kivert homlokát –, valahol hibát követtünk el, Eugén...

A kapitány savanyúan elmosolyodott.

– Csak a nyakunkba ne kerüljön, a többi nem baj – mondta –, a jelentést kell ügyesen elkészítsük, s nevet adjunk a hibának, mert ha nem, a mi nevünk kerülhet oda. De Emánuel ezt nem is hallotta talán. Szeme tanácstalan kétségbeeséssel követte a lassan távolodó népet, mely némán, mint egy roppant halottas menet vitte a golyóroncsolta véres igazságot fölfele a hegyen.

– Életemet adnám, ha jóvátehetném vele ezt a napot – sóhajtotta remegő szájjal.

De ezt már a kapitány nem hallotta. Kicsi Ágnessel együtt támogatta Teréziát a ház felé. A szakaszvezető is vitte már a katonáit. S Emánuel egészen egyedül állt ott a piac közepén a díszkapu alatt, s szeme iszonyattal meredt egy széles, vörös foltra, mely lassan sötétedni kezdett már a piac szomjas agyagján.

9

MÉG AZON az estén, lámpagyújtás után valamivel, két szuronyos katona tört rá a paplakra, nyomukban Boldizsárral. Az öreg pap ott ült meggörnyedve a szűk kis irodában, előtte az asztalon a nyitott Biblia. Kopogás nélkül nyitottak reá.

– Jöjjön az irodára, most rögtön! – förmedt reá Boldizsár durván a katonák mögül.

– Miért, fiam? – kérdezte fáradtan az öreg pap.

– Maga ne kérdezzen! Maga engedelmeskedjék!

A katonák csak a fejükkel intettek, s az egyik meglökdöste tenyerével az öregember vállát. A pap becsukta a Bibliát, és fölemelkedett. A konyha felőli ajtó megnyílott, s ott állt benne a papné sápadtan.

– Mit akarnak az én urammal? – kérdezte. – Mit akarnak vele?

– Ne aggódj lelkem – igyekezett vigasztalni feleségét a pap, s a fogason csüngő kalapja után nyúlt –, csak egy perc, s itt leszek megint. Valakinek szüksége van reám.

– Ne pofázzon! – üvöltött föl Boldizsár a háta megett. – A pofázás ideje letelt! Ha azt mondom magának, hogy mozogjon, akkor mozogjon!

Azzal durván hátba lökte a papot, hogy az tántorogva kellett megkapaszkodjék az ajtófélfában. Kalapja leesett. Le se hajolt utána, úgy lépett ki hajadonfővel.

– Jaj Istenem, én Istenem... – szepegte a kis, fehérhajú, öreg papné a konyhaajtóban –, engem is öljenek meg, ha őt megölik!

De nem figyelt rá senki. Boldizsár s a katonák kidübörögtek a pap mögött, s csak a sötét udvarra tátongó nyitott ajtó üres, fekete négyszöge maradt utánuk.

A községi iroda nagy íróasztala mellett ott ült a kapitány, iratok fölé hajolva. Mellette, az asztalra támaszkodva, Emánuel. A boltosfiú arca feltűnően sápadt volt.

– Tiszteletes úr, a kapitány úr elkészítette a jelentését a mai eseményekkel kapcsolatban. A jelentés feltünteti az ön szerepét is.

– Az én szerepemet? – csodálkozott a pap.

Emánuel nyelt egyet.

– Az ön feladata az volt, hogy ünnepi beszéddel fogadja a hazatérőket. Ön ehelyett a hatalom és rend ellen lázította őket...

– De Manó fiam, hogy mondhatsz ilyet! – tört ki az öregemberből a szó. – Hiszen ott voltál, és hallottad te is! Mindössze egy imát mondtam, semmi többet!

A boltosfiú sápadt arca elvörösödött, s nem nézett a papra, amikor mondta.

– Ön gyilkosoknak nevezte a felszabadító hadsereg katonáit, és nyilvánosan megátkozta őket. Mindnyájan hallottuk.

A pap mélyet sóhajtott. Aztán kiegyenesedett, s szeme egyenesen fúródott bele a fiatalember zavart tekintetébe.

– Hát nem azok, fiam? – kérdezte csöndesen. – Nem gyilkosok azok, akik embert ölnek?

Egy pillanatig súlyos, mély csönd volt az irodában. Aztán Boldizsár felhördült az ajtóban, és előre dobbant:

– De azt a keserves mindenit a pofádnak! – hörögte. – Hadd verjem ki a fogait ennek a vén szájasnak ezért, úrfi elvtárs, hétcsillagos öreganyját neki!

A kapitány fölkapta a fejét, és csodálkozva nézett Boldizsárra, majd Emánuelre. Emánuel égő vörös arccal vett föl egy darab papírt az asztalról.

– Írja ezt alá! – mondta kurtán.

A pap fölvette a papírt az asztalról, és a lámpa fölé tartotta.

– Mi ez? – kérdezte. – Idegen nyelven van.

– Vallomás – felelte Emánuel, és a hangja vacogott kissé –, itt a toll.

A pap letette a papírt az asztalra, de nem nyúlt a toll után. Megcsóválta a fejét.

– Hogyan írhatnám én ezt alá? – kérdezte – Hiszen azt sem tudom, mi van benne.

Emánuel nyelt egyet.

– Írja alá, tisztelES úr – mondta halkan, rábeszélően, vacogó szájjal –, írja alá, s essünk át rajta...

– Mit kérleli ezt a vén bitangot, mintha szívességet kérne tőle! – mordult föl Boldizsár a pap mögött, azzal kinyújtotta hosszú majomkarját, s elkapta vele az öregember vállát. – Írd alá, disznó! – ordította a pap arcába, s másik kezével megragadva mellén a kabátot rázni kezdte. – Azt akarod, hogy kivigyelek hátra a fásszínbe, és minden rohadt csontodat külön törjem össze, he? Írd alá, az anyád bitang mindenit!

Azzal olyat lökött a papon, hogy az nekiesett az íróasztalnak. A kapitány kíváncsian nézte a jelenetet. Emánuel pedig sápadtan nyújtotta a tollat, és reszketett a hangja, amikor mondta:

– Írja alá, ne kényszerítsen erőszakra, kérem! Írja alá...

A pap két kezével rátámaszkodott a nagy, súlyos íróasztalra, mely valamikor a rendet, tisztességet és a törvényt jelentette a faluban, s egy pillanatig úgy állott ott, lehorgasztott fővel, zihá-ló lélegzettel. Aztán keze szó nélkül kinyúlt a toll után. Emánuel megkönnyebbülten sóhajtott föl, a kapitány elmosolyodott, gúnyosan. Aztán a csöndben csak a toll percegését lehetett hallani, ahogy az öreg pap lassan, körülményesen odakörmölte a nevét az idegen szavakkal teleírott papírlap aljára.

Emánuel átvette a papírt és a tollat.

– További parancsig őrizetbe vesszük – mondta fáradt hangon –, korára való tekintettel azonban megengedjük, hogy lakásában maradjon, katonai felügyelet alatt. Kérem, hogy engedelmeskedjék a parancsoknak, s ne kényszerítsen minket erőszakos lépésekre. Elmehet.

Az öreg pap lassan megfordult, görnyedt vállakkal elindult az ajtó felé. Már a kilincsen volt a keze, amikor megfordult.

– Krisztus Urunkat is meggyötörték a latrok – mondta csöndes, elmélkedő hangon –, miért bánnának másképpen velem?

A Boldizsár durva rúgásától nekiesett az ajtónak, s az első ökölcsapás után már elterült a padlón.

– Boldizsár! – rikoltotta kétségbeesetten Emánuel az íróasztal mögött. – Hagyja abba rögtön! Hagyja abba! De a a nagydarab, nekivadult karhatalmi ember csak rúgta, dögönyözte tovább leterített áldozatát. – Engem nem fog latornak csúfolni semmiféle bitang kapitalista mocsok! – feleselt vissza dühösen. – Nem a maga dolga ez különben is, hát ne szóljon bele! Végül is a kapitány intett a két szájtátó katonának, s azok lehúzták a falu verekedőjét a papról.

– Vigyétek haza! – rendelte a kapitány, s a katonák fölemelték a földről a vérző szájú, alélt emberroncsot, s kivonszolták az irodából. Boldizsár káromkodva követte nyomon őket.

– Az erőszaknál meggyőzőbb rábeszélés nincs emberemlékezet óta – sóhajtott a kapitány, és kinyúlt a pap vallomása után. Megnézte, gondosan összehajtotta, és becsúsztatta egy borítékba. – Fontos, hogy ez a kis papír most az egyszer kihúzza a fejünket a hurokból. Különösen a magáét – tette hozzá kissé gúnyosan. Felállt. – Ezentúl majd én gondoskodom arról, hogy több hiba ne történhessen – mondta jelentősen –, következő lépés a szénégetők rábeszélése. S mint mindent, ezt is a fejénél kell elkezdeni.

Azzal fütyörészve kiment az irodából, s otthagyta Emánuelt, aki még mindig sápadtan, reszketve, egész gyomrában émelyegve támaszkodott az íróasztal sarkára.

A kapitány nem tréfált. Másnap délután karszalagos rendőrlegény ment föl a Szénégetők Északasába, Gidánosért. A legényt Jóskának hívták, s azelőtt a gazdák disznóit őrizte a Libarét fölötti hegyoldalon tavasztól őszig, télen meg főként csirkelopásból élt. Gidános a kemencéit gyújtotta be éppen, amikor a legény rátört a paranccsal.

– Holnap reggel jelentkezzék bányamunkára! De hajnalban, érti-e?

– Nem érek rá, láthatod – felelte Gidános békésen.

– Ez a parancs! – hetvenkedett a legény.

– Ki parancsolja így? – akarta Gidános tudni.

– Én! – verte meg a legény a mellét.

145

Gidános ránézett, aztán köpött egyet.

– Eredj, parancsolj a disznóidnak, Jóska! Nekem meg hagyj békét!

– Boldizsár elvtárs parancsa! – igyekezett a karszalagos javítani a dolgon, de csak rontott vele, mert a nagy fekete szénégető fölegyenesedett a kemence mellől, és sötéten nézett a legényre.

– Akkor te mondd meg annak a Boldizsárnak, Jóska, hogy fogjon magának egy láncos kutyát hátulrúl, s annak parancsolgasson! Te meg hordd el magad!

Másnap reggel huszonnyolc helyett csak huszonhét munkása volt a bányának. A szakaszvezető jelentette a kapitánynak, s a kapitány elküldött két katonát Gidánosért. Ott fogták el a kemencéje mellett, ahogy a tüzet őrizte. Próbálta megmagyarázni a katonáknak, hogy a szénégető nem hagyhatja ott egy percre sem a begyújtott kemencét, amíg a füst nem szivárog arányosan a leföldelt farakás minden oldalán, de a katonák nem értették a szavát, és durván ráordítottak, majd puskatussal kezdték lökdösni. A zajra kiszaladt a házból a család, a Gidános felesége, meg az anyja és a hat gyerek, és éktelen visítozásba kezdtek. Az öregasszony csak kárpált, de a fiatal Gidánosné felkapott egy karót a földről, s erre a katonák csőre töltötték a puskáikat.

– Menjetek be a házba! – parancsolt rá Gidános a családjára, s az arca komor volt és fekete, mint a viharos éjszaka. – Gyertek! – mordult oda a katonák felé, s azzal megindult előttük lefele az ösvényen.

A bányáig egy szót sem szólt. A bányaudvaron a markába nyomtak egy csákányt meg egy lapátot, s ráordítottak valamit, amit nem értett meg.

– Istenetek ne legyen – mordult föl Gidános –, mit csináljak ezekkel? Üsselek agyon benneteket?

– Davaj, davaj! – ordítottak rá a katonák, s betaszigálták a tárnába, ahol a többiek már javában döngették a sziklaköveket, lapátolták csillékbe a törmeléket, s tolták ki a csilléket a zúzómalomhoz. Gidános szó nélkül beállott a dolgozók közé. Azok se szóltak hozzá, csak a szemük sarkából nézték. A szó tilos volt munkaidő alatt. Ott volt Tromka, lesoványodva, rongyosan, alig

146

lehetett ráismerni. Mellette dolgozott a két fia s a többi gazdák, kiket még azon az első felszabadító éjszakán fogságba vetettek volt. Az asszonyok a csilléket tolták, kivéve a fiatalabbját, akiket cselédnek tartottak meg a katonák a konyhán, meg éjszakai mulattatásra. A napszámra berendelt emberek mind a zúzómalomnál s az ülepítőnél meg az olvasztónál dolgoztak, kint a szabadban.

– Hogy-hogy te is ide kerültél? – súgta oda a kérdést Tromka, kissé keserűen, amikor nem volt a közelben idegen fül –, vége a farsangnak?

Hajdanta sokat civódtak egymással, Gidános meg Tromka, a gőgös nagygazda s a nyakas szénégető, ádáz ellenségek voltak gyerekkoruk óta. Így hát Gidános nem is felelt semmit, csak bevágta csákányát a kőbe úgy, hogy az egész fal meghasadt belé. – Takarékoskodj az erőddel – sóhajtott Tromka –, szükséged lesz reá, ha köztünk maradsz.

Ezt már Gidános se állhatta szó nélkül.

– Marad a halál – morogta vissza a bajusza alatt, zord kedvvel –, ott még nem tartunk, ejsze!

Lassan végét járta a délután odakint, s hogy mikor lett este, azt ott bent a tárnában tudni se lehetett. Csak a rabok mozdulatai lettek egyre fáradtabbak. Sokan már csak tántorogtak, s a csille-toló asszonyok sírva roskadtak le egymás után, s átkozták tulajdon anyjukat, aki a világra szülte őket.

Egyszerre aztán megszólalt kint valahol egy síp, s ettől valamennyi rab felsóhajtott. A meggyötört kezek lankadtan vonszolták maguk mögött a csákányt meg a lapátot, ahogy sorjában kifelé vonultak. Tromkánét a két fia vitte, akár a holtat, s Tromka is tántorgott rongyaiban, mint a részeg ember.

Kint a ködös, homályos udvaron pislogva égtek a szennyes villanyégők, melyeket alig tudott izzásba hozni a zúzómalom által fejlesztett gyönge kis áram. A malom alatti fekete hasadékban dubogva zúgott a patak láncravert vize, s a levegő nyirkos volt és hideg.

Az udvar közepén, a villanyégő alatt, néhány katona lézengett, s ott állt mellettük Boldizsár, meg Máté, a sánta. A kapu

147

nyitva állott, s a berendelt napszámosok egyenként szállingóztak ki rajta, szótlanul, rosszkedvűen, s vissza se nézve tűntek el gyorsan a hazafelé vezető út sötétjében. A rabok egyenként vitték be szerszámaikat a szerszámos bódéba, és sorba állva vonszolták elcsigázott csontjaikat a konyha felé, ahol nagy, fekete kondérban már ott párolgott az olcsó, híg leves. Gidános, miután letette a szerszámait, kilépett a sorból, és megindult a kapu felé. Alig lépett néhányat, Boldizsár útját állta.

– Hova, héjj? – mordult rá gorombán, szétvetett lábakkal.

– Haza – felelte a szénégető kurtán, s oldalra lépett, hogy elkerülje.

Így érte az ütés, készületlenül. Megtántorodott tőle. Boldizsár ökle lecsapott másodszor is, gonoszul, kegyetlenül, egyenesen az arcába.

Gidános felhördült, mint a medve. Két hatalmas karja előrelendült, s elkapta velök a Boldizsár nyakát. Aztán csak rázta. Némán, vadul, mint a véreb a fogai közé került rókafiat.

Mire a katonák odaugrottak, a karhatalmi főnök arca kék volt már, akár az érett szilva, s szemei mereven guvadtak ki üregeikből. Három puskatus is csapott le egyszerre Gidánosra, de még akkor sem eresztette el a Boldizsár nyakát. Előbb eszméletlenre verték, s úgy feszítették szét a markait, szurony élével. Mikor belökték a rabok pincéjébe, csupán egy nyögő, hörgő, véres húsdarab volt, nem is ember.

Beletelt egy jó félórába, míg Boldizsárt életre keltették a katonák a Peles-ház mocskos padlóján, pálinkát töltve a fogai közé. Mikor magához tért, kék volt még mindig, s a hang sípolva jött csak ki bedagadt torkán, de megfogadta az ördögök istenére, hogy cseppenként ereszti ki a vért abból, aki így csúffá merte tenni. A katonák röhögtek rajta, s még több pálinkát töltöttek belé. Aztán, hogy megbékítsék, odavonszolták hozzá a kisebbik Tromka-leányt, s térdüket csapkodva mulattak a részeg ember durva szeretkezésén s a megkínzott lány eszelős sikolyain, míg végül őket is eszméletlen sötétségbe taszította a pálinka gőze.

10

MÁSNAP reggel öreg Gidánosné s a menye megjelentek a bányakapunál, s mivel az őrkatona nem tudta megérteni őket, hát előkiáltotta Mátét.

– Hol a fiam? – támadt rá az öregasszony a sántára.

– Mit tettek az urammal? – esett neki a fiatalasszony is.

Máténak sovány és sötét volt a képe amúgy is, de most még soványabbnak és sötétebbnek látszott.

– Rajtam ne keressék – mondta –, nekem elég bajom van így is. Menjenek az irodára, ha panaszuk van, onnan jönnek a parancsok, nem én csinálom őket.

De az öregasszonytól nem lehetett olyan könnyen megmentődni.

– Máté, te – mondta csípőre tett kézzel –, hát nem én adtam gúnyát neked gyermekkorodban, hogy csórén ne járj? Nem én etettelek, ha anyád házában kifogyott a málé, mi? S nem az én fiammal együtt főztétek ki ezt a forradalmat vagy micsodát? Hát hogy fordulhatsz ellenünk te is, nem sül ki a szemed? Hol a fiam?

Máté ügyefogyottan topogott a sánta lábával. Majd megvakarta a fejét, és nagyot nyögve felsóhajtott.

– Engem hagyjon ki ebből, Rebi néne! Ami itt folyik, ahhoz nekem semmi szavam nincsen, ha tudni akarja. – Nagyot köpött, s lehúzta kalapját a szemére. – Csak azt tudom, hogy ennek itt jó vége nem lesz, s ami a hivatalomat illeti, azt tőlem viheti, aki akarja, mert én még ma levetem. Le én. – Azzal morogva otthagyta az asszonyokat, és sötét képpel elsántikált a zúzómalom felé.

Az asszonyok siettek le az irodára, de csak Emánuelt találták ott, aki dadogva s hebegve próbálta elmagyarázni nekik, hogy

Gidánost a katonák nem engedik ki többé, mert megtagadta a parancsot, s gyilkosságot kísérelt meg hivatalos személy ellen.

– Sajnos a bánya a megszálló katonaság kezében van – magyarázta a boltos fia –, én semmit nem tehetek.

– Nem-e? – csattant föl az öreg Gidánosné. – Hát nem az úrfi tömte-e volt tele az emberek fejit azzal, hogy felszabadulás lesz itt ezentúl, meg Új Jézus országa, meg tudomisén mi? Hát most itt van, tessék helyt állni az ígéretekért! S ha Jézus Úr országát nem is, de legalább olyant lássunk, amelyikben nem hurcolják rabságba az embereinket, hanem mindenkit békében hagynak a maga munkája mellett, mint ezelőtt ahogy volt!

Emánuel, szegény, fülig vörösödve dadogott szükséges rosszról, ötéves tervekről, lassú fejlődésről, de a végéig már nem juthatott, mert hirtelen felpattant az iroda ajtaja, s ott állt a Bíró a küszöbön. Ruházata rendes volt, mint mindig, de ősz haja borzoltan meredt szét a fején, s a szemében volt valami, ami megfagyasztotta Emánuel torkában a szót. A két asszony nyomban feléje fordult, s szapora kétségbeeséssel öntötték ki panaszaikat, de a Bíró úgy meredt rájuk, mintha sohasem látta volna őket azelőtt.

– Mi? Gidános? – kérdezte, és a hangja éles volt, barátságtalan, amilyennek soha azelőtt nem hallották volt. – Hát nem őt választottátok meg valami főembernek azon a napon, amikor engem úgy tettetek ki a hivatalomból, mint rossz cselédet szokás, hogy még egy jó szavatok se volt hozzám? Mi? Ti akartátok a változást, hát most egyétek meg, amit főztetek, s ne panaszkodjatok!

Aztán, mintha az asszonyok ott se lettek volna, odalépett az íróasztalhoz, mely valamikor az ő birodalmát képezte, két súlyos kezével megmarkolta az asztal lapját, s előrehajolva hördült bele a megdöbbent fiatalember arcába:

– Hol a lányom, fickó? Mit tettetek a lányommal?

Emánuel hátrahőkölt a széken, és még jobban elvörösödött.

– Bíró úr, kérem – dadogta –, én azt hiszem...

– Mit hiszel? – ordította a Bíró. – Hol az a kapitány?

Emánuel a bámészkodó asszonyokra nézett, és megpróbált tekintélyes maradni, de nem sikerült. Remegett a hangja, amikor mondta:

– A kapitány úr szolgálati ügyben a városba ment.

– És a lányom? – kérdezte a Bíró egyszerre nagyon csöndesen, veszedelmesen.

– Azt hiszem, bevásárolni... – hebegte Emánuel, de szemei elkerülték a Bíró tekintetét.

– Gyerünk innet – szólt oda rekedten öreg Gidánosné a menyének –, nekünk itt nincs több dolgunk. Hadd egyék az urak egymást!

Azzal szó nélkül kitopogtak az ajtón, s még be is csukták maguk mögött, de a Bíró talán nem is látta, nem is hallotta őket.

– Manó fiam – mondta rekedten, s a hangja halk volt, és nagyon fáradt. – Te ismered Terézkét gyerekkora óta. Te tudod, hogy ez a kapitány nem hozzá való...

Emánuel lehajtotta a fejét, és hallgatott.

– Megmondták neked, mikor jönnek vissza?

– Három napra lesz oda a kapitány – felelte a fiatalember halkan, és egyre a padlót nézte. Aztán lassan fölemelte a fejét, és ránézett a döbbent arcú, öreg Bíróra. Részvét volt a hangjában, ahogy lassan, szinte bocsánatkérően mondta. – Sok minden történt, amire nem számítottunk, Bíró úr. Aminek nem kellett volna történnie. És sajnos úgy látszik, sok minden kell történjen még, mire az út végére jutunk. Áldozatok nélkül nincsen haladás, Bíró úr.

A Bíró lassan kiegyenesedett, és néhány pillanatig sötéten nézett alá a sápadt fiatalemberre.

– Ha ez a kapitány... – kezdte, majd megakadt, és arcán megrándultak az izmok. – Mindnyájatokat megöllek! – nyögte kétségbeesett dühvel, majd goromba mozdulattal ellökte magát az asztaltól, megfordult, s dübörgő léptekkel elhagyta az irodát. Az ajtó döngve csapódott be mögötte.

A folyosón ott állt Ágnes. Ki tudja, mióta állt ott, hallott minden szót. Arca ijedt volt, s mikor a Bíró eldobogott mellette, szemei aggodalmasan pislogtak reá.

– Bíró úr, kérem...

A Bíró megtorpant az emeletre vezető lépcső alatt, és visszafordult.

– Na, mi az?

Kicsi Ágnes közelebb lépett. Kötényét arcához emelte, megdörzsölte vele a szemeit, s kifújta belé az orrát.

– Mi bajod van? – mordult rá a Bíró türelmetlenül.

– A kisasszonyka nekem mindent bevallott – szipogta esetlenül a nagy darab asszony, meghatódva saját szavaitól –, hogy a Jóisten áldja meg a drága lelkét...

A Bíró szája megnyílt, lélegzete elnehezedett.

– Igen? – kérdezte feszülten.

Kicsi Ágnes újra kifújta az orrát a kötényébe.

– Tetszik tudni, szegény úgy félt mindig a Bíró úrtól.

– Ne hápogj! – mordult rá a Bíró idegesen. – Beszélj!

A szakácsnő nagyot sóhajtott.

– Megesküsznek a városban a kapitány úrral. – Egy lélegzetre mondta, hadarva, mint aki gyorsan akar megszabadulni valamitől, ami nyomja a lelkét. Nem nézett a Bíróra, a padlót bámulta.

Néhány pillanatig csönd volt. Mély, döbbent csönd. Csak a Bíró súlyos lélegzése hallatszott. Kicsi Ágnes óvatosan fölnézett, s szelíden vigasztalni próbálta gazdáját a maga módján.

– Ne tessék félni, rendes embert nevelünk majd ebből a kapitányból – mondta, mintha csak egy vásott gyerekről lett volna szó –, fontos, hogy a mi drága kisasszonyunk boldog legyen... – Újra elfogta a meghatódás, és szipogva törülgette arcát a köténnyel.

A Bíró csak állt ott, a lépcső aljában, viaszsárga arccal, rámeredt a szipogó asszonyra, mint aki kísértetet lát. Aztán lassú, tompa hangon ennyit mondott csak:

– Hát te is, Ágnes... hát már te is...!

Azzal megfordult, s lassan, tántorgó léptekkel fölment a lépcsőn.

A nappali szobában néhány pillanatig mozdulatlanul állott a zongora előtt, s ujja hegyével gyöngéden megsimogatta a fényes fekete fát. Aztán odalépett a sarokban álló oleánderhez, egyik kezével megmarkolta a növényt, másikkal a cserepet. A gyökerek kusza bolyhai közé tapadt fekete földkolonc ellenállás nélkül mozdult ki, és alatta, a cserép alján egy fekete vízhatlan vászonból készült zacskó lapult. Kivette a csomagot, és a hervadó növényt visszaejtette a cserépbe. A kibontott zacskóból kis, fényescsövű zsebpisztoly került elő, meg egy skatulya töltény. A Bíró gondosan megvizsgálta a fegyvert, és zsebre tette. Aztán bement a szobájába, elővett a szekrénye mélyéről egy sokat használt, öreg hátizsákot, beledobott néhány ruhadarabot, egyéb apróságot, magára vette szőrbéléses vadászkabátját, fejébe nyomta a kockás angol sapkát, s vállán a hátizsákkal lassan lement a lépcsőn. Nem nézett körül a házban, csak a fogasról akasztotta le az esőgallérját, s kiválasztott egyet a botok közül, egy vén, fényesre koptatott meggyfát.

A motozásra Kicsi Ágnes kilesett a konyhából.

– Hova tetszik...? – kérdezte ijedten.

A Bíró nem is nézett reá, úgy mondta a folyosóról, menet közben.

– Ha megjön a lányom, mondd meg neki, hogy itt a ház, az övé ezentúl. Éljen benne, ahogyan akar.

Azzal kinyitotta a nehéz, nagy kaput, s a szél elkapta a hangját, s szétszórta, akár a füstöt.

– Édesjóistenem...! – jajdult föl Kicsi Ágnes az ajtóban. – Édesjóistenem, mi lesz velünk...!

Emánuel kinézett az irodából.

– Mi van? – kérdezte ijedten.

– A Bíró úr... – sírt föl Kicsi Ágnes a köténye mögött –, jaj Istenem, a Bíró úr...!

Mikor Emánuel a kapuhoz ért, és kinézett rajta, a Bíró már ott haladt a piac végiben, szemközt a hegyekkel, sapkásan, kabátosan, bottal a kezében és hátizsákkal a vállán, nekidőlve a gonosz őszi szélnek, s valahogy olyan volt, mintha egy idegen vándor haladt volna átal a falun. Emánuel sajnálkozva csóválta meg a fejét.

– Ez nem lett volna szükséges – mondta halkan –, ez nem.

– Mi lesz velünk, úrfi? Mi lesz velünk? – siránkozott Kicsi Ágnes a konyhaajtóban, megroskadva, kétségbeesetten, mint egy nagy, kövér, megrémült gyermek, akit ott hagyott az apja magára az ijesztő, nagy, idegen világban.

153

11

OTT ÜLTEK a szénégetők a tűz körül, szénporos ködmöneikben, hegyes birkabőr kucsmáik alatt, sötéten, és hallgattak, amíg öreg Gidánosné elmondott mindent, ami a nyelve alatt volt. Még azután is hallgattak egy jó ideig, s csak a szél zúgott a hátuk mögött az erdő fái között, s a tűz pattogott. Aztán az egyik sercegve beleköpött a tűzbe.

– Úgy hírlik, az új urak olajmotorokat hoznak a malmokba odalent – mondta, s fejével arrafelé bökött, amerre a várost tudták az erdők végiben –, s szénre ejszen nem lesz szükség többet.

– Mehetünk napszámmunkára, törökbúzát kapálni, ha lesz hova – vetette oda egy másik –, de ejszen a gazdáknak se lesz földjük ezután, amire cselédet fogadhassanak.

– Marad a közmunka – morogta a harmadik –, vízlevesért. Akinek ízlik.

Aztán újra hallgattak sokáig. Huszonhárman voltak, mind szénégetők, s hátul, körben, az asszonyok. Az este már leborult rájuk s a hegyekre, mint egy nagy fekete háló, s a töprengéseik nehézkesen vergődtek alatta. Az asszonyokból szakadt föl a szó megint.

– S Gidánost, emberek? Hagyjátok? Sze közületek való!

– Őt hazahozzuk – mondta vén Pálók, egy kevésbeszédű, hajlott öregember, mint valamit, amiről már szólani se érdemes, mert elintézett dolog közöttük –, de mit teszünk azután, ez a kérdés? Mert lám a régi urakot magunk hagytuk volt el, az újaknak pedig mink nem köllünk. Így aztán az sincs, akihez hozzá mehetnénk, hogy megkérdjünk egy s mást...

– Ha Samu úr itt lenne, a bótos – sóhajtotta valaki –, az mindig tudott mondani valamit. De a fia...! Az még magamagát sem tudja eligazítani őkelme, nemhogy mást...

Ezen is elsóhajtozgattak egy darabig. Aztán Pálók, az öreg, lassan föltápászkodott a fatönkről, s megtapogatta hajlott derekát.

– Hát akkor ejszen menjünk, emberek – mondta sóhajtva –, bár egy dógot végezzünk el egyszerre, aztán a többi is adódik majd rendre.

S huszonhárom szénporos, hallgatag ember huszonhárom hosszúnyelű erdőírtó baltával a vállán elindult lassan lefele az ösvényen, a falu felé. S mögöttük az asszonynép, akár egy fekete felleg, szótlanul, összetömöttödve, elszánt ijedtséggel.

Alig múlott el éjfél, amikor a bányához megérkeztek. Tépett felhők közül olykor elővillant a hold sovány sarlója, és sápadt fényport szitált a szélben csikorgó fákra. Mély sziklaágyában nyugtalanul hánykolódott a patak, mint aki halálról s kísértetekről álmodik, és tompa zúgását el-elkapta a szél. Északi szél volt, kíméletlen hideg.

Az őrkatona föltűrt gallérral topogott a kapu előtt le s föl. Amikor meglátta a mozgást az úton, megállt.

– Stoj! – kiáltott bele a sötétbe, de a kezei még mindig a zsebében voltak.

– Jól van, jól – felelt meg öreg Pálók a kiáltásra –, te megteszed a magadét, sze ezért fizetnek.

A katona nem értette a szavakat, de az öreg ember békés hangja megnyugtathatta, mert még mindig nem vette le válláról a puskát, csak állt kíváncsian, és leste a sötétséget. Felhő mögött volt a hold éppen, és mire a katona megérezte maga körül az embereket, már késő volt. Nagyot kiáltott, s megpróbálta kézbe kapni a puskáját, de súlyos markok kicsavarták a kezéből.

– Tömjétek be a száját – tanácsolta valaki, de öreg Pálók ellenezte a dolgot.

– Nem vagyunk mink lopók – mondta dörmögve –, igaz ügyben járunk.

Így hát a katona ordított, ahogy a torkán kifért, s pillanatok alatt mozgásba jött odalent a Peles-ház. Ajtók csapódtak, fények villantak, fegyverek csörömpöltek. Zseblámpa fénye pásztázta a

155

sötétséget, és vezényszavak csattantak. Mire a szakaszvezető s mögötte a katonák fölértek a kapuhoz, a nyílás tömve volt feketekendős asszonyokkal, akik pislogva és riadtan bámultak a zseblámpa éles fényébe, és összebújtak akár a juhok. A katonák fehér alsóruhában voltak, és zavartan torpantak meg az asszonyhad előtt. A szakaszvezető rázni kezdte a pisztolyát és ordított, de nem lehetett érteni a szavait. Az asszonyok csak álltak, és bámultak, és megtöltötték egészen a kapu nyílását. A szakaszvezető hadonászott a kezével, hogy menjenek el onnan, de nem mozdultak. Néhányan a katonák közül dideregve kezdték emelgetni csupasz lábukat a hideg őszi sárban, s szégyenkezve vonultak hátrább szennyes gatyáikban.

A szakaszvezető kétségbeesetten veregette meg a legközelebb álló öregasszony vállán a fekete hárászkendőt.

– Mámika – hadarta kínlódva, és a fogai vacogtak a hidegtől –, Mámika, mész haza!

– Igen, igen – bólogatott kedvesen a vénasszony –, megyek én lelkem, mindjárt megyek. De te is eredj, fiam, eredj a meleg szobába, sze hűlést szerzel magadnak így mezítlábosan, édes fiam, hűlést bizony! – És fejcsóválva mutogatott a szakaszvezető csóré lábaira és a házra alant. – Eridj, fiam, mert megfázol, eridj! – biztatta szívesen.

A szakaszvezető kétségbeesetten fogta a fejét, s toporzékolt egy helyben, mint a gyermek, de mindez nem segített rajta. Végül is az egyik asszony ráterítette a nagykendőjét, s szelíden tuszkolni kezdte a didergő embert a ház felé, mire a katonák nevettek, és egyszerre valamennyien futni kezdtek lefele, mint iskolás fiúk a hidegben. Mire a szakaszvezető s a katonái vidám kiáltozások közepette magukra kapták a ruháikat és újra kijöttek, a bányakapu üres volt és elhagyott. De üres volt és elhagyott a rabok pincéje is.

– Riadó! – ordította kétségbeesetten a szakaszvezető, aki elsőnek látta meg a bedöntött pinceajtót. – Fegyverbe! Elszöktek a rabok! Minden utat elállni! Mindenkit letartóztatni! Mozgás!

Azonban mindez nem használt már semmit. Nem volt út, amit el lehetett volna állni, csupán a néma fekete erdő, s a mozdulatlanul tornyosuló hegy, meg a zúgó patak. Csak a felhők futottak fent az égen, s azokat nem lehetett letartóztatni, sem a bujkáló holdat.

A szakaszvezető megvakarta a fejét, és cifrát, keservesen káromkodott. Aztán mivel reggelig úgysem lehetett semmit elkezdeni, visszavezényelte a katonákat a házhoz. A nyitott konyhaajtóban ott állt összebújva, borzasan, ijedten, tépett ingekben a konyhaszemélyzet, és bámult ki a sötétbe.

– Ti menjetek vissza az ágyba, és aludjatok! – förmedt rájok a szakaszvezető –, embereitek megszöktek ugyan a bányából, de holnap háromannyit terelek vissza.

Azzal rácsapta a konyhaajtót a megriadt lányokra, akik ugyan egy szót sem értettek a beszédből, de annyit tudtak azért, hogy valami történt odafönt az emberekkel, s szepegő sírással bújtak össze a sötétben.

Másnap reggel, alig virradt, katonák portyázták végig a falut. Házról házra jártak, s mivel nem találták, akiket kerestek: haragjukban összetörtek mindent, ami a kezük ügyébe került, s aki férfiembert találtak, azt mind összeterelték, s bezárták a rabok helyére, a pincébe.

Ugyanakkor egy nagyobb csapat, élén a szakaszvezetővel, a hegyet járta. Boldizsár vezette őket, s napkeltére fönt voltak a Szénégetők Északasán. Úgy mentek rá a szétszórt, magányos házakra, mint a farkasok. Hármasával, egyszerre minden oldalról, hogy hír meg ne előzhesse őket háztól-házig. Boldizsár, a szakaszvezető és két katona a Gidános-háznak estek neki. Felforgatták még a padlás bütüjét is, de csak az öregasszony s a gyerekek voltak otthon.

– Hol a menye? – ordított rá Boldizsár a vénasszonyra, de az csak rántott egyet a vállán.

– Gombát szedni van ejszen – mondta –, már azt sem szabad?

Ekkor történt, hogy az egyik katona megtorpant, rámeredt az öregasszonyra, és mondott valamit. A szakaszvezető is odanézett, aztán közelebb lépett a vénasszonyhoz, s mereven nézte az arcát.

– Kérdezze meg tőle, elvtárs, hogy hova lettek a rabok –

parancsolta Boldizsárnak, anélkül hogy levette volna szemeit a vénasszony ráncos arcáról.

– Hát én honnan tudjam? – mordult vissza Gidánosné ellenségesen.

– Onnan, hogy maga ott volt az éccaka a bányánál – felelte Boldizsár –, azt mondja a szakaszvezető elvtárs.

– Hát ha annyi mindent tud őkelme – kárpált vissza az öregasszony –, akkor minek kérdez engemet?

S azzal megfordult, mint aki végzett a dologgal, s elindult hátrafele, a ház mögé. De a szakaszvezető intésére a két katona már ugrott is utána, megfogták, s úgy hozták vissza, erőszakkal. Szitkozódott, köpködött rájuk öreg Gidánosné, a gyerekek meg sivalkodtak az ajtóban, de mindez nem segített. A szakaszvezető arca sápadt volt, és elszánt.

– Mondd meg a mámikának – parancsolt rá Boldizsárra –, hogy én katona vagyok, és parancsot kell teljesítsek. S az én parancsom az volt, hogy megőrizzem a rabokat. Ha a kapitány visszatér, és nincsenek a rabok, engem büntetnek meg. De mielőtt odajutunk, egy tucat embernek is lehúzom a bőrét, ha kell. Mondja meg tehát szépszerével, hogy hova rejtették el a rabokat!

De Gidánosné végig sem hallgatta Boldizsárt, csak köpködött és szitkozódott.

– Mondja meg neki, elvtárs, hogy vannak más módszerek is arra, hogy kivakarjuk az emberek bőre alól azt, amit nem akarnak megmondani – rendelkezett a szakaszvezető, de a vénasszony erre is csak köpött, és vicsorította a fogait.

– Törjétek hát össze a csontjaimat, ti nagy hősök, ti, piha, hogy nem sül ki a szemetek a szégyentől, védtelen öregasszonyokkal verekedni, bitang tolvaj rablók, akik vagytok! Büdös, diszno, szégyentelenek, ti...

A szakaszvezető intett.

– Tépjétek le róla a ruhát!

A két katona vigyorogva szaggatta le a rongyokat a sikoltozó öregasszony aszott testéről.

– Fektessétek a hasára – rendelkezett a szakaszvezető. Aztán előhúzta a kését, s lenyesett egy hosszú, szíjas mogyorófavesszőt.

Egyik katona a fejére ült, másik a lábait fogta, s a szakaszvezető kezében süvített a mogyorófapálca, hosszú, vörös csíkokat vonva az öregasszony sovány testén. Sikoltozását elfojtotta a föld. A huszadik csapás után a szakaszvezető leeresztette a pálcát.

– Fordítsátok át a hátára!

A sikoltás most már szabadon tört elő a meggyötört testből, szavakká formálódott.

– Disznók, aljasok, mocskosok, szégyentelenek! Verjen meg az Isten, verjen meg, gonosz vadállatok!

– Hol vannak a rabok? – mordult rá a szakaszvezető a megkínzott asszonyra, de az csak köpött és szitkozódott, és sikoltásai betöltötték az erdei tisztást, hogy még a fák is megvacogtak tőle.

A szakaszvezető nyelt egyet, s újra fölemelte a pálcát.

– Ülj rá a szájára! – parancsolta a katonának. Az röhögve engedelmeskedett a parancsnak, de előbb betömte az öregasszony száját egy ronggyal.

– Hogy meg ne harapja a fenekemet – mondta.

Tompán, borzalmasan szólott a pálca az öregasszony meztelen hasán. Még a katonák arcára is ráfagyott a vigyorgás, s Boldizsár úgy állt ott, elmeredve, rémülten, fakó arccal. Kínosan vonaglott az aszott, öreg test a csapások alatt, s a betömött szájból vad, állati hörgés tört elő. A tizedik csapás után már kék volt a has és dagadni kezdett. A huszadiknál már nem vonaglott többet.

– Eresszétek el! – rendelkezett a szakaszvezető lihegve, s hamuszürke arcáról letörölte a verejtéket.

Az öregasszony kifordult szemekkel feküdt, és nem mozdult többet, amikor a katona kivette szájából a rongyot. Szája úgy maradt nyitva, véres habbal tele, s csorba ínyéből feketén meredtek elő az odvas foggyökerek.

– Kérdezze meg tőle elvtárs, hogy hova rejtették el a rabokat – fordult a szakaszvezető Boldizsár felé.

De Boldizsár nem kérdezett semmit. Ott állt sárga arccal, meggörnyedve és hányt.

– S ilyen emberek akarnak forradalmat csinálni – morogta lenézően a szakaszvezető, és kiköpött Boldizsár felé. – Papnöven-

159

dékek! – Azzal maga fordult a vénasszony elnyúlt teste felé, és ráordított. – Hol vannak a rabok? He? – De nem jött felelet. A test nem mozdult, a száj nyitva maradt, a szemek nem pislogtak, csak néztek merev üveges borzadással a semmibe.

– Ez alighanem meghalt – mondta az egyik katona, és bakancsa orrával megrugdosta a kiálló, sovány bordacsontokat. A szakaszvezető lehajolt, és néhány pillanatig némán figyelte a halottat.

– Gyerünk! – mondta összeharapott fogak közül, amikor fölegyenesedett –, összefogni minden férfit és minden asszonyt a környéken. Majd lent a bányában kiszedem belőlük, ha mind belepusztulnak is!

Valami elfojtott állati vinnyogás ütötte meg a fülét. Ingerülten fordult a hang felé. A ház ajtajában még mindig ott állt a három gyermek, borzalomba fagyva, kimeredt szemekkel. A legkisebbik, egy ötéves kislány, vinnyogva sírt.

– Takarjátok le valamivel – dünnyögte rekedten a szakaszvezető –, s gyerünk! Mozogjatok!

Hat férfit s tizennégy asszonyt hurcoltak le a Szénégetők Északasáról azon a napon a katonák. A férfiak sötéten hallgattak a szuronyok között, az asszonynép azonban szünet nélkül kárpált, veszekedett, szidta Boldizsárt, a katonákat s a megváltozott világot. A katonák nem értettek az egészből semmit, de így is az idegükre ment az asszonyok veszekedése, Boldizsár pedig hátramaradt, hogy ne kelljen hallja őket. Az arca zöldesszürke volt még mindig, mint a nagybetegé. Végül is a szakaszvezető, aki a menet élén haladt, hirtelen megfordult, kirántotta a pisztolyát, és belelőtt a levegőbe. A golyó ott süvített el az asszonyok feje fölött.

– Csönd legyen! – ordította dühtől vörösen.

Az asszonyok nem értették a szavakat, de megértették a fegyvert, és ijedten bújtak össze, mint a juhok. Többet nem mertek szólni. A menet némán vonult le a faluba, s át a falun a bánya felé. Az utca üres volt, a kapuk üresek voltak, csak az ablakok függönyei mögül lehetett olykor egy-egy ijedten kileső asszonyarcot látni.

160

Dél volt, amikor a hat szénégető és a tizennégy asszony mögött becsukódott a bányaudvar kapuja. A szakaszvezető három őrt állított.

– Estig hagyjuk puhulni őket – mondta –, este aztán megkezdjük a vallatást. Senki a közelükbe nem jöhet, az első gyanús jelre megnyitjátok a tüzet.

Még csak nem is gondolt arra, hogy az estét talán már nem éri meg.

Nem volt rossz ember a szakaszvezető. Csak katona volt, és félt. A félelmet már egészen kiskorában beléje verték egy szibériai árvaházban, s később, amikor a párt és a hadsereg birtokba vette a testét és a lelkét, ez a félelem valami rettentő bálványistenné nőtt a képzeletében, mely vért iszik, és emberhúsból él. Életének egyetlen célja maradt csupán: vak engedelmességgel kerülni el ennek a kegyetlen istenségnek bosszúálló karmait. Alapjában véve szeretett volna békésen, szépen és csöndesen élni a szakaszvezető. Titkos álmodozásában egy kis eldugott házikóra vágyott valahol az erdők között, virágzó gyümölcsfára az udvaron, szelídszemű asszonyra, legelésző tehénkére s egy kevés kis földre a ház körül, amiből elő lehet csalni azt, ami az élethez kell. De mindez olyan elérhetetlen messzeségben volt, hogy csak egy-egy eltitkolt sóhajtást lehetett küldeni feléje, lopott időben, két parancs között.

A nap még fönt volt az égen, amikor egy magányos ember ereszkedett alá a hegyről. Lassan jött, s maga elé tartott két karjában valamit cipelt. Gidános volt, s az anyja holttestét hozta. Ügyelve tartotta két erős karjában, mint aki beteg gyermeket szállít, s az arca fekete volt, s szemeiben ott ült a halál.

Méltóságteljes lassúsággal haladt át a falun, és senki útját nem állta. Néhányan lesték a kerítések mögül, csóválták a fejüket, és az asszonyok sírtak. Jóska, a volt disznópásztor-legény, káromkodva bújt el a pajta mögé, hogy ne is lássa, pedig neki vörös karszalag volt az ujjasán, s kötelessége lett volna megállítani az embert.

Lassan, méltóságteljesen haladt Gidános végig a falun. Átszelte a piacot, s egyenesen a községházának tartott. Az irodában hárman voltak: Emánuel, Máté, a sánta, meg Boldizsár. Máté vitte a szót.

– Úrfi, én a kumunizmust ott tanoltam volt a városban, munkásemberektől. De ilyesmit ott nem tanítottak, én mondom magának! Ha ez kumunizmus, amit ezek a katonák a nyakunkra hoztak, akkor én nem vagyok Máté, hanem Szent Péter az égben!

Itt tartottak, amikor Gidános berúgta az ajtót.

Elnémultak. Boldizsár el is sápadt, s hátrálni kezdett a fal felé. De a nagy, fekete hegyi ember nem törődött velük. Lassan, tempósan odalépett az íróasztalhoz, s gyöngéden letette reá az anyja pokrócba csavart holttestét. Csak aztán emelte rá a szemét Emánuelre, aki odafagyva ült az irodaszéken.

– Itt van – mondta lassan, rekedten Gidános –, a magáé ezentúl, úrfi, meg ezé a bitang, ebszülte világé! – Aztán a szeme rászegeződött Boldizsárra a fal mellett. – Te cselekedted? – kérdezte, és a hangjában nem volt indulat, csak valami rettenetes, sötét számonkérés.

– Úgy segítsen engem az Úristen, Gidános bácsi... – hebegte a falu verekedője, zöldre vált arccal. – A szakaszvezető volt, esküszöm...!

A szénégető szó nélkül megfordult, rá se nézett többé a szobában lévőkre, csak döngő súlyos léptekkel kiment, s mögötte nyitva maradt az ajtó. S az asztalon, pokrócba csavarva a holttest.

Máté mozdult meg elsőnek. Felnyögött, fejébe nyomta a kalapját.

– Hát velem többé ne számoljon az úrfi – mordult föl belőle fojtottan a szó –, én kumunista vagyok, nem pedig hóhér!

Nagyot köpött a padlóra, s rossz lábát maga után húzva, haragosan kibicegett ő is az irodából.

A véresfejű nap éppen alábukóban volt a bánya fölötti erdőgerincen, amikor Gidános rátette a lábát a kaszárnyává mocskolt Peles-ház tornáclépcsőjére. A sepregető katona rámordult valamit, s a hangra megjelent a szakaszvezető is az ajtóban. Gidános akkor már a tornácon állott, három lépés választotta el őket egymástól mindössze. Tekintetük összeakaszkodott. Aztán a szénégető lassan lenyúlt a csizmaszárához, s kihúzta onnan a hosszú disznóölő kést.

– Bitangja, te! – hördült föl véreres szemekkel, s előrelendült.

Hiába rohantak elő a katonák, s lőtték rostává Gidánost, hiába verték puskatussal véres péppé a fejét: mindez a szakaszvezetőn már nem segített. A rangidős káplár, egy huszonkétéves fiú, akire a parancsnokság esett, elvesztette a fejét, s részeg dühében felrohant katonáival a bányába. Percek alatt halomba lőtték a pincében lapuló rabokat. Egy férfi és három asszony még másnap reggel is élt, fuldokló hörgéssel a pince véres iszapjában, úgy kellett egyenként agyonlőni őket.

Pattanás megásta az öregasszony sírját fent a templom mögötti temetőkertben, s Emánuel összeüttetett a faluban egy deszkakoporsót. De a temetésen csak hárman voltak: Emánuel, a pap és a sírásó. Emánuel fogta a koporsó egyik végét, Pattanás a másikat, úgy cipelték ki a sírgödörig. A pap dadogott valamit, hogy a felesége beteg, aztán elmondott egy imát, s a koporsót aláengedték a földbe. Pattanás megkezdte az elföldelést, a másik kettő még állt ott egy darabig, szótlanul, mint akik sok mindenről szeretnének beszélni, de nem találják a szavakat. A pap hajdan oly egészséges, pirospozsgás arca sovány volt, és nagyon öreg, ahogy maga elé bámult, a sárga, fölásott földre.

Emánuel szólalt meg elsőnek:

– Haladás nincs forradalmak nélkül, forradalmak nincsenek áldozatok nélkül. Nagypéntek nélkül nincs feltámadás.

Kutatva, szinte félve leste a pap arcát. Az sokáig nem szólt, csak maga elé bámult.

– Hisz ön Istenben? – kérdezte hirtelen.

A fiatalember szeme megrebbent, sápadt arcán pirosság futott végig.

– Attól függ, mit nevezünk Istennek – felelte óvatosan.

– Aki nélkül nincs föltámadás – sóhajtotta az öreg lelkész, aztán összefogta a palástját. – Bocsásson meg, a feleségem beteg – morogta, azzal megfordult s elindult lefele.

Emánuel magában maradt, és nézte, ahogy Pattanás lassan

elföldelte a sírt. Végül az öreg sírásó nagyot sóhajtott, és vállára vetette a lapátot.

– Ez volt az utolsó. Engem többé ne hívjon az úrfi – mondta, s megindult ő is.

– Pattanás bácsi – szólt utána a fiatalember kétségbeesetten –, maga is engem hibáztat mindezekért?

A rozoga vénember meg sem állt, úgy mondta haladtában:

– Nem maga beszélt-e szabadulásról, meg megváltásról, meg effélékről? Egyetlenegy embernek volt csak esze közöttünk, s az Dominik volt!

– S mit értek volna vele, ha ellenállnak? – szakadt föl a fiatalemberből, akár egy sikoltás. – Mind megölték volna magukat!

Pattanás megállt a lejtő közepén, és visszafordult. Rántott egyet a vállán levő lapáton.

– De legalább becsülettel vesztünk volna oda. Sze így is megölnek rendre mindannyiunkat, nem lássa?

Aztán többet vissza se nézett.

A szemközti hegyoldalban, túl a falun, ahol a dögtemető aszott kórói szürkültek, emberek mozogtak, aprócska pontok. Valami furcsa szorongást érzett a gyomrában, ahogy átnézett a falu fölött a dögtemetőben mozgó emberekre. Sírt ástak ott is, tömegsírt. Elkapta a tekintetét. A falut nézte, a lapuló alacsony házakat, az aszott, dísztelen szegénységet. Gondolatait erőszakkal terelte a jövendő felé, és megpróbálta elképzelni a falu képét húsz esztendő múlva. Mikor már az egész hegy egyetlen nagy bányaüzem lesz, modern gépekkel, vidám munkásokkal, akik heti öt napot dolgoznak csupán s napi nyolc órát. Mikor villanyvilágítás és vízvezeték lesz minden házban, s a házak nagyobbak, szellősebbek. Kövezett utcák. Szervezett jólét, melyben nincsen szegény és gazdag, csak öntudatos, boldog dolgozó, aki a maga munkája árán egyformán részesül a tudomány és technika áldásaiban.

Szerette volna mindezt látni, onnan a temetőből, de nem sikerült. A képek elmosódtak, s minduntalan átütött rajtuk a szemközti dögtemető szennyes szürke foltja.

164

Összeharapta a fogait, dacosan. Sovány, vértelen arcában kidagadtak az izmok.

– Miért nem csináltátok meg magatoktól, ostobák – sziszegte szinte gyűlölködve a falu felé – volt időtök, elég! Mert restek voltatok! Vártátok, hogy a történelem végezze el helyettetek a seprést! Most aztán jajgattok, mert a seprű véres! Parasztok!

S ahogy dacos, hosszú léptekkel megindult ő is lefele, vissza se nézett a magányos sárga földhalomra, mely egy halálba gyötört öregasszony testét takarta el egy meghökkent világ szeme elől.

A paplak előtt megtorpant, mint akinek eszébe jut valami. Befordult a nyitott léckapun. A papné összetaposott virágoskertjében malacok túrtak, s a tornác lépcsőjén unatkozva üldögélt az őrkatona. Föl se nézett, csak köpött egyet, amikor Emánuel elhaladt mellette.

A tágas nappali szobát a katonák foglalták le maguknak, ott hevertek szanaszét, karosszékben, díványon, földre dobott szennyes matracon.

– Héj, maga! – mordult rá az egyik morcosan Emánuelre –, küldjön ide egy fehérnépet, hogy főzzön nekünk! Érti? Az öreg mámi beteg!

A hálószobában ott feküdt a papné, letakarva, sápadtan. Az öreg pap ott kucorgott az ágy mellett egy széken, kezében csuporral.

– Csak egy kis kávét, lelkecském, egy csepp kis árpakávét, ameddig forró...

Az ajtónyílásra a papné feje megmozdult a párnán. Beesett arcában mélységesen kékek voltak a szemei és ijedten nagyok.

– Jaj – suttogta –, tán nem viszik el! Tán nem magáért jönnek!

A pap fölnézett, aztán megnyugtatóan veregette meg a kis, beteg öregasszony takarón heverő fehér kezét.

– Csillapulj, lelkem, nyugodj meg! Az Úristen kezében vagyunk mindannyian. Ő a legfőbb Úr, nem ezek itt.

Emánuel nyelt egyet.

– Tiszteletes úr – kezdte el akadozva –, arra gondoltam, hogy talán jó lenne... vagyis megváltoztathatná talán a... a hatóságok véleményét önről, ha ezen a vasárnapon beszélne az embereknek arról, amiről szólottam odakint. Hogy minden forradalom áldozatokkal jár, és az emberek ne azt nézzék, ami most történik, hanem ami a cél. Ami majd a végén...

– Tedd meg, Sándor – hebegte reszkető ajakkal a beteg papné –, tégy meg mindent, amit akarnak, csak ne verjenek többé! Jaj, ne verjenek többé, abba belehalok! Ugye nem engedi, hogy verjék? – fordította a fejét könyörögve a látogató felé.

– Nem fogják bántani – motyogta Emánuel szégyenkező zavarában –, hiszen azért vagyok itt, hogy megegyezzünk valahogyan. Ha a tiszteletes úr segítségére lenne a rendszernek...

Az öreg pap, kezében a csuporral, fölállt felesége ágya mellől, és ahogy lassan kiegyenesítette a derekát, mintha egy fejjel megnőtt volna. Sápadt homloka szinte világított a szoba homályában, ahogy megfontoltan, erős hangon mondta.

– Én csupán az én Uram szolgája vagyok, vén, együgyű és tökéletlen szolga. Sok a mulasztásom, és érdemem kevés. De gyalázatra nem használtam még soha az Úrnak házát, s az Ő nevét hazugságra fel nem használtam. Ezután sem teszem! Inkább gyilkoljanak meg engem is, mint a többieket. Ha pedig nem akarják, hogy az én Uram igazságát hirdessem, akkor szögezzék be előlem a templom kapuját, s szuronyos katonával tartsanak távol tőle! Távozzék, kérem!

A beteg papné sírva fakadt az ágyban. Arcát a párnák közé temette, csak szaggatott zokogása hallatszott. Emánuel kinyitotta a száját, mintha mondani akart volna valamit, de aztán csak megfordult, s lehajtott fejjel, szótlanul elhagyta a szobát.

Ahogy áthaladt a szélverte piacon a községháza felé, az üres bolt előtt meglátta Pilucot, a cigányt. Ácsorogva állt ott, a kopott falnak támasztva a hátát, lehorgasztott fővel. Egyszerre valami rettenetes elhagyatottság markolta meg a szívét. Szeretett volna odarohanni, feltépni a bolt drága, ismerős ajtaját, s odabújni valakinek az ölébe, mint régen, nagyon régen, és elmondani minden bajt, kétséget, gyötrelmet két megbocsájtó, bölcs öregembernek.

Megállt.

– Piluc – szólt oda a cigányhoz, s a könnyeket úgy kellett nyeldesse, nehogy kitörjenek –, Piluc, Piluc, fidibuc!

Nevetségesen hangzott a régi gyerekes beszéd, szégyenében el is vörösödött. De a cigány nem vigyorgott vissza, mint máskor. Csak fölemelte a fejét, és ránézett, s a nézése mintha megakadt volna. Csak állt, és nézett.

– Valami baj van, Piluc? – kérdezte, és közelebb lépett hozzá.

– Baj? – morogta a cigány. – Nem úrfi, ez már nem baj. – Fejét oldalra fordította, a csukott boltajtó felé, mint aki hallgatódzik.

– Hallja, úrfi?

– Mit? – kérdezte Emánuel, és megállott. Volt valami furcsa, tompa zöngése a cigány hangjának, szinte megborzongott tőle.

– Ott bent – suttogta Piluc, s a szemefehérje idegesen villant. – Kísértet jár az üres boltban, úrfi. Samu úr jár ott, minden éccaka. Én tudom.

Emánuel érezte a térdeit remegni.

– Bolond vagy, Piluc – mondta rekedten, és közelebb lépett. – Nemsokára tele lesz a bolt megint, s több lesz benne a holmi, mint valaha. S te leszel a boltos!

A cigány szinte ijedten rázta meg a fejét.

– Én nem, úrfi, nem én!

Emánuel rátette kezét a cigány vállára, és megrázta szelíden.

– De Piluc, mi esett beléd?

A cigány úgy szökött félre, mintha tűz érte volna.

– Ne nyúljon hozzám! – sikkantotta. – Nem lássa a kezit? – S a szemében rémület tükrözött.

Emánuel a kezére nézett.

– Mi van a kezemmel? – kérdezte döbbenten.

– Vér – suttogta szürke arccal a cigány, és fogai megkoccantak. – Samu úrnak igaza volt! Átok van az úrfin! S a kezén emberek vére...!

A pofon nagyot csattant az üres piac csöndjében. A cigány megtántorodott tőle, s a falnak esett.

– Szégyelld magad! – rikácsolta Emánuel, minden tagjában reszketve. – Ostoba, babonás cigány! Takarodj! Takarodj!

Az indulat vak dühvel csapott föl belőle, mintha minden rettegése belemenekült volna a szavaiba, összeszorított ökleibe, rúgásaiba. A cigány meggörnyedt a rázúduló ütlegek alatt, majd két karjával eltakarva a fejét futni kezdett a fal mentén, apró, nyöszörgő szűköléssel. A kapunál beugrott az udvarra, s rohant, mint akinek eszét vették, föl a kerteken, át a patakon, neki a hegynek.

Emánuel pedig vadul dobogó szívvel, egész testében reszketve, mint a lázas beteg, betántorgott a kifosztott, hideg, penészszagú boltba, rávetette magát a mocskos pultra, s kitört belőle a zokogás. Az üres bolt hidegen nyelte el a hangot, akár a sír.

Azon az éjszakán haldoklóhoz hívták a papot. Pattanás jött érette, lámpással, a szeles, hideg, őszvégi éjszakán. Az égen súlyos, zord felhők rohantak tova, s a sápadt hold ijedten bujkált közöttük, mint aki kísértettől fél.

Az álmukból fölvert katonák bután pislogtak, amíg nagy nehezen megértették, hogy mit akar a sírásó. Aztán morogva legyintettek. Menjen a pap, azért tartják. Ők nem bolondok, hogy otthagyják a meleg szobát, amért valami buta kulák meg akar halni. Láttak ők már haldoklót eleget.

Így aztán a pap magára húzta a csizmát, bekecset, s egymaga indult neki Pattanás mellett az éjszakának. Fütyölt az északi szél a kerítés vesszeje között, s a falu fekete volt és néma, mint a vakok bánata.

– Kicsoda? – kérdezte meg a pap, amikor kiléptek a kapun. – Úrvacsorabor nem kellett volna?

– Megleszünk anélkül is – morogta a sírásó –, s lassabban lépjünk, mert ejszen kifullad a tisztelendő úr, mire felérünk a hegyre.

– Tán nem Dominik? – hökkent meg a pap.

– Oda megyünk – hagyta helyben Pattanás.

– Ejnye – sajnálkozott az öreg lelkész –, s én már azt hittem, hogy túl van a nehezén...

– Ő túl – morogta jelentősen a sírásó, s aztán csak mentek, ballagtak a kis lóbálódzó olajlámpás sárga fénye mellett, át a néma falun, neki a hegynek. Szó nélkül, szuszogva, nehéz csizmákkal taposva a szortyogó sarat.

168

Fent az erdőszélen a csőszház sötét volt. Óriáskarmokkal tépte a szél az erdő bozótját, zúgott, nyögött a hegy. A felhők árnyéka úgy úszott tova a legelő fölött, mintha óriási gyásztutajokat terelt volna a szél. Aztán Libuc, a kopó, ugatni kezdett, s valaki megmozdult a ház előtt.

– Tik vagytok? – kérdezte egy dörmögő hang.

– Münk – felelte a sírásó szuszogva.

A hold éppen akkor bújt elő két felhő között, s egy pillanatra megvilágította a várakozót. Máté volt, a sánta.

– Gyüjjenek be! – mondta – Látom, a katonákat otthon hagyták.

Bent a házban a kemenceajtó zárva volt, s a füstszagú sötétségben alig lehetett valamit is látni. Dominik ott feküdt mozdulatlanul a szalmazsákon, álláig felhúzva a pokróc. Úgy feküdt ott, mint aki már nem is él. Lidi néne siránkozva guggolt mellette a padlón, fojtott panasza megtöltötte a házat.

– Jaj, jaj, jaj... jaj, Istenem, de elhagytál, jaj...

A pap közelebb botorkált a sötétben.

– Az Úristen békessége és megbocsájtó kegyelme legyen teveled, Dominik – suttogta megilletődve.

Pattanás letette a lámpást a padlóra, Sánta Máté meg behúzta maga mögött az ajtót.

– Katona nincsen – mondta hangosan.

Ebben a szempillantásban Lidi néne abbahagyta a siránkozást, Dominik meg ledobta magáról a pokrócot, és felült, akárha rugón járt volna.

– Akkor jó – mondta –, nyissátok ki a kemence ajtaját, hogy lássunk, s te, Lidi lelkem, húzd ide azt a széket a tiszteletes úrnak!

Az öreg pap hebegni kezdett.

– Hát... hogy... mi...? – majd hirtelen harag fogta el. – Nem restellik kísérteni az Urat? – dörgött föl a hangja. – Ide bolondítani engem az Úr nevével éjnek idején?

– Tessék csak leülni tiszteletes úr – mondta Dominik, csitítólag. – Nem piszlicsár dologban járunk ám. Nagy ügyről van itt szó. Tessék csak leülni!

Valaki kinyitotta a kemence ajtaját, s a szoba hirtelen megtelt villódzó rőt fénnyel a bent izzó parázstól. Valaki egy marék rőzsét dobott a parázsra, s a felpattanó, sárga láng megvilágította csontos, kemény arcát. Pálók volt, a vén szénégető. Körül, a fal mellett alakok guggoltak, némán. Szénégetők mind. S a padon a vak leány.

– Mink törvényt tettünk, tiszteletes úr – mondta Dominik halkan, komolyan ott a szalmazsákon –, s úgy végeztünk, hogy a katonákat kiirtjuk mind egy szálig. De míg ezt megtehetjük, magát el kell szöktessük onnan, mert őrizetben van, úgy hallottuk, s még tán el is hurcolhatják, ha úgy jön kedvük. Ma éccaka ez a pár ember lemegyen magával, s az őröknek gondját viseli ott a paplakon. Reméltük, hogy egy elkíséri ide, mert puskára s töltésre szükségünk lenne. De jól lesz így is. Aztán fölszedik a tiszteletes asszonyt is, batyuba kötik, amire éppen szükség van, s fölmennek a hegyre, a pásztorokhoz. Azok majd elrejtik, ügyesen. Öreg Lukács, lám, le is küldé Rozit, hogy elvezesse, ahova kell.

A pap csak ült a széken, s hallgatott.

– Hát ejszen akár fordulhatnak is – vélte Dominik –, sajnáljuk, hogy ide fárasztottuk, de reméltük, hogy küldenek azok a restek bár egy szál katonát. Így akár elkezdhettük volna mindjárt odalent. Ha nem is én magam, mert én még nyomorék vagyok, súly essen belé, de ezek itt. Mert hát úgy áll a helyzet, tiszteletes úr, hogy a szénégetők hadat üzentek a muszkának, s ahogy tőlem telik, velök vagyok én is!

A pap ült lehorgasztott fővel, s hallgatott. Aztán lassan megrázta a fejét.

– Én nem szökhetem, Dominik. Én nem. De szép maguktól, hogy gondoltak reám, áldja meg az Isten érte.

– Mért nem? – hökkent meg Dominik, s az emberek is felmordultak hátul a fal mellett. A vak leány is megrándult, és kiegyenesedett a padon, mint aki élesen akar figyelni minden szóra.

– Mert a feleségem beteg – mondta a pap csöndesen. – Tüdő-gyulladása van. Nem mozdíthatom az ágyból, belepusztulna.

Mély csönd volt a szavai után. Valaki sóhajtott.

– Ez bizony baj – nyögte Dominik –, nagy baj, tiszteletes úr. Mink ezzel nem számoltunk.

– Isten kezében vagyunk mindannyian, Dominik – sóhajtotta a pap.

Ekkor szólalt meg a leány ott a kemence mellett. Hangja tiszta volt, és éles, szinte hasította a csöndet.

– Te Isten emberének mondod magad ugye, pap?

– Az Urat szolgálom, leány – bólintott az öregember, csodálkozva –, ahogy tudom. Mért kérded ezt?

– S ha asszonyod nem lenne beteg, hallgatnál a szénégetőkre? – folytatta a kérdezést a vak, mintha a pap szavait nem is hallotta volna.

A pap megerőltette a szemeit, úgy nézett a hang irányába.

– Nem emlékszem az arcodra leány. Honnan vagy?

– A hegyről – felelte a leány –, de arra felelj, amit kérdeztem! Azokkal tartanál, akik erőszakot akarnak erőszakkal legyőzni?

A pap sóhajtott.

– Emberek vagyunk, leány.

A leány hangja türelmetlenül csattant föl a sötétben.

– Hát nem Isten gyermeke az ember? S nem az volna-e a dolga itt a földön, hogy úgy éljen, s cselekedjék, ahogy Isten cselekszik? Avagy nem tudod, hogy Ő nem cselekszik bosszút meg haragot, csupán jóságot és igaz meg szép dolgokat? Pap vagy, s nem tudod ezt? Harag haragot terem, erőszak erőszakot, s ha mindig csak Isten az egyedüli, ki jóval fizet a rosszért, az emberek világában nem lesz békesség soha!

Csönd volt a szavai után, csak a tűz sercegett, s fehér szikrák pattantak a lángoló rőzséből.

– Hol tanultad ezt? – kérdezte a pap.

A leány halkan felsóhajtott a padon.

– A Szent Embertől, akit ti remetének mondtatok – felelte csöndesen, kissé szomorúan –, bocsáss meg, ha többet mondtam, mint kellett volna. Nem akartalak megbántani.

A pap megcsóválta a fejét.

– Tudom már ki vagy. Te vagy a vak leány. Meg se kereszteltek, s Istenről beszélsz.

– Az Ő leánya vagyok – felelte halkan a vak. – A Szent Ember mondta.

Csönd szakadt a házra megint.

– S ha hordágyat vinnénk a tiszteletes asszonyért? – kérdezte valaki a fal mellől tétován. A pap sóhajtott.

– Köszönöm, emberek – mondta, s a hangja elcsuklott –, köszönöm a jószándékot, nem is tudják, milyen jól esik, hogy gondoltak velem, esett vénemberrel. De talán az én Uram, akinek szolgája vagyok, éppen azért sújtott le asszonyomra ezzel a betegséggel, hogy hűséges szolgává tegyen általa. Ki ismeri az Úrnak útjait? Ha arra gondolok, hogy az Úr Jézus hányszor kiszabadíthatta volna magát kínzóinak kezéből... ki vagyok én, hogy többet akarjak ettől az élettől a magam számára, mint ami őneki jutott?

– Ne töltsük az időt, emberek! – szólalt meg mély, dörmögő hangon öreg Pálók, a szénégető, és megmozdult ott hátul. – Isten, ha van is, aligha tudja a mink bajainkat. De reád, Dominik, számítunk, ahogy megbeszéltük vót!

Mások is megmozdultak. Súlyos léptek döngtek a deszkapadlón.

– Reám számíthattok – morogta Dominik a szalmazsákon, aztán megnyílt az ajtó, s az éjszaka fekete négyszögében egyenként tűntek el a szénégetők, öreg Pálókkal az élükön. A nyitott ajtón besüvöltött a szél, és megkavarta a kemence tüzét. Aztán a legutolsó betette maga mögött az ajtót megint, s a szél már csak fent búgott tovább, a padlás eresztékei között.

Hosszú ideig csak Lidi néne sóhajtgatása hallatszott, meg a tűz, meg a szél, más semmi. Aztán Pattanás, a sírásó mondta keserűen:

– Csak húsz évvel lennék fiatalabb, öcsém, húsz évvel... De így? Mit tehet az ember ha öreg? Ássa a sírokat. Ennyit.

Aztán újra csönd volt, sokáig.

– Mért haragszol a Szent Emberre? – kérdezte hirtelen a leány halkan a padról.

A pap megrázkódott, mint aki álomból ébred.

– Ne mondd azt, hogy „szent"! – mordult föl rendreutasítóan. – Mondd azt, hogy remete! Akkor tudom, hogy kiről beszélsz.

A leány halkan fölnevetett.

– Hát jó, ha ezt akarod. De mért haragszol reá?

A pap megrázta a fejét bosszúsan.

– Nem haragszom. Mért haragudnék? Nyomorult koldus volt, fent egy barlangban, s meghalt. Mért haragudnék reá?

– Mégis haragszol – mondta csöndesen a leány –, nem hallod a saját hangodat?

– Te ezt nem érted –mordult föl a pap türelmetlenül –, hogyan is értenéd? Én hosszú évekig tanultam Istenről. Sok-sok könyvet megtanultam, mindent, ami a könyvekben volt. Mindent, amit meg lehetett tanulni Róla. Vizsgakérdésekre feleltem. S azután is, ami csak volt, mindent megtanultam. S akkor egy koldus, aki még írni-olvasni se tud, azt meri mondani, hogy többet tud Istenről mint én!

– Nem mondott igazat? – kérdezte csodálkozva a leány.

– Hogyan tudhatott volna többet, mint én! – csattant fel az öreg pap ingerülten. – Én, aki minden könyvet, amit csak lehetett...

– Gondoltál arra, hogy Isten talán nem volt ott a könyvekben? – szakította félbe a vak. – Csupán az volt ott, amit az emberek leírtak?

A pap egy pillanatig döbbenve hallgatott. Aztán megrándult, és fölállt a székről.

– Nem tudod, mit beszélsz, leány! Lehet, hogy én keveset tudok Istenről, ez meglehet. De aki írni-olvasni se tudott, hogyan tudhatott volna többet, mint én?

– Talán a szívével tudta – felelte a leány halkan –, talán ott lelte meg Istent, nem a könyvekben. Gondoltál erre, pap? Hogy Isten a szívekben van, nem a könyvekben?

A rőzsetűz már nem világított. Csak a parázs izzott a nyitott kemenceajtó mögött, s rőt fénye alig szűrte át a szoba homályát.

– Az Úr kegyelme legyen teveled, Dominik – mondta a pap –, s ha valamire szükséged van, üzenj. Én most visszatérek oda, ahova az Úr rendelt.

Azzal megindult az ajtó felé.

– Kísérjem le a tiszteletes urat? – kérdezte Pattanás.

– Letalálok magamtól is – felelte a pap, s tapogatódzó keze meglelte a kilincset, és lenyomta. – Isten áldjon meg!

– Isten, Isten... – morogta Dominik, meg a sírásó, s aztán az öreg pap már ki is lépett az éjszakába, s az ajtó becsukódott mögötte.

Sokáig nem szólt senki, csak ültek s hallgattak. Aztán a vak leány szólalt meg újra. Hangja halk volt, fojtott és szomorú.

– Istent keresi, s eltévedt közben. Mert maga akarta kijelölni az utat, ahol keresni kell. A halál már ott jár a nyomában. Katonákat látok, kik botokkal verik, messzire innen. Dolgoztatják. Éhes. Jaj, sok rosszat látok jönni Dominik bácsi... nagy tüzet és sok halált... sok halált...

– Hallgass leány – mordult föl Dominik a szalmazsákon –, ha nem tudsz jót mondani, legalább hallgass!

– Nem tudok jót mondani – felelte a vak, és fölállt –, megyek vissza a hegyre, Dominik bácsi.

– Éjszaka van – mondta Dominik –, várj reggelig, leány!

– Ne tartóztasd, ha menni akar – szólalt meg Lidi néne, morcosan –, hadd menjen, legalább nem beszél annyit!

A vak leány fölnevetett, és megindult az ajtó felé.

– Bolondot beszélsz, Dominik bácsi. Énnekem mindig reggel van, nem tudod ezt? Ez az, amit ti úgy mondtok, hogy vak! – Azzal már nyitotta is az ajtót. – Adjon Isten békességet ennek a háznak – szólt vissza halkan –, de a békesség az emberekből kell jöjjön. – Aztán mintha csak a szél kapta volna el ott a nyitott ajtóban, már el is tűnt. Csak az éjszaka maradt mögötte, s a becsukódó ajtó.

Sokáig ültek ott a nyitott kemenceajtó körül, Lidi néne, Dominik s a sírásó, és a sötétség lassan egyre súlyosabban nehezedett reájok. Aztán a sírásó szólalt meg elsőnek:

– Furcsán mondta volt. Hallottad-e, Dominik? Hogy őneki mindig reggel van. Én azt hittem, hogy annak, aki vak, éjszaka van mindig.

– Vakon született – mordult föl Lidi néne –, azt se tudja, mi az egyik, mi a másik.

174

– Nem hát – mondta Dominik is, és sóhajtott –, de jó leány szegény, amért kicsit bolond...

– Mégis furcsa – csóválta a fejét a sírásó elgondolkodva –, mert ha valakinek mindegy, hogy nappalnak nevezi-e, vagy éjszakának, s mégis nappalnak mondja, az valahogy mégiscsak furcsa, nem...?

12

A KATONÁK fiatal káplárjára úgy súlyosodott a gond és az aggodalom, hogy legszívesebben hazaszaladt volna az anyja köténye mögé. Nem mintha attól félt volna, hogy a rabok lemészárlása miatt baja lesz, az ilyesmit könnyű volt elsimítani azzal, hogy lázadást vertek le. A gond a bánya miatt volt. Már második napja szünetelt az üzem, s a káplár tudta, hogy az ilyesmiben nem értik a tréfát ott, ahonnan a parancsok jönnek. A termelés csökkenése vagy éppen szünetelése olyan bűn, ami miatt már sok ember nyakába húztak kötelet. Tehát munkásokat kellett szerezni a föld alól is, mégpedig sokat, hogy a mulasztást pótolni lehessen.

Emiatt a káplár először is Emánuelt verte föl az irodán keserves átkozódásokkal, s a boltos fia nyomban szétküldte a karszalagosokat Boldizsárral az élükön, hogy tereljenek föl minden épkézláb embert a bányába. De így is csak huszonhat férfit tudtak összeszedni a faluból s egy rakás veszekedő asszonyt, s ezeknek is nagy része cseléd volt azelőtt, akiknek mentességet ígért volt az új törvény. A gazdák nagy része, Isten tudja, hol bujkált, nem lehetett megtalálni őket. Így aztán a káplár maga mellé rendelt hat katonát, s elindult velük föl a hegyre, embert vadászni.

Alig értek föl a legelő közepire, ázott rőzse fekete füstje emelkedett föl az erdőszéli csőszház mögül. A katonák nem törődtek vele, tudták, hogy ott csak egy beteg vénember van, más senki. A füst pedig emelkedett sötéten, feketén, a csillogóan hideg, szél sikálta őszvégi ég felé, s mikor a katonák fölértek a Szénégetők Északasába, csak üres kunyhókat találtak s füstölgő kemencéket, mást semmit. De nem volt több szerencséjük a pásztorok szétszórt szállásain sem. Ott is csak néhány ugatós kuvaszt leltek, meg bután bámészkodó juhokat a dércsípte legelőkön. Embernek nyoma se volt, sehol.

A katonák haragjukban szétdobálták s szétrugdosták az esztenák polcain talált sajtokat, majd összetereltek néhány tucat kövér, meddő juhot, s emberek helyett azokat hajtották le maguk előtt a faluba. Néhányat mindjárt le is öltek a Peles-ház hátsó udvarán berbécstokánynak, s a káplár ráparancsolt a bányaőrökre, hogy dolgoztatni kell a rabokat éjszaka is. S mikor közel éjfél előtt azzal dobbant be Boldizsár az őrszobába, hogy az emberek dőlnek ki egymás után, s mozogni se tudnak már, a káplár hidegen ránézett, s azt mondta:

– Akkor maga s a többi karszalagos naplopó vegye át tőlük a csákányt!

Boldizsár ettől megvadult, s leszaladt Emánuelhez a községházára panaszra, ágyából verve föl a boltos fiát. Ott is fogták el az utána küldött katonák az ágy mellett.

– Hát ha ez a vörös rongy, amit elvtárs úrfi a karunkra adott, csak ennyit ér – üvöltötte tajtékozva a falu verekedője –, akkor itt van, törülje ki a micsodáját vele!

Azzal letépve magáról a karhatalom jelét, odavágta az ijedten és álmosan pislogó elöljáró arcába. A katonák úgy piszkálták ki szurony hegyivel a szobából, Emánuel pedig egész éjszaka fogvacogva hánykolódott az ágyon, s álom nem jött a szemére többet.

Kora hajnalban újra végigdúlták a katonák a falut, s még öszszeszedtek hat embert és tizenöt asszonyt. Az asszonyok kezét össze kellett kössék, olyan dühösek voltak. Még így is köpködtek a katonákra, és szidták őket, ahogy a szájukon kifért. Boldizsár akkor már alig tudott mozogni a bányában, de dühében még mindig csákányozta a sziklakövet. Délben aztán már csak ült, eltorzult arccal, véreres szemekkel, és bámult maga elé. A katonák nem törődtek vele. Ebédosztásra se ment ki, csak ült ott, morcosan, mint a lőtt medve.

Mikor a többiek újra dologba kezdtek, az egyik őr megbökdöste a bakancsa orrával. Ettől aztán megmozdult Boldizsár.

177

Fölállt, tántorogva előrelépett, s hosszú majomkarjait meglendítve elkapta velük az őrkatona nyakát.

– Ide hozzám! – hörögte a többieknek. – Nem azért csináltunk forradalmat, hogy mink legyünk a rabok, azt a keservit ennek a világnak!

A hajdani karszalagosokból hárman oda is ugrottak segíteni, s a egyik, akinek Jóska volt a neve, s azelőtt disznókat őrizett, bele is ütötte a csákányát hátulról a katonába. De a többi csak állt, s bámult riadtan. S amikor a katona véres fejjel elbukott, gyorsan továbbmentek, hogy ne is lássák, s szaporán dolgozni kezdtek.

Boldizsár felkapta a halott katona mellől a puskát, s letépte derékszíjáról a tölténytáskát.

– Gyertek! – hördült oda vadul a másik háromnak. – Aki fél, az túrja csak a követ, arra való! A többi velem jön!

A másik őrkatonát meglepte a támadás odakint az udvaron, s mire lekapta válláról a puskát, már Boldizsár golyója mellbe is ütötte. Valaki kitépte kezéből a puskát. A lövésre megmozdult lent a Peles-ház, ajtók csapódtak, katonák kiabáltak. De mire az őrség felrohant, Boldizsár és három társa már ott kapaszkodtak föl a meredek sziklaoldalon, az erdő felé. Mikor az első golyó belecsapott mellettük a kőbe, lehasaltak a vízmosásokba, s Boldizsár meg a másik lődözni kezdtek lefele.

– Spórolj a töltéssel, hé – mordult oda Boldizsár a társának –, csak addig tartsuk odalent őket, míg elérjük az erdőt. Egyikünk lő, a többi meg fut.

Úgy is csinálták. Fedezék mögé kellett bújjanak a katonák is, s már-már úgy látszott, megmentődnek mind a szökevények, amikor Jóska hirtelen feljajdult, s lemaradt a futók mögött.

– Jaj a lábam! Ne hagyjatok itt! – visította. – Elvitte a térdemet a golyó!

De senki se törődött vele. Már csak egy szökkenésnyire volt az erdőszéle, s a menekülők pillanat alatt ott voltak, s aztán elnyelte őket a sűrű ciher.

– Ne hagyjatok itt! Ne hagyjatok itt! – nyöszörögte kétségbeesetten a disznópásztor, de csak a katonák golyói süvítettek fölötte, s záporozták a borzolt cserjést, az erdőből nem lőtt visz-sza senki.

A káplár előhozatott egy géppuskát, s annak a fedezete alatt két ember fölment a hegyoldalba, s lehozta a sebesültet. Térdét zúzta szét a golyó. A katonák előbb bekötözték a sebet, hogy el ne vérezzen, aztán agyba-főbe verték a legényt. Majd a káplár kihallgatott mindenkit a két katona halálával kapcsolatban, s írásba tette a vallomásokat. Aztán megkettőzte a bánya őrzését, s parancsot adott a katonáknak, hogy a legkisebb gyanús jelre lőjenek le mindenkit.

A nap már lenyugvóban volt ekkor, s a levegő hirtelen le-hűlt. Lilák voltak a hegyek árnyékai, s a kihunyó hideg fényben, túl a Keleti-hágónál megjelent a hazatérő öszvérek sora. Nyolc öszvér terűt hozott. A kilencediken ott ült Terézia, sötétkék vá-rosi kabátjában, piros cseresznyékkel díszített hetyke kis kalap-pal a fején, s az öszvér mellett a kapitány lépdelt, fiatalon, rugal-masan, mosollyal az arcán.

Mire a menet leért a piacra, már szürkület volt. A községhá-za előtt ott állt a káplár, feszes vigyázzállásban. A kapitány le-emelte Teréziát a nyeregből, s úgy vitte be ölben a községhá-zára.

– Küldd ide a szakaszvezetőt! – szólt oda a feszes-sápadtan álló káplárnak, amikor elhaladt mellette.

Az öszvéreket vezető katonák vigyorogtak. A káplár felnyö-gött, katonásan sarkon fordult, s döngő nagy léptekkel sietett a kapitány után. Az már bent volt a folyosón, az emeleti lépcső alatt, amikor meghallotta háta mögött a lépteket. Bosszúsan for-dult meg, karjaiban Teréziával.

– Mit akarsz? – mordult rá a káplárra. – Nem hallottad, mit mondtam?

A káplár összecsapta a bokáit, s megállt feszesen mint a cövek.

– Kapitány elvtárs, jelentem, a lázadást levertük. A mi olda-lunkon három halott. Egyik a szakaszvezető elvtárs. A rendet helyre állítottuk. Várjuk a további parancsot.

Terézia lassan lecsúszott a kapitány meglankadt karjaiból, s cipőjének magas sarka élesen koppant a folyosó kövén.

– Mi van, Eugén? – kérdezte sértett duzzogással a hangjában. – Mit akar ez az ember éppen most?

De a kapitány nem is hallotta. Arca sárga volt, mint a viasz.

– Gyere az irodába, s mondj el mindent – szólt oda vértelen szájjal a káplárnak, s azzal otthagyta Teréziát a lépcső alatt, mintha nem is létezett volna.

13

A KAPITÁNY idegesen járt fel-alá az irodában, az ajtótól az ablakig s vissza.

– A foglyot felakasztjuk, a papot átadjuk a központnak, mint fölbujtót. Ezzel a lázadás ügyét még elintézzük valahogy. De mi lesz a bányával? Parancs szerint a termelést a kétszeresére kell emeljük. Hol vannak az emberek?

– Honnan tudjam – nyöszörögte Emánuel sápadtan, beleroskadva a Bíró nagy irodaszékébe –, honnan tudjam én? A kapitány megállt előtte. A hangja hideg volt és kemény.

– Magát azért küldték ide, hogy mindent előkészítsen. Megszervezze a népet, és gondoskodjék munkásokról. Igaz vagy nem? Emánuel kétségbeesetten emelte föl a kezeit.

– De hát én... én megtettem mindent, amit tudtam! Én azt hittem...

– Hogy mit hitt, az a papokat érdekli legfeljebb, mást nem – mordult rá gorombán a kapitány –, az ön feladata az volt, hogy propagandával rávegye a népet a békés együttműködésre. Nekünk munkásokra van szükségünk, nem menekülőkre és lázadókra!

– Nem értem ezt a népet – nyögte Emánuel –, nem értem!

– A tudatlanság magyarázat, de nem mentség – mondta a kapitány kegyetlenül –, az ön feladata, hogy ember legyen a bányában! Hogy honnan kaparja elő őket, azzal én nem törődöm! Menjen föl utánuk a hegyekbe, mit bánom én! De ha a termelés nem halad úgy, ahogy a parancs szól, önt teszem felelőssé, ezt vegye tudomásul! Engem nem fognak Szibériába küldeni a maga ostobasága miatt!

181

Egy katona nyitott be az ajtón.

– Mi akarsz? – ordított rá a kapitány.

– A holmi – dadogott a megszeppent legény –, amit hoztunk, ki veszi át? Nincs senki a boltban.

A kapitány ökle úgy csapott le az asztalra, hogy táncolni kezdtek a rajta levő holmik.

– Hát már ez is az én gondom legyen? Mi? Minek ül ön itt? – ordított rá Emánuelre vörösen. – Még annyit sem tud csinálni, hogy boltosról gondoskodjék? Takarodjék a boltba maga! Odavaló úgyis! Menjen, csináljon már valamit, ember! Oh, hogy az ördögök császárja húzza le a bőrét minden málészájú eszmekukacnak, kik egyebet sem tudnak, mint ideológiát gagyogni, hogy pusztultak volna mind oda születésük napján a bába vedrébe...

A sóbálványként álló katona mögött ebben a pillanatban Terézia jelent meg az ajtóban. Arca dúlt volt és ijedt.

– Eugén...

– Mit akarsz már te is? – ordított rá a kapitány. – Menj föl a szobádba, s hagyj nekem békét! Nem látod, hogy dolgom van?

– Apu...! – lihegte a leány zokogással küszködve. – Jaj Eugén, Apu...

A kapitány hirtelen megtorpant, s pattintott az ujjával.

– Ez az – mondta Emánuelhez fordulva –, itt a megoldás. Az öregurat visszaültetjük a hivatalba. Reá hallgatnak az emberek. Hol van apád? – fordult Terézia felé, s már indult is az ajtónak. – Beszélni akarok vele!

A leány nem mozdult. Kezével az ajtófélfába fogódzott, s szemét ellepték a könnyek.

– Apu elment, Eugén, elhagyott engem örökre...

Aztán csak zokogott. Kicsi Ágnes ott állt mögötte, kívül az ajtón, s gyöngéden veregette a hátát.

– Na, drága lelkecském, na... na csillapuljon, na...

A kapitány éles mozdulattal fordult Emánuel felé, aki mögötte állt.

– Hol van az öreg?

A fiatalember tehetetlenül kulcsolta össze a kezeit.

– Én nem tudom... csak elment... már két napja... nekem nem
szólt semmit...

A kapitányból dühösen szakadt föl az ordítás. Nem is emberi
volt már a hangja.

– Nem tudja?! Mi?! Maga vállalt felelősséget érte! Maga kér-
te, hogy ne őriztessem katonákkal! Menjen, és hozza ide nekem!
Mit bánom honnan! Menjen! Takarodjék! Hadbíróság elé állí-
tom! Főbe lövetem! Megölöm! Menjen már, és teremtse elő a föld
alól is, hitvány, semmirevaló boltoslegény, maga! – Belerúgott
az irodaszékbe, földhöz vágta a tintatartót, s úgy bömbölt, hogy
Kicsi Ágnes ijedten húzta el az ajtóból a reszkető Teréziát, a ka-
tona meg legszívesebben bebújt volna egy egérlyukba.

– Mars! Takarodjatok! Mind! – üvöltötte tajtékzó szájjal a ka-
pitány. – Vagy rend lesz itt, vagy agyonlövök mindenkit! Mars ki!

Emánuel megpróbált elosonni a dühöngő mellett, de az el-
kapta vállán a kabátot, megrázta, s nekidobta az ajtónak.

– Disznó! Kiverem a fejedből a buta ideológiát, ha nem enge-
delmeskedsz ezentúl, te apáca-forradalmár, te! Szép lélek! Piha!
– S még köpött is egyet az arcába.

Emánuel sápadt volt, és reszketett. De azért kihúzta magát
elszántan, amennyire tudta, ott az ajtóban.

– Kapitány elvtárs, megfeledkezik magáról – mondta vacogó
fogakkal, de éles hangon –, s én a tisztségemről ezennel lemon-
dok. Ha katonák uralkodnak itt, akkor viseljék ők a felelősséget!

Azzal sarkonfordult, s kitakarodott, amilyen gyorsan csak tu-
dott. Az íróasztal súlyos réz levélnyomtatója, amit a dühösen fel-
ordító kapitány utána dobott, még így is csak hajszálon múlott,
hogy el nem vitte a fejét.

Később, mikor a kapitány kifáradva és valamennyire lecsilla-
pulva feldübörgött az emeletre, a Terézia ajtaja zárva volt.

– Nyisd ki! – verte meg a kapitány ököllel az ajtót. Bentről
halk pusmogás hallatszott és leánysírás.

– Nyisd ki! – ordította a kapitány, és megrúgta az ajtót, hogy
a döngés csak úgy visszhangzott a néma házban.

Kulcs csikordult a zárban, s Kicsi Ágnes tárta ki az ajtót.

– Eredj innen, mamuska! – mordult rá a kapitány.

– Nem! Nem! – sikoltozta Terézia az ágyon. – Nem akarom, hogy bejöjjön, nem akarom!

– Drága kisasszonykám, hiszen a hites ura! – próbálta Kicsi Ágnes lecsöndesíteni, de Terézia tovább sikoltozott, hisztérikus zokogó görcsben.

– Hol van Apu? Jaj, mit tettek Apuval! Menjen ki ez az ember, látni sem akarom! Jaj, megölték Aput!

– Eridj! – mordult a kapitány Kicsi Ágnesre, s kituszkolta a szobából. Aztán kulcsra zárta belülről az ajtót.

A kapitány azon az éjszakán verte meg először a feleségét. Derékszíjával verte, s a csattanásokat és Terézia sikoltozásait hallani lehetett messzire. Mikor belefáradt, kijött a szobából, s otthagyta a síró asszonyt az ágyon. Átment az ebédlőbe, megkereste a pálinkás üveget, s kiitta mind egy cseppig. Amikor visszatért, részeg volt egészen, s úgy rontott rá, mint egy megvadult hímállat, ki idegen törzsből rabolt nőstényt magának.

14

EMÁNUEL azon az éjszakán ott aludt a bolt mögötti lakásban. Először volt ott, mióta a szülei elmentek. Már magának a szenynyes, takarítatlan boltnak is gyász-szaga volt, s míg Emánuel behordta az öszvérek hátáról a terűt, valahányszor átlépte a kopott küszöböt, mindig úgy érezte, mintha az apja ott állana valahol az üres polcok mögött, s mozdulatait lesné.

A katonák magára hagyták. Segítség nélkül kellett behordja a holmit, leszedje az öszvérek hátáról a fanyerget, beterelje az állatokat az istállóba, megitassa, megetesse őket, s mire végzett mindezzel, már megcsípősödött az éjszaka.

Kezébe vette az istállóbeli olajlámpást, és belépett a lakásba. Az ajtó halkan nyikordult, s a sötétségnek hideg, halott szaga volt odabent. A padlón papírhulladék, szemét. Az öreg asztal, mely mellett annyiszor ültek együtt, félretolva állott, üresen és gazdátlanul, fiókja félig kihúzva. A nyitott szekrényben ruhadarabok csüngtek, a padlón egy felborult virágváza szomorkodott, porcelánból készült zöldtollú madár, gyermekkorából emlékezett reá. Ahogy ott állt, kezében a lámpással, a torka összeszorult. Mintha sírba lépett volna, melybe már betették a holtakat, csak elfeledték lefödelni.

Nem bírta tovább. Kiment, s halkan, ügyelve tette be maga mögött a rozoga ajtót, mintha csak attól félt volna, hogy a zajra valaki fölébred. Hátrament a régi szobájába. Ott még minden úgy volt, ahogy utoljára kilépett belőle. Mintha senki se mert volna hozzányúlni semmihez, akárha pestis ragadta volna el a lakóját. Még az ágy is vetetlen volt. Úgy éppen, ahogy annak idején otthagyta. Egy évvel ezelőtt? Vagy csak egy hete? Már nem is tudta fölmérni az időt. Minden összefolyt benne, mint szélverte homoksivatagban a nyomok.

Fáradtan tette le a lámpást az asztalra. A megerőltető, szokatlan munkától minden csontja sajgott. De az igazi fáradtság nem a testében volt, hanem valahol sokkal mélyebben bent. Ruhástól dőlt végig a nyirkos, penészszagú ágyon. Sírni szeretett volna. Megsiratni valamit, ami szép volt, amit hosszú esztendőkig ott hordozott magában, naponta színezve rajta valamit, készítgetve mint egy drága álom ígéretét. De ami valahogy menthetetlenül elromlott, és darabokra tört a valóság első durva érintésétől. Jó lett volna megsiratni mindezt, ott az üres, temetővé vált régi otthonban. Ezt és a két ártatlan öreget, a maguk becsületes, jó szívével, maradiságával, makacs elveikkel, biztonságot nyújtó szigorával. De nem voltak könnyei. Csak fájdalma volt, tompa, sajgó, csüggedt fájdalma, más semmi.

Rosszul aludt. Álmok gyötörték. Többször felriadt, s hangokat hallott a házban. Ilyenkor kilesett, de az éjszaka néma volt és nyirkosan hideg. Már szinte hajnalodott, mikor a fáradtság kábulata végleg elnyomta.

A nap már fönt volt az égen, amikor fölébredt. Minden csontja fájt, s szájában keserű ízek gyűltek össze. Az itatóvályúban megmosta az arcát. A hideg, dérszagú víz jót tett. Ellátta az ökszvéreket, s kilesett a boltajtó felé, de üres volt az utca. Nem volt, aki a boltba jöjjön, a bánya elnyelte a falut.

Falt valamit, aztán elindult. Nem a piacon át, félt a községháza ablakaitól. Hátul, a kertek alatt osont el a Libatóig, s onnan fel a legelőnek, amerre a Dominik háza volt.

Az öreg csősz ott ült a tornácon pipázva, amikor fölért hozzá.

– Hol a Bíró úr, Dominik bácsi? – esett neki a kérdéssel Emánuel, lihegve.

Dominik ki se vette szájából a pipát, csak nézett reá, hidegen, közömbösen.

– Le kell jöjjön, hogy átvegye a hivatalát megint! – tette hozzá a fiatalember.

Az öreg köpött egyet a pipa mellől, s bakancsával gondosan beledörzsölte a rozoga deszkapadlóba.

– Lidi lement a boltba – mondta közömbösen –, tán csak lesz, aki adjon a pénzünkért valamit.

Emánuel nyelt egyet.

– A bolt zárva van, sajnos – mondta –, én el kellett jöjjek a Bíró úrért.

– S azt a cigányt is elkergette már, ugye, akárcsak az apjaurát? – kérdezte Dominik, majd sóhajtott. – Ez hát a maga híres megváltása, úrfi. Katonás Krisztust hozott reánk, az biztos.

– Dominik bácsi, most nem érünk rá erről beszélni! Mindezt megmagyarázom majd máskor – kérlelte Emánuel –, azt mondja most meg, hol a Bíró úr?

Az öreg csősz nagyokat szipákolt a szortyogó pipából.

– A messzilátót, amit az úrfi adott volt, elvitték a katonák – mondta lassan, szinte egykedvűen –, elvitték a tölténytáskámat is, de ez nem a nagyobbik baj. A nagyobbik baj az, hogy el akarják vinni az életet is innét. S odalent a faluból már el is vitték. Most a hegy kerül sorra, ugye?

Emánuel közelebb lépett az öreghez. Összeszorított fogak közül mondta sziszegve:

– Most nem érünk rá erről beszélni, Dominik bácsi. Tudja-e, hogy hol van a Bíró úr?

– Tudom hát – bólintott Dominik

– Hol?

Erre már a vén csősz kivette szájából a pipát, s úgy nézett, borzolt hajjal, borzolt szakállal, mint akit nagyon megbántottak.

– Hát mit gondol az úrfi, ki vagyok én, hogy eláruljam volt gazdámat? Afféle rongy szemét, mint a maga karszalagosai? Sze ha darabokra vagdalnának, érti...

De Emánuel már nem várta meg a többit. Haragosan megfordult, s úgy szólt hátra a válla fölött.

– Hát megkeresem magam, ha úgy kell, bejárom miatta az egész hegyet!

– A katonáit is viszi? – kérdezte Dominik gúnyosan a tornácról, de erre már nem is felelt, csak ment elszánt léptekkel, neki az erdőnek.

A Szénégetők Északasán se volt szerencséje. Talált ott ugyan néhány embert, akik először visszahúzódtak a fák közé, amikor jönni látták, de aztán, amikor meggyőződtek, hogy csak magában van, előjöttek megint, mogorván és barátságtalanul, azonban hiába beszélt hozzájuk. Csak végezték a maguk dolgát a kemencék körül, s még csak a köszöntésére se feleltek. Mintha nem is lett volna.

– Buta parasztok – dühöngött a boltos fia –, nem csoda, ha minden nagy terv megbukik az ilyenekkel.

A Jábó-háznál még rosszabb fogadtatásra talált. Öreg Jábóné vasvillával kergette el onnan, s éktelen rikácsolása betöltötte a szűk völgykatlant.

– Elmenjen innen, nem sül ki a szeme! Megölette az én drága fiamat, hogy a férgek rágnák ki a máját darabonként! Nagy tolvaj volt, az igaz, vert is engem az átkozott, nem tagadom én! De azért a fiam volt mégis, hallja! S maga ölette meg!

Borzáékhoz s a Kehős-házba már el se mert menni. Így aztán a pásztorok szállásai felé tért, s egyenesen a macskahegyi tisztásnak tartott, ahol öreg Lukács szállását tudta. Meg is lelte az öreget. Ott javították Sánta Mátéval kettesben a karám oszlopait. Máté csak lesunyta a fejét, amikor meglátta jönni föl a tisztáson, s még hátat is fordított, úgy döngette a balta fokával a cölöpöt. De öreg Lukács fogadta a köszöntését, szelíden.

– Biza jó, hogy feljött az úrfi – mondta hátratolva fején a zsíros, fekete kalapot –, mert én aztán utáltam volna, mint a bűnömet, hogy bétegyem a lábamot abba a maga falujába, amit ilyen dicséretesen fölszabadítottak a tisztesség alól. A juhokkal azonban tenni kell valamit, mert maholnap itt a hó. Vagy a jószág kell lemenjen a szénához, vagy a széna kell feljöjjön a jószághoz. Hát maguk intézzék, ahogy akarják. Mink a mienket megtettük, s Szent Mihálykor a kötés lejár.

– Hol van a Bíró úr, Lukács bácsi? – kérdezte Emánuel.

Az öreg lenézett a földre, gondolkozott. Aztán végigsimította kezével hosszú fehér bajuszát, szakállát, s megkérdezte:

– Mit akar tőle, úrfi?

– Visszatesszük a hivatalába – felelte Emánuel kertelés nélkül.

A vén pásztor lassan megcsóválta a fejét.

– Dicséretes a szándék, úrfi! De kicsikét késő.

– Miért késő? – hökkent meg Emánuel.

Vén Lukács fölnézett erre, egyenesen a szemébe.

– Hát én megmondom magának, miért. Mert lássa, ha én fogom ezt a baltát, ni – azzal fölemelte hosszúnyelű baltáját, s rátéve kinyújtott tenyerére mutatta is, hogy mit akar mondani –, egy kis kínlódással egyensúlyba hozhatom, úgy, hogy megálljon a tenyeremen, s nem billen egyik felé sem. Mert úgy vagyon ez a balta csinálva, hogy egyensúlyozzék, érti? De ha levágok a nyeliből, vagy ketté töröm, akkor bizony sok időbe telik, amíg újra jól egyensúlyozott baltát csinálhatok belőle. Hát így vagyunk a világ rendjével is, látja. Sok-sok idő kellett, amíg törvény, tisztesség, s emberi jószándék egyensúlyba tudták hozni ezt a mi világunkat. Az én apám idejében még kötéllel fogták a legényeket a császár emberei, s úgy hurcolták el tizenöt-húsz évre, sokan vissza se kerültek. De aztán rendre, rendre kinőtt a rend két vége, egyik felől a törvény, másik felől az ember, akárcsak a balta feje, s egyensúlyba jöttünk, úgy ahogy. Hát maguk ezt most ugyancsak elrontották, úrfi. És sok idő kell elteljék, amíg itt valami is rendbe jöhet megint. Hogy jobban megértse, megmondom szóval is: odalent a kapitány az úr, idefönt Boldizsár. S a kettő között nincsen semmi, csak a holtak. Nem maga mondta volt azon az első estén, amikor följött ide azzal a bolondító átkozott hírrel, hogy a Bíró úr ideje eltelt? Hát igazat mondott, úrfi. Ez egyszer színigazat mondott. Sajnos, hogy eltelt. Na, akar még egyebet?

– Hol van a Bíró? – kérdezte Emánuel, konokul.

Ebben a pillanatban Máté felüvöltött ott hátul a karám másik oldalán.

– Meg ne mondja neki! Nekem nem emberem semmiféle úrfajta, tudja azt maga, de azért meg ne mondja! Mert magábul is gyilkost csinál az úrfi, mint belőlem!

– Mikor adtam én neked parancsot arra, hogy valakit is megölj, elvtárs? – fordult a sánta felé Emánuel ingerülten. – Erre felelj!

– Felelek is! – bömbölt vissza a sánta. – Ki tanácskozott meg mindent azzal a fene nagy kapitánnyal, mi? Ki szövetkezett össze

189

vele, mi? Mink magát választottuk meg elöljárónkul, nem a kapitányt! S mink azt hittük, hogy olyan embert választunk, aki reánk hallgat, nem a katonákra! De magában még arra se volt kurázsi, hogy bár egyszer szemébe mondja annak a kapitánynak, hogy nem! Igen, igen, minden igen, amit ezek az idegenek a szájába rágtak magának, hogy döglöttek volna meg ott, ahova valók! Piha! S maga nevezi elvtársnak magát? Van magának elve? Vagy társa? Sze még az édesapját is elkergette, csakhogy kedvébe járjon annak a dögfene kapitányának!

Ömlött a szidalom a sovány sánta ember szájából, mint fekete fellegből a zápor. Szédülten állt alatta Emánuel, csak a szája reszketett, szó nem jött ki rajta.

– Hallgass már! – mordult föl végül is öreg Lukács. – Sok beszéd szegénység. Hitvány ember az úrfi, az igaz. De amit főzött, meg is eszi majd, ne félj te attól. S mentől tovább áll a leves a tűzön, annál forróbb. Akar-e még valamit az úrfi? Mert láthatja, dologban vagyunk.

– Hol van a Bíró? – ismételte meg Emánuel a kérdését makacsul, összeharapott fogakkal, majd hirtelen hozzátette ravaszul.

– Férjhez ment a lánya, ő akarja tudni.

Öreg Lukács néhány pillanatig elgondolkozott ezen.

– Ne higyjen neki – mordult a sánta –, sima a nyelve, akár a kígyónak!

– Hát ide figyeljen, úrfi – vetette föl a vén pásztor a fejét –, ha Terézia kisasszony akar szólni az apjaurával, küldje csak ide hozzám. Mink majd eligazítjuk a kisasszonyt!

Azzal, mint akinek több mondanivalója nincs, megfordult, s döngette tovább a karámoszlopot.

Késő délután volt, majdnem este, mire Emánuel visszatért a faluba. Korgott a gyomra az éhségtől, szédült a fáradtságtól, de egyenesen a községházára ment.

– Hol a vénember? – mordult rá a kapitány gorombán.

– Nem mondják meg az emberek, csak Teréziának – jelentette Emánuel, s megfogózott az ajtófélfában, hogy el ne essék.

– Magának miért nem? – nézett rá kíváncsian a kapitány.

A boltos fia lehajtotta a fejét.

– Nem bíznak bennem.

A kapitány arca gúnyosan megrándult.

– Ez baj. Titkos pártbizalmi, bizalom nélkül, eh? – Ujjaival dobolni kezdett az asztalon – Szóval csak Teréziának, mi? Hm. Használhatnánk más eszközöket is, egyelőre hagyjuk. Mást gondoltam. Mi a neve annak az öregnek, aki cseléd volt egész életében? Az, aki már első nap lemondott valami hivatalról azért, mert katonáim a leányunokáját...?

– Öreg Álgya? – kérdezte Emánuel csodálkozva.

– Az, az. Őt, úgy láttam, mindenki kedvelte itt. Őt tesszük meg elöljárónak.

– De hiszen írni-olvasni se tud!

– Hát aztán? Ami írni való van, maga elvégzi.

– Kapitány elvtárs – mondta Emánuel sápadtan, még mindig az ajtófélfába fogózva –, engem hagyjon ki ebből. Én... Nekem elegem volt.

– Úgy? – kérdezte a kapitány gúnyosan. – Megsértődött a bizalmi elvtárs? He? Nekem így is jó. Szabotázs gyanúja miatt letartóztatásba helyezem, érti? A községet nem hagyhatja el! További parancsig vezeti a boltot, s ellátja a tolmácsi teendőket. Most elmehet!

Szédülten támolygott ki Emánuel az irodából. Éhség csavarta a gyomrát. Alig lépett néhányat a konyha felé, Terézia jött szembe a folyosón. Arca dagadt volt a sírástól s talán egyébtől is.

– Megtalálta Aput? – kérdezte súgva, idegesen. Emánuel megrázta a fejét.

– Öreg Lukács csak magának mondja meg, hogy hol van. Maga kell...

Ebben a pillanatban felcsapódott az irodaajtó, s a kapitány lépett ki a folyosóra.

– Terézia, menj föl a szobádba – parancsolta hidegen –, egy-kettő, mozgás!

A fiatalasszony ijedten indult föl a lépcsőn.

– Maradj az emeleten! – kiáltott utána az ura, majd Emánuelre nézett. – Magának pedig fölmenni tilos, érti? Ne feledje, hogy letartóztatásban van!

Emánuel szinte félholtan bukott be a konyhába.

– Kicsi Ágnes, adjon valamit enni! – Leroskadt a konyhaasztal mellé, s onnan leste, ahogy a nagydarab asszony mord arccal készítette az ételt, szótlanul. Mikor aztán odatette elébe a tányért, megkérdezte:

– Kicsi Ágnes, maga is haragszik reám?

A csúnya, termetes szakácsnő csípőre tette a kezét.

– Mindenkire haragszom, mindenkire! Ha ezek a mi embereink itt csak félannyira lettek volna férfiak, mint az ellenség katonái, ma más világ lenne itt, higgye el! De moslék van a fejiben mindegyiknek. Ha pedig helyt kell állni, akkor alácsúszik a szívük a gatyaszárba! Piha! Egyetlen férfiember volt ebben a faluban, s az is a bolond, vén Dominik! Szégyen, hogy mit tett ezzel az én drága kisasszonykámmal a pogány ura! Dehát még szólni se lehet semmit, hiszen megesküdtek!

Emánuel sóhajtott, és enni kezdett.

– Mindenki engem hibáztat a hegyen – panaszkodott később –, mintha én hoztam volna ide ezeket a katonákat.

– Hát nem maga csődített ki mindenkit a fogadásukra? – mordult reá Kicsi Ágnes. – Nem maga nevezte őket messiásoknak, vagy mit tudom én, minek?

– Hát maga se érti meg? – jajdult föl a fiatalember kétségbeesetten. – Hiszen én csak jót akartam! Ha nem fogadjuk őket barátsággal, feldúlták volna az egész falut!

– S így mit tettek? – kérdezte Kicsi Ágnes kurtán, azzal kiment a konyhából, s döngve becsapta maga mögött az ajtót.

AZON az éjszakán lopták ki a faluból a papot a kapitány parancsára. Titokban, hogy senki se lássa. Éjfél táján csak fölrázták álmából a katonák, s ráparancsoltak, hogy öltözzék föl, s készítse elő az öregasszonyt is. A pap azt hitte, hogy kivégezni viszik mindkettőjüket, de nem szólt, csak felsegítette a feleségét, ráadta a meleg kabátot, hócsizmát. A papné lázas volt nagyon, azt se tudta, mi történik körülötte.

Kint két nyergelt öszvér várt reájok, s két katona. Az éjszaka olyan fekete volt, hogy kinyújtott kezét alig látta benne az ember. Mikor a pap megtudta, hogy a városba mennek, visszaszaladt a házba, s összeszedett néhány holmit egy ócska zsákba. Aztán a katonák fölsegítették őket az öszvérekre, s már mentek is. Át a néma, sötét piacon, át a néma, sötét falun. Kutya se ugatott utánuk. Mikor a pap a piac végiből visszanézett, még látta a templom sötét tornyát fölmeredni az égre, s alatta a szilváskert borzas fáit, és sóhajtott. Ez a sóhaj volt a búcsúja. A sírásó háza előtt még megpróbált hangosan köhögni, hátha öreg Pattanás meghallja, s kiles az ajtón, s tud néhány szót váltani vele. De a kerítés mögött sötéten hallgatott a ház, és senki se mozdult. Aztán már el is hagyták a falut.

– Talán a halál is ilyen gyorsan jön és egyszerűen – gondolta az öreg pap, és sóhajtott –, az ember csak kilép a sötétbe, s maga mögött hagy mindent, az egész hosszú, fáradságos életet.

Fent a legelőn még utolérte őket egy álmos, éjféli kakasszó.

– Az Álgyáék kakasa – gondolta a pap, és lehajtotta a fejét.

Aztán már csak az emlékek maradtak vele, más semmi. S egy kicsi, sovány, nagybeteg asszony az előtte léptető öszvéren.

REGGEL katona ment Emánuelért a boltba.

– Kapitány elvtárs hívatja – mondta a katona.

Hideg reggel volt, barátságtalan. Károgó varjak keringtek a szürke égen, s a felhők alacsonyak voltak s mozdulatlanok. A hegyek elvesztek bennük egészen.

Az irodában ott állt öreg Álgya, csontosan, szikáran.

– Mondja meg neki, hogy őt jelölöm ki községi elöljárónak – rendelkezett a kapitány az íróasztal mellől.

– Engem? – hülledt el a vénember, amikor meghallotta, hogy miről van szó. – Sze én csak tanolatlan cselédember vagyok, úrfi! Mondja meg ennek a tiszt úrnak, hogy velem ne csúfolkodjék!

A kapitány elmosolyodott, amikor Emánuel lefordította neki az öregember szavait.

– Mondja meg neki, hogy mi nem azt nézzük, ki mennyi iskolát járt, hanem, hogy ki milyen ember – mondta –, s úgy látjuk, hogy ő a legbecsületesebb ember ebben a faluban, s legméltóbb erre a tisztségre. Az öregek bölcsessége minden iskolázottságnál többet ér. Mondja meg neki!

Emánuel lefordította ezt is, hűségesen. Majd a maga részéről hozzátette:

– Álgya bácsi, az Isten szerelmére vállalja el. Ha maga nem vállalja, másnak adják a hivatalt, s ebből a hivatalból éppen annyi rosszat lehet tenni, mint jót.

Az öregember hümmögve csóválta a fejét.

– S magával mi történik, úrfi?

– Engem kitettek – felelte Emánuel kurtán.

Az öreg cseléd gondolkozott egy keveset, aztán nagyot sóhajtott.

– Hát jó, na – mondta végül is –, nem bánom. Mondja meg a tiszt úrnak, hogy elvállalom, ha a katonákat elviszi innét.

– Azt ő nem teheti meg, Álgya bácsi – magyarázta Emánuel –, legszívesebben hazamenne ő is, de parancs tartja itt. Tudja, hogy van az katonáéknál.

– Mit mond? – akarta a kapitány tudni.

Mikor Emánuel elmondta a vénember kívánságát, a kapitány homlokán magasra szöktek a ráncok, s szinte tisztelettel nézett az öregre.

– Mondja meg neki – utasította Emánuelt –, hogy amíg a katonai megszállás tart, addig mi itt kell maradjunk. A mi dolgunk a bánya felügyelete, s az ezüst elszállítása.

– Hát akkor mondja meg neki, úrfi – felelte erre Álgya –, hogy törődjenek a bányájukkal, s egyébbe ne avatkozzanak Olyan hivatalba engem senki bele nem teszen, ahol más mondja meg, hogy mit csináljak.

A kapitánynak szemlátomást tetszett a beszéd, egészen felvidult tőle.

– Az ilyen emberrel érdemes tárgyalni – mondta nevetve –, ennek esze van! Mondja meg neki, hogy hajlandó vagyok egyezséget kötni vele. Ő biztosítja számunkra a harminckét bányamunkást, s mi nem szólunk bele semmibe. Azt tehet a faluval, amit akar!

Álgya végighallgatta a tolmácsolást, aztán megrázta a fejét.

– Harminckettő sok – mondta kurtán –, annyit nem adhat a falu.

– Pedig annyi kell – komorodott el a kapitány –, ez a parancs.

– Akkor adjon tizenhatot a falu, tizenhatot a hegy – jelentette ki Álgya –, nem igazság, hogy mindent a falu adjon, a hegy meg semmit!

– Ezt intézze el maga! – felelte a kapitány.

– Az ám, de hogyan? – kérdezte az öreg, s kihúzta zsebéből a békanyúzó bicskát –, ez, meg az én szavam együtt nem elég erre!

A kapitány nevetett.

– Kérdezze meg, hogy hány katonát adjak?

De öreg Álgya ettől mindkét karját égnek emelte ijedtében.

– Nekem egyet se, hallja! Mondja meg a tiszt úrnak, hogy ha azt akarja, hogy hallgassanak rám a népek, akkor tőlem tartsa távol a katonáit. Ezt mondja meg neki!

Emánuel megmondta. A kapitány gondolkozott egy keveset, aztán bólintott.

– Redben van. Mondja meg neki, hogy adjon a falu tizenhat munkást, a másik tizenhatot majd mi hozzuk le a hegyről. Ő viszont tegyen meg mindent, hogy megértsék azok ott: mindenki jobban jár, ha maguktól jönnek munkába, s nem mi kell fölmenjünk értük.

Az öreg gondosan mérlegelte a hallottakat.

– Még valamit, úrfi – mondta fölemelve hosszú, csontos ujját –, a katonák részéről erőszakosság ne történjék, először is. Őrök ne álljanak puskával a munka megett, mert abból se jószándék, s jó munka nem lesz. Másodszor, adjanak jó ételt a munkásoknak, s végül is fizessenek tisztességesen a napszámért, mint annak idején Peles úr alatt. Akkor aztán baj nem lesz.

A kapitány figyelmesen hallgatta végig a kívánságok tolmácsolását, majd bólintott.

– Az öregnek igaza van. Rabokkal nem lehet jó munkát végeztetni, ezt már láttuk. Hát mondja meg neki: gondoskodom, hogy az étel jó legyen. Ha látjuk, hogy minden simán megy, az őröket is elvisszük onnan. Ami azonban a fizetést illeti, azt csak a boltból kaphatják. Gabonalisztben, ruházatban, amit adni tudunk.

– Az is jó lesz egyelőre – bólintott Álgya. – Na, most még csak egy kérdést, úrfi. Mi lesz a papunkkal? Meddig tartják fogolyként a saját házában? S mi lesz ezzel a másikkal, disznópásztor Jóskával?

A kapitány arca elkomorult, s nyaka kissé megmerevedett, amikor meghallotta, hogy mit akar tudni az öreg. Néhány percig gondolkozott is a feleleten.

– Ennek a vénembernek van bátorsága és önérzete – mondta végül is komolyan –, tetszik nekem ez az ember. Hát mondja meg neki ezt, elvtárs: ez a Jóska nevű megölt egy katonát, s emiatt haditörvények szerint kell elbánjunk vele. Hogy miként, ahhoz neki semmi köze. Ezt mondja meg először.

Az öreg végighallgatta Emánuelt, és sóhajtozva bólogatott hozzá.

– Nem mondom, a mi katonáink se tettek volna másként – nyögte nehézkesen –, de hát a papunk?

– A pap felesége nagybeteg, mondja meg neki – felelte a kapitány szárazon –, múlt éjjel be kellett szállítsuk a kórházba. A pap is vele ment.

– Hát ez emberséges cselekedet volt – mondta a vén cseléd –, mondja ezt meg a tiszt úrnak, úrfi! Becsülöm ezért.

A kapitány savanyúan mosolyodott el a dícséretre, s az arca meg is pirosodott kissé, mint aki tudja, hogy érdemtelenül jutott hozzá. De aztán gyorsan kirúgta maga alól a széket, lábra pattant, és széles mozdulattal mutatott az íróasztalra:

– Hát akkor itt van, bátyuska! Magáé a hivatal!

Vén Álgya azonban csak állt az ajtónál, esetten, s megvakarta a fejét.

– Mondja meg neki, úrfi, hogy én ahhoz az asztalhoz le nem ülök, nem én! Sze kinevetnének az emberek! Ha már úgy adódott, hogy én kell bajlódjak a falu dolgaival, hát hadd bajlódjak velük odahaza, a magam házában. Az emberek is szívesebben jönnének hozzám oda, s én is jobban tudnám a magam födele alatt, hogy mit mondjak nekik!

A kapitány nagyot nevetett ezen, barátságosan megveregette az öregember vállát, s ezzel bocskoros Álgyából községi elöljáró lett. Alig telt bele egy óra, s már dolga is akadt, mégpedig fontos. Öreg Lukács megjött a juhokkal. S mögötte, a legelőoldalon látni lehetett a többi nyájakat is, ahogy bolyhosan és fehéren ömlöttek alá az erdőből, nyomukban ugató kutyákkal s kurjongató pásztorokkal.

Öreg Lukács megállította a juhokat a piac sarkában, szemközt a Tromka-kapuval, s hangosan odaszólt Máténak, aki a nyáj túlsó oldalán volt.

– Eridj be a községházába, s jelentsd, hogy megjöttünk!

– Maga a számadó, menjen maga – mordult vissza a sánta. – Nekem elegem volt belőlük.

– Nocsak –intette meg Lukács –, amíg a nyáj mellett vagyunk, az én szavam számít. Ugorj csak!

Így aztán Máté, ha nem is ugrott, de sötét ábrázattal bebicegett a községházára. Jött is azonban nyomban kifelé, mégpedig ugyancsak fürgén billegette a rossz lábát.

– Héj, fordult a világ, hallja-e! – kurjantott oda a számadójának. –Mátul kezdve öreg Álgya kormányozza a falut a maga házábul! Idebent csak katonák maradtak!

– Tán nem? – döbbent meg ettől öreg Lukács is.

– Hujjuj, még megjön a világ esze! – vidámodott meg Máté, s fordult sebesen az Álgya-ház felé, azonban vén Lukács megállította gyorsan.

– Nocsak – mondta –, oda már én megyek. Te ügyeld a juhokat addig!

Az új elöljáró ott kucorgott a pitvar padkáján, s fejtette a törökbúzát.

– Adjon Isten! – köszöntött rá öreg Lukács –, igaz-e, hogy te vagy az új bíró?

– Igaznak igaz – ismerte be öreg Álgya.

Lukács levette a kalapját, s megvakarta a fejit.

– Hm – dünnyögte –, há sze nem mondom... – Aztán csak állt ott, s nézte, ahogy az új bíró fejtette tovább a törökbúzát.

Egyikük se szólt egy darabig.

– Jön a hó – mondta végül is öreg Lukács –, érezni a szagát odafönt.

– Az én vállam csontja is érzi – bólintott öreg Álgya.

– Így aztán béhoztam a juhokat–tette rá öreg Lukács a pontot.

– Tán nem? – nézett föl öreg Álgya a törökbúzáról.

– Én igen – bólintott öreg Lukács –, s a többiek is jönnek. Nincs mit egyék a jószág odafönt. Se fű, se széna.

– Hát ez igaz – hagyta rá öreg Álgya is.

– Mármost, ha te vagy a bíró – tért rá öreg Lukács egyenesen a kérdésre –, hát mondd meg, hogy hova tereljem őket? S azt is, hogy a túróért ki jön föl.

Erre már öreg Álgya is abbahagyta a munkát, s nagyot sóhajtott.

– Ha jól emlékszem, kimondták volt annak idején a gyűlésen, hogy a birka a tietek ezentúl, igaz-e?

– Mondani mondták – bólintott Lukács –, de szénát nem adtak hozzá. S minket se kérdeztek meg, hogy áll-e a vásár, vagy nem.

– Áll-e? – akarta az új bíró tudni.

– Nem – felelte kurtán a pásztor.

– S mért nem?

– Mert nincsen igazság mögötte – adta meg Lukács a feleletet –, ami az enyim, az az enyim. S ami nem, az nem. S ezen semmiféle gyűlés nem változtat, igaz-e?

Most öreg Álgya bólintott.

– Ez igaz.

Aztán csak álltak ott, s hallgattak egy darabig megint.

– A szénák megvannak – mondta végül is öreg Álgya –, s ez a fontos, ugye? Hogy legyen mit egyék a jószág. Hogy kié, az majd kiderülhet későbben is.

Lukács bólintott.

– Gyerek is meggyőzi az etetést télen, nem kell hozzá ember – mondta, mint aki érti a másik ki nem mondott szavát is. Erre meg Álgya bólintott.

– Ti akkor csak tereljétek be a nyájat egy darabban valamelyik szénáskertbe – mondta –, mindegy, kiéré. A többit majd mi elvégezzük.

– Ez hát rendben van – vélte Lukács –, most már két dolog van hátra. Egyik a túró, másik a járandóság.

Öreg Álgya nagyot sóhajtott erre. Emberemlékezet óta az volt a szokás, hogy amikor a gazda fölment Szent Mihálykor a túróért, vitte a pásztorbért magával.

– A gazdáktól nem telik, azt tudod – figyelmeztette Lukácsot –, feldúlták őket a katonák nagyon.

– Elég gyalázat – vélte a pásztor.

Álgya újra sóhajtott.

– Aligha rajtatok nem marad a túró – mondta –, bár a gazdák gyerekeinek is enni kell.

– Túrón egyedül mi se telelünk át – mondta rá Lukács a magáét.

Most meg öreg Álgya vakarta meg a fejét.

– Én mondanék valamit – javasolta –, de nektek tán nem tetszik majd.

– Kettőn áll a vásár – vélte Lukács.

– Mi lehoznók a túró felét, s rendre szétosztanók a télen annak, aki nincs mit egyék – kezdte el öreg Álgya –, ti pedig apránként megkapnátok a magatok lisztjét s miegyebét a boltból. Mit szólnátok ehhez?

Öreg Lukács rátámasztotta állát a botjára, s meghányta-vetette magában a dolgot.

– Nem látok hibát benne – mondta ki végül is.

– De ára van a vásárnak – hozakodott elő Álgya a maga gondjával.

– S mi az?

– Tizenhat ember kell a bányába a hegyről.

– Hűha! – ijedt meg öreg Lukács.

– Tizenhatot ad a falu, tizenhatot a hegy – magyarázta Álgya –, így rendelte a tiszt úr.

– S ha a hegy nem ád? – kérdezte Lukács.

– Akkor a katonák fognak maguknak embert odafönt. S ők nem napszámost fognak, hanem rabot.

Ezen gondolkodni kellett.

– A boltba csak le kell gyertek a holmiért – válaszolta meg Álgya a gondolatot is –, a katonáknak könnyű dolguk lenne.

– S ha nincs vásár? – kíváncsiskodott öreg Lukács.

– Akkor tietek a juh, s vihetitek vissza – felelt meg a vén cseléd egyenesen – hozzám pedig ne is gyertek többet, csak a tiszt úrhoz az irodára.

Lukács nagyot sóhajtott erre.

– Meg kell tanácskozzuk a többiekkel – mondta, azzal kifordult az ajtón.

A tanácskozást ott tartották meg a falu utcáján, a bégető, éhes juhok között. Hosszú időbe került, míg Lukács visszatért az Álgya házához.

– Ki felel azért, hogy aki önszántából megy be a bányába, önszántából ki is jöhet onnan? – kérdezte keményen.

– Én – felelte öreg Álgya, ugyanúgy –, s én felelek ételért és elbánásért is.

– Akkor jó –bólintott Lukács –, az a tizenhat, aki lejön a hegyről, nem egy napra jön, hanem egy álló hétre. Szállásuk legyen éjszakára, s hét végén hozhassák, ami jár nekik.

– Úgy lesz – bólintott Álgya.

– Akkor értjük egymást – bólintott a juhász is, s kinyújtotta a kezét parolára –, csapd rá a pöcsétet!

Este pedig öreg Álgya bekopogott a községházára a kapitányhoz, s jelentette, hogy reggelre ott lesz a harminckét ember, a katonák maradjanak otthon nyugodtan. Ettől a kapitány úgy felvidult, hogy még egy üveg bort is felhozatott Ivánnal a Bíró pincéjéből, s belenyomta a meghökkent vénember kérges markába.

– Vidd haza, bátyuska, s idd meg egészséggel! Te vagy az egyetlen okos ember az egész rothadt faluban!

Ebből persze öreg Álgya nem értett meg egy szót sem.

17

MÁSNAP, ha nem is jókedvvel, de mind a harminckét ember ott állt hajnali kapunyitáskor a bánya előtt. Velük volt öreg Álgya is, és maga nézett utána, hogy mit főznek s mennyit a bányakonyhában. Délben a kapitány beváltotta a szavát, s elküldte az őröket onnan. Csak egy katona maradt ott felügyelni a munkát, fegyvertelenül az is.

– Bányász volt odahaza – magyarázta meg Emánuel a kapitány parancsára az embereknek –, nem azért van itt, hogy őrizze magukat, hanem hogy a munkát felügyelje, akárcsak a Peles úr fiai tették volt.

Ebbe aztán mindenki belenyugodott, s estére már olyan is akadt, aki barátságosan hátbaveregette a bányász-katonát, s Gyurkának nevezte, a keresztneve után. Azon az estén a kapitány elhatározta, hogy disznópásztor Jóska akasztását máskorra halasztja, esetleg leküldi a foglyot a városba, hadd végezzenek vele odalent.

– Semmi se fontos, csak a bányaüzem – magyarázta vidáman Teréziának azon az estén –, s az embereknek, úgy látszik, megjött az eszük. Azon leszünk, hogy jókedvüket megtartsák, amennyire lehet.

Ez a derűlátó hangulat adta talán Teréziának az erőt, hogy másnap, mialatt az ura fent volt a bányánál, kiszökjék a házból, s elinduljon fel a hegybe, egyedül.

Azon az éjszakán hullott le az első hó a hegyekre. Napok óta vajúdtak már a fellegek, s azon az éjszakán még a szél is elállt, s olyan nagy, békés csöndesség volt, mintha angyalok járták volna a földet. S reggelre fehérek voltak a hegyek.

Odalent a faluban persze sár lett belőle mindjárt. De az égben továbbra is megvolt a jóakarat, mert reggel, amikor Terézia csizmásan, kis bekecsben kilépett az ajtón, még mindig szállingóztak a pihék, bár velük együtt apró eső szitált, ködszerűen. Cuppogott a sárban a kicsi csizma, s Terézia arca piros volt az izgalmas örömtől, hogy jó hírt vihet föl apjához a hegyre: helyre állt a béke a faluban, minden úgy lesz megint, mint azelőtt. Kiszínezte magában ügyesen, hogy mit fog mondani. Eugénből bányafelügyelő lesz, s itt marad, amikor a katonák majd hazamennek. Vad durvaságairól nem beszél, csak édes kisfiús jókedvéről, hiszen a durvaságot úgyis levetkőzi majd rendre, akár az egyenruhát, s olyan ember lesz belőle is, mint másból. Apu csillogó szemekkel örvend majd a jó híreknek, álmodozott Terézia, mialatt lihegve kapaszkodott fölfele a hegyen, boldogan öleli magához, s aztán lejönnek együtt, és minden csupa öröm és vidámság lesz megint a házban.

Nehéz volt a hegy, és szokatlan a járás. Régen volt, mikor Terézia utoljára járt fönt a juhoknál, gazdák szekerein Szentmihályt ünnepelni. De tudta még az utat öreg Lukácshoz. Mégis dél volt majdnem, mire lihegve fölért. Öreg Lukácsnak ugyancsak elmeredt a szeme, amikor meglátta.

– Nicsak! – kérdezte ijedten. – Hát a kisasszonykát mi hozta ide ebben az időben?

– Hol van Apu? – esett neki Terézia az öregembernek, ziháló lélegzettel. – Apuhoz jöttem!

A havas eső még mindig esett, s a Terézia bekecse ázott volt. A felhők olyan alacsonyak voltak ott fönt a hegyen, hogy hasukkal a fenyők tetejét súrolták.

Az öreg pásztor megcsóválta a fejét:

– Nem későn tetszett? – kérdezte rosszallólag. – Úgy hallám, hozzá is ment ahhoz a... – Nagyot sóhajtott itt. – Nem az én dolgom, na. Rozi! Rozi te! – kiáltott hátra a házba. – Gyere, kísérd föl a kisasszonykát a Bíró úrhoz! – Újra sóhajtott. – Nem az én dolgom, hát, de azért mégiscsak azt mondom én: kutya kutyához, macska macskához! Hát eridj, Rozi, mutasd az utat!

A vak leány lelépett a tornácról, s biztos járással indult neki a szürke legelőnek. Nagy, fekete gyapjúkendőjét összefogta a mellén. Terézia sértődötten tipegett mögötte. Könnyek fojtogatták, kiabálni, veszekedni szeretett volna valakivel, odakiáltani nekik, hogy Eugén mindenkinél különb, bárófiú, nem csak afféle paraszt! Mert mit értik ezek a piszkos juhászok, hogy mit jelent az, katonatiszt feleségének lenni! Nem sárba temetett vénleánynak, egy koszos kis falu tanítónőjének, hanem úriasszonynak, bárónénak, igen, még ha nem is ismerik el a címeket ma, azért ő mégiscsak báróné!

A vak leány megérezhetett valamit ebből a háborgásból, mert amikor elhagyták a legelőt, bent a Viharhegy fenyvesei között, hirtelen hátrafordult.

– Ne törődj azzal, hogy Lukács bácsi mit mondott – mondta szelíden –, ő már öreg. Én tudom, hogy szereted azt az embert. S a szeretet mindennél több, és mindennél erősebb. Még a törvénynél is, amit könyvekbe írva őriznek.

Terézia egyszerre nagyon elszégyellte magát. Könny szökött a szemébe, s megragadta a vak leány kezét.

– Köszönöm, Rozika – mondta fulladozó szavakkal –, te nagyon jó vagy. Köszönöm. – Azzal sírva ráborult a vak leány vállára.

Sokáig álltak ott az esőáztatta fenyvesben, szótlanul, míg végül is Terézia sírása lecsendesedett.

– Nekem jó – szólalt meg a vak leány csöndesen –, mert én nem látom a szememmel azt, ami csak színlelés és csalás. Ahova én látok, ott hazugság nincsen. Sajnállak, kisasszony, mert jó vagy, és szomorú vagy, és mert látom mögötted a nagy tüzet, amiben minden hazugság odaég. Gyere, menjünk most! A barlang messze van, s te ma még haza kell vidd az apádat.

– Hazajön velem? Mondd, hazajön velem? – lelkendezett föl Terézia az örömtől.

A vak leány bólintott.

– Hazamegy veled. Úgy kívánja valami benne is, benned is, amit a Szent Ember így nevezett: Isten. Gyere, menjünk!

A hideg havas eső szürke fátylat borított a világra. A barlangban, ahol valamikor a remete élt, emberek guggoltak a tűz körül. Ázott, bozontos emberek, szénégetők. S közbül, kurta kis tönkön, ott ült a Bíró. Arcát elvadult sörte borította, s a sörte fehér volt, akár a haj a vadászkalap alatt. Öreg Pálók vitte a szót, aszott hátát a sziklafalnak dőtve.

– Papunkat is elvitték, Samu úr is itthagyott. Tromkát s a többi nagygazdát alig szabadítottuk ki, máris itthagytak ők is, azóta tán külországban is járnak, s nem fáj a fejök a mi bajunk miatt. Most meg már a Bíró úr sem áll az élünkre. Isten látja lelkemet, én úgy utálom ezt a semmi Boldizsárt, akár a bűnömet. De lám, csak ő maradt. Neki legalább terve vagyon...

– Erőszakkal nem lehet megszabadulni a katonáktól – mordult föl a Bíró –, ostoba gondolat. Minden meggyilkolt katona helyébe húszat küldenek a megszállók. – Itt fölemelte a hangját, s acélosan csengett a bánya szűk üregében, mint régen az irodában. – Nekem is van tervem, emberek. De magam hajtom azt végre, egyedül, más életét nem kockáztatom. Menjenek haza, s várjanak békében! Mához egy hónapra nincs több katona a faluban, szavamat adom!

Döbbent csönd volt a szavai után, s a csöndet léptek zaja törte meg. A barlang szájában akkor jelent meg a vak leány, ázott fekete kendőjét szorosan összehúzva, s mögötte Terézia. Az emberek feje megrándult, s az érkezők felé fordult. De akkor már a Bíró is látta őket, és elvadult, bozontos arca még szürkébb lett. Terézia pedig előrelendült, berohant az emberek gyűrűjébe, s leroskadva az apja mellé, két vizes kezével átölelte, s ázott, borzos fejét odatemette a füstszagú vadászbekecsbe.

– Apu! Drága Apu!

Az emberek félrefordították a fejüket, néhányan összenéztek. A Bíró keze lassan megmozdult, fölemelkedett, s esetlenül megveregette Terézia vállán az ázott kabátot. Szeme könnyes volt, de a hangja kemény.

– Katonákat is hoztál? – kérdezte.

Terézia fölemelte ázott, könnylepte arcát. Megrázta a fejét.

– Nem. Egyedül jöttem, Apu. Hogy megmondjam neked: a faluban békesség van megint. S megkérjelek, hogy gyere vissza. Meglátod, úgy lesz minden, mint régen, Apu...!

Morgás hullámzott végig az embereken. A Bíró arcán keserű mosoly jelent meg, de keze a Terézia vállán volt még mindig.

– Úgy már sohase lesz többé, kislány – mondta halkan –, soha többé. – Sóhajtott, és néhány pillanatig magába roskadva ült ott, csak a keze verdeste ütemesen a hozzá simuló vállakat. Majd hirtelen levette róluk a kezeit, és megszólalt. – Gyere kislány! Menjünk hát haza!

Terézia elakadt lélegzettel, kigyúlt arccal nézett föl reá.

– Hazajössz, Apu? Igazán?

– Gyere! – mondta a Bíró halkan, és fölemelkedett a tuskóról.

Az emberek némán guggoltak a barlangban, s lesték a Bírót, ahogy előszedte a hátizsákját, beletömte a szertelévő holmikat, hátára vette, s megindult lányával a kijárat felé. Senki se szólt, csak nézték mindnyájan.

– Ahogy mondtam, emberek – fordult vissza a Bíró a barlang szájából –, maradjanak békességben, s várjanak!

– Ameddig egyenként összefogdosnak valamennyiünket, mint a vadállatokat, mi? – horkant föl valaki a sötétben.

A Bíró nem szólt rá semmit, csak elindult. Terézia körülnézett, mint aki szólni akar valakihez, de a vak leány már nem volt sehol.

Ebben a pillanatban valahol messze, lent, elcsattant egy lövés. Nyomban utána egy második és egy harmadik. A Bíró megtorpant, figyelt. De több lövés nem hangzott. Csönd volt a hegyen, mély csönd. Csak a havas eső szitált a mozdulatlan fákra.

– Biztos, hogy nem követtek a katonák? – kérdezte a Bíró mély, kutató pillantást vetve a lányára.

– Biztos, Apu, biztos! Senki se látott eljönni, senki se tud róla! Még Kicsi Ágnes sem!

Az emberek ott álltak mind a barlang szájában, s fülelték a csöndet. A felhők egy része mélyen alattuk ülte az erdőt, a világ szürke volt tőlük, és néma.

– Szóm zokon ne essék – szólalt meg lassan Pálók, az öreg –, de tán mások is úgy éreznek mint én. Nem azért mondja a Bíró úr, hogy békességben maradjunk, mert hát... a vejeura is egyike azoknak?

A Bíró megrándult a szótól, s élesen fordult hátra. Hangja kimért volt, és hideg.

– Pálók, ha így bízol bennem, minek jöttél ide? Én nem hívtalak!

Azzal vissza sem nézett többet, csak elindult, s ment lefele a sziklacsapáson, nagy, haragos léptekkel, hogy Terézia alig tudott a nyomában maradni.

Mire leértek a bükkösbe, a havas eső havazásba ment át. Szél is indult, csípős északi szél, s pászmásan verte a havat a fák között, látni is alig lehetett. De a Bíró tudta az irányt így is, ösvény nélkül, egyenesen ereszkedtek alá az erdőn. Ott értek ki belőle az Ezüstlyuk fölött. Lent, a völgy gödrében, a falut elborította a havazás egészen, s a vakfehér homályban csak a szilváskertek borzas foltjai látszottak.

Ember nem mozdult sehol. Kétujjnyi volt a friss hó a piacon, s a házak úgy álltak benne, mint alvó gombák, csupán a füst osont ki a kéményeiken, de azt is elkapta a havazás nyomban.

A községháza előtt a Bíró egy pillanatra megállt. Szemét végigjáratta a fehér piacon, a havazás függönyei mögött meghúzódó hegyeken, a templom hegyes tornyán, és sóhajtott.

– Arra az időre gondoltam, amikor még örvendtünk volt az első hónak – mondta halkan –, hógolyóval dobáltuk egymást, emlékszel még? Ma már úgy tűnik, mintha csak álmodtuk volna a régi boldog időket...

– Apu, drága, minden úgy lesz megint, mint régen, meglátod – súgta Terézia hozzásimulva. – Eugén itt marad a bányát vezetni, s úgy élünk megint, mint régen...

– Elfelejted, hogy vér tapad a bányához, sok vér – mondta sötéten a Bíró, s azzal rátette kezét az ajtó kilincsére.

A folyosón sötét volt, de az irodában égett a lámpa, a fény kiszűrődött az ajtóhasadékon. Ázottan, fáradtan, hólepte hajjal Terézia odaugrott az ajtóhoz, és szélesre kitárta.

– Eugén! – kiáltotta boldogan. – Eugén, itt van Apu!

Az íróasztal mögött sápadtan ült a kapitány, összeszorított szájjal, komoran. Előtte ott állt Emánuel és öreg Álgya. Ők is sápadtak voltak, szürkék, öregek. Minden szem az ajtó felé fordult,

207

mintha kísértet jelent volna meg. De Terézia mindezt nem látta, nem érezte. Ő csak a maga együgyű kis boldogságát tudta a szívében, s annak lázával rohant oda urához, az íróasztal mögé.

– Eugén, olyan boldog vagyok! Apu itthon van megint!

Egy pillanatig mély, döbbent csönd volt. Emánuel maga elé nézett a padlóra, öreg Álgya meg egyik lábáról átnehezedett a másikra, s nagyot sóhajtott. Aztán a kapitány lefejtette magáról a felesége karjait.

– Eridj föl a szobádba, s végy magadra száraz ruhát – mondta hidegen. – Aztán majd beszélünk arról, hogy hol jártál.

Szeme ekkor már a Bíróra szegződött élesen, aki ott állt mozdulatlanul az ajtóban, és nézte őket. Elvadult szakállsörtéin csillogott az olvadó hó.

– Ön itt marad, és felel a kérdéseimre!

Terézia kerekre tágult szemekkel nézett reá.

– Mi történt? – kérdezte ijedt elcsuklással.

– Ismeretlen tettesek megölték két katonámat – felelte a kapitány hidegen –, eridj most, hagyj magunkra! Eridj!

Terézia egy pillanatig úgy állt ott, mint akit villám ért. Aztán tenyerébe temette az arcát, és hangos zokogással kiszaladt.

– Kérem, lépjen beljebb, és csukja be az ajtót – szólt rá a kapitány a Bíróra –, és mondjon el mindent, amit tud. Minél előbb kerülnek kézre a gyilkosok, annál könnyebben ússza meg ezt az ügyet a falu. Ezt már megmagyaráztam ennek a kettőnek.

Az történt, hogy kora reggel elindították az ezüsttel megrakott öszvéreket, mint rendesen, két katona vezetése alatt. Mikor délután liszttel és egyéb élelemmel megrakodva visszatérőben voltak, fent a Keleti-hágónál, ahol az erdő leér az ösvényig, ismeretlen tettesek megtámadták a karavánt, lelőtték a két katonát, s egy öszvért élelemmel megrakodva magukkal vittek. A többit csak azért nem fogták el, mert az öszvérek megijedtek a lövésektől, és lefutottak a faluba. A meggyilkolt katonák fegyvereit és a lőszert azonban szintén magukkal vitték.

A kapitány kérdéseire a Bíró rövid mondatokban elmondta, hogy a pásztorok vezették el hozzá a leányát, s ott voltak fent, együtt, amikor a lövéseket hallották. Elmondta azt is, hogy a szénégetők ott voltak vele, majdnem valamennyien, s szállásaikon voltak a pásztorok is. A kapitány fölment Teréziához, hogy őt is kikérdezze, s amikor visszajött, valamivel barátságosabb volt a hangja.

– Terézia megerősítette a vallomását – mondta –, tehát úgy látszik, hogy ugyanazokkal a gazemberekkel állunk szemben, akik két katonámat már meggyilkolták volt a bányánál. Annál is inkább biztos ez, mert tudjuk, hogy két puskájuk is van. Most már négy – tette hozzá sötéten. – Mondja meg az öregnek, hogy elmehet most – fordult aztán Emánuel felé –, de holnap reggel az egész falu ott legyen a hágón, ez a parancs!

Mikor magukra maradtak, odalépett a kapitány a Bíróhoz, elmosolyodott, és barátságosan meglapogatta a vállát.

– Atyuska – mondta szelíden –, én nem akarok rossz ember lenni. Rossz ember – magyarázta csúnya arcot vágva, hogy a Bíró megérthesse a szavait –, bu! bu! Én nem akar rossz, nem! De mit csinálsz, ha világ rossz? Mit csinálsz? Világ bu-bu, te bu-bu! Rozomi? Gyere, atyuska, igyunk bort! Bor jó, világ rossz, gyere!

A második üveg után már énekelt is, és ölelgette, csókolgatta az apósát, aki színjózan volt még mindig, és savanyúan mosolygott, mint aki vackorba harapott, de igyekszik jó képet vágni hozzá.

209

18

MÁSNAP reggel az egész falu fent volt a hágónál, pontosan ott, ahol a két katonát megölték, s balta volt még a gyerekek kezében is. Először a kapitány kivágatott velük egy széles pászmát az erdőből, ott az ösvény fölött, hogy ne szolgálhasson többet rejtekül senkinek. Csak egy fát hagytak meg, mindjárt az ösvény fölött. S erre a fára akasztották föl Jóskát, a disznópásztort. Az akasztás ceremóniáját nagy gonddal rendezte meg a kapitány. Széles körben állította föl a népet, hogy mindenki jól láthassa a kivégzést. A katonák elővezették Jóskát, akinek zöld volt az arca a hidegtől és a félelemtől, s törött lábát úgy vonszolta maga után, mintha nem is az övé lett volna. A kapitány beszédet mondott, amit Emánuel tolmácsolt érzéketlen hangon a népeknek, s amiben arról volt szó, hogy mindenki nézze jól meg azt, ami történik, mert mindenki így jár, aki kezet mer emelni a megszálló hadsereg katonáira. Disznópásztor Jóska háromszor is belevisított a beszédbe, hogy: „Ne higgyetek neki, csak ijesztget!" Meg hogy: „Kapjatok baltára, emberek, s szabadítsatok ki!" De a mellette álló katona minden felkiáltás után arcul csapta, míg végül orrából, szájából megeredt a vér.

Az emberek álltak a friss, puha hóban, a férfiak némán, az asszonyok sóhajtgatva, néhány gyerek sírt is. Az ég még mindig szürke volt és hideg, de a havazás elállt már, s a fellegek lassan emelkedni kezdtek, megmutogatva itt-ott a hegyek hólepte tetejét.

Mikor a beszéd után Jóskát odalökdösték a katonák a fához, újra kiabálni kezdett, hátrakötött kezeit rángatva ide-oda.

– Csak ijesztenek maguk, tudom én azt! – rikácsolta zöldre vált arccal, vérző szájjal, vacogva. – Ítélet nélkül nem kötnek föl senkit, nem ám! Bíróság elé kell vigyenek, tudják azt maguk! Engem aztán nem ijesztenek meg, nem hát! Majd a bíróság előtt én is beszélek! Azt hiszik, hogy olyan buta vagyok én, nem ismerem a törvényt?

A katonák már nem is törődtek a kiabálásával. Még akkor is beszélt, amikor nyakába tették a kötelet, de az arcának már olyan ijedt színe volt, hogy rossz volt ránézni.

– Pap nélkül nem akaszthatnak senkit, s hát az utolsó kívánság...! – visította még utoljára a falu disznópásztora, aztán a káplár kirúgta alóla az élére állított töltényes ládát, és több hang már nem jött ki a torkán. Csak rángatózott az ép lábával egy darabig, aztán elcsöndesült az is. Egy asszony hangosan felsírt a kör szélén, s öreg Álgya vállára lendítette a baltát.

– Gyerünk haza, emberek – mondta remegő hangon, de elég hangosan ahhoz, hogy mindenki meghallhassa –, mert ha nem, még magától megindul ez a veszett balta a kezemben, s abból csak még nagyobb baj lenne.

19

S MÉG azon az estén fejkendős, ködmönös fiatalasszony érkezett föl a szénégetők kunyhóihoz, s Boldizsár után tudakozódott. Átküldték a sóskúti katlanba, ahol a „partizánok" tanyáztak, ahogy Boldizsár nevezte a maga bandáját. Ott akadt rájuk a puszta kalibában, ahol már esztendők óta nem élt senki. Hatan voltak ott. A földön ültek, mert más ülőhely nem volt, s a téglából rakott nyitott tűzhelyen égett a bükkfatűz, s vörösen világította meg az arcokat. Amikor az asszony belépett az ajtón, minden arc feléje fordult. Boldizsár ott hevert, közel a tűzhöz. Ő ismerte fel elsőnek az asszonyt.

– Hát te vagy az, Kati? – kérdezte.

Az asszony betette maga mögött az ajtót.

– S te itt vagy, Boldizsár? – mondta csöndes hangon, és közelebb lépett hozzá.

– Látod – mordult rá a falu verekedője, rosszkedvűen.

– Látom – felelte az asszony, és még közelebb lépett, két kezét ködmöne ujjába rejtve, mint aki fázik. – Látom – ismételte halkan, de a hangjában volt valami, amitől az emberek egyszerre megmerevedtek, és figyelni kezdtek –, s hol voltál, amíg az én uramat akasztották? Mert akkor kellett volna lássalak, Boldizsár! Neked volt puskád, igaz-e? Megmenthetted volna ott a hegyen, amikor a lábát ellőtték, igaz-e Boldizsár? De te csak magaddal gondolsz, igaz-e? Hát ilyen ember vagy te?

Ekkor már csak alig egy lépés választotta őt el Boldizsártól, aki még mindig ott hevert a földön, felfele fordított fejjel, s vastag, vörös nyakát megvilágította a tűz. Már nyílott is a szája, hogy mondjon valami haragosat, de abban a pillanatban az asz-szony kihúzta a kezét ködmöne ujjából, s előrelendült. Kés pengéje csillant meg a tűzfényben. Aztán már ott volt a kés, mélyen bent, a Boldizsár torkában.

– Hát ilyen ember vagy te? – kérdezte még egyszer az asszony, s még bele is rúgott a hörögve előrebukó testbe. – Most pedig, aki férfi, az velem jön! – csattant föl az asszony hangja keményen, s a lángok fényében vad és félelmetes volt az arca. – Kiirtjuk a katonákat mind egy szálig!

20

MÉG ugyanannak a napnak a délutánján, mikor a falu kint volt a hágónál akasztást bámulni parancsra, a Bíró magára vette a bekecsét és lement a lépcsőn.

– Hova mégy, Apu? – szólt ki Terézia a nappali szobából, s a Bíró csöndesen felelte:

– Csak megjárom magamat egy kissé.

A lépcső aljában megállt, és még egyszer visszanézett, mintha búcsúzni akart volna a lányától. De hallotta, amint Terézia felnyitotta a zongora födelét odabent. Sóhajtott. A könnyű, lágy zongorahangok már ott érték utol az ajtóban. Egy pillanatig újra megállt ott, hallgatta a zenét. Aztán kilépett a hólepte piacra.

A szilvafák csupasz ágain kövér varjak gunnyasztottak, ahogy lassan fölfele haladt a csőszház felé, el se rebbentek, amikor alattuk ment el. Dominik a kemence mellett ült, soványan, csontosan, görnyedten, de ült. Amikor a Bíró belépett a házba, csodálkozva ütötte föl a fejét.

– Há vissza tetszett jönni, Bíró úr? – kérdezte furcsa, sípoló hangon. – Ez biza jó, biza jó.

– Visszajöttem, Dominik – mondta a Bíró fojtottan, és körülnézett –, valamit el kell intézek még, valami fontosat. Tudod, hogy nem szeretem elintézetlenül hagyni a dolgokat. Egyedül vagy?

– Lidi fáért ment, csak ide hátra, az erdőbe – felelte Dominik –, szégyen, hogy asszony létére ő kell végezze ezt, de hát lassan forr össze a vén csont.

A Bíró leült Dominik mellé a padra.

– Gondolkodtál már azon, Dominik, hogy miért vannak itt a

katonák? – kérdezte nehezen szuszogva még mindig a hegytől. – Gondolkoztál ezen?

– Ránk hozta őket az ördög – morogta Dominik –, azért.

– De mi tartja itt őket? – kérdezte a Bíró. Majd választ se várt, úgy súgta fojtottan, előre hajolva. – Az ezüst, Dominik! Az ezüst!

– Ez biza igaz – hökkent meg a vén csősz.

– De a falu megélne az ezüst nélkül, ugye? – vallatta tovább a Bíró, s a hangja forró volt és izgatott.

– Meg hát – vonta meg Dominik sovány vállait –, ahogy régen is megéltek volt a népek itt, Bíró úr, kérem, amikor még nem volt itt bánya. Meg hát.

– Hát ma éjszaka mi elpusztítjuk a bányát, Dominik, mi ketten – súgta a Bíró fojtottan –, s ha nem lesz bánya, nem lesz katona sem, érted? Emlékszel arra a húsz láda robbanószerre, amit Peles úr hozatott hat évvel ezelőtt, hogy megnagyobbítsa velük a bányát? Én nem engedtem meg, hogy használja, mert féltem, hogy megmozdít más sziklákat is a hegyoldalon, s kárt okoz a házakban. Oda tettük be a ládákat a régi lyukba, emlékszel? A régi tárnába. S befalaztuk, hogy gyermekek meg ne találhassák?

– Emlékszem hát... – bólintott Dominik, s a hangja ijedt volt –, s a Bíró úr azt akarja...?

– Igen – felelte a Bíró egyszerűen, komolyan –, nem látok más megoldást, Dominik. Csak így menthetjük meg a falut.

Dominik hallgatott egy darabig, s a feje meghajolt. Aztán lassan mondta:

– Ha a hasamon is csúszom le odáig, Bíró úr, de ott leszek.

Mikor a kapitány visszatért a hágóról, a Bíró már odahaza volt megint. Együtt ették meg a vacsorát, szótlanul, aztán a Bíró homlokon csókolta a lányát, talán egy kissé hosszasabban szorította magához, mint máskor, de ez nem tűnt föl senkinek. Korán tértek aludni. Kilenckor már sötét volt a ház. Tíz óra után valamivel a Bíró ajtaja halkan megnyílott. Elébb kilesett a sötét folyosóra, aztán lábujjhegyen kijött, lement a lépcsőn, s elhagyta a házat. Csizma volt rajta és bekecs. Kint csillagos volt az ég, s a levegőnek fagyszaga volt. De a hó puhán engedett még a lépés alatt, nem csinált neszt.

Fent a Peles-ház előtt fel és alá topogott az őr, de a bányaudvart nem őrizte senki, hiszen nem voltak rabok, akiket őrizni kellett volna, s a kiolvasztott ezüst lent volt a házban, sziklaköveket pedig ki lopkodott volna. A hólepte éjszaka homálya fehér volt és puha, mint a gyapjúval töltött zsák. A bányakapu fölötti öreg bükkfánál sötét árnyék mozdult. Dominik volt. Fél kézzel a fát fogta, hogy el ne essék. A Bíró odalépett hozzá.

– Te maradj itt, és ügyelj! – mondta fojtottan, elakadó lélegzettel – Ha valaki jön, huhogsz, mint a bagoly, érted?

– Értem, Bíró úr – nyögte a fogai között az öreg csősz –, csak ilyen nyomorult gyönge ne lennék, restellem...

A Bíró kihúzott valamit a zsebéből.

– Fogjad – mondta –, de csak akkor használd, ha másként nem lehet. – Egy csillogó csövű, kis zsebpisztoly volt. – Hatot lőhetsz vele, csak meghúzod a ravaszt. Fontos, hogy időm legyen elvégezni a munkát. – Azzal már ment is be a bánya nyitott kapuján, s imbolygó alakját elnyelte a vakfehér homály.

Dominik szorosan megmarkolta a kicsi fegyvert, s másik kezével megkapaszkodott a fában. Melle iszonyúan sajgott, és szédülés lepte meg. Összeharapta a fogait, és meredten figyelte az éjszaka csöndjét. Fülében zakatolva verdesett valami, s szemei előtt fénykarikák szikráztak. De állt a fának roskadva, és megfeszítette minden erejét, hogy szemei le ne csukódjanak.

Sok idő telt-e el, vagy kevés? Fogalma sem volt már egy idő múlva. Maga az idő elnyúlt körülötte, mint a keletlen tészta, súlyosan és ragacsosan, végei belelógtak a semmibe. Valami zsibbadt bénulás súlyosodott a tagjaira. Aztán egyszerre csak, akárha az éjszaka köpte volna ki őket, neszteLen sötét alakok mozdultak feléje a semmiből. Rémület rángott végig a testén, s fölkapta a kicsi pisztolyt.

– Állj! – hördült rekedten az alakok felé, s meghúzta a ravaszt.

Három lövés hasította át csattanva az éjszakát. Valaki káromkodott. Aztán egy puska dörrent a közelben, Dominik megrándult tőle, s mindkét kezével átölelve a fát, lassan leült a hóba.

– Bíró úr... – nyögte –, Bíró úr, jaj... – Aztán meggörnyedt, s nem szólt többet.

Lent, a Peles-háznál, ajtók csapódtak, katonák ordítoztak. Valaki odaugrott az elesett mellé, lehajolt, aztán nyögve elkáromkodta magát.

– Hiszen ez Dominik, emberek... hogy az a... De akkor már megszólaltak a puskák odalent a Peles-háznál, s golyók csapódtak süvítve a sziklába.

– Hiba esett a számításba, emberek – mondta valaki –, gyertek innét!

Mire a katonák fölértek a bányakapuhoz, csak Dominiket találták ott a fa mellett, holtan. Ahogy ott álltak körülötte, s egyikük zseblámpájával belevilágított a holt ember arcába, fent az erdőnél lövés csattant, s az egyik katona feljajdulva a combjához kapott.

– Oszolj! Fedezékbe, s tüzet az erdőre! – kiáltotta a káplár, s a következő pillanatban egy géppisztoly és hat puska kezdte szórni a halál galuskáját az erdőszél irányába. Hogy ugyanakkor lövések dörrentek lent a faluban is, azt már egyikük se hallotta a zajtól.

– Tüzet szüntess – parancsolta kis idő múlva a káplár. Egy ideig még hasaltak ott, de minden csöndes volt. A káplár magosan a feje fölé emelte a villanylámpát, s felkattintotta. A fény éles pászmát hasított az éjszakában, föl egészen a szélső fákig. De nem felelt rá lövés.

– Kutassuk át a bányát? – kérdezte az egyik katona.

– Megtehetjük – mondta a káplár –, három ember velem jön, a többi itt marad, és kinyitja a szemét.

A katonák, akik kint maradtak, még látták a káplárt és három emberét eltűnni a tárna fekete torkában. Ugyanakkor kiabálás hangzott föl a faluban, és két lövés, gyors egymásutánban. Mind arra fordultak. Aztán a következő pillanatban vakító fény csapott hátuk mögött a magasba, megmozdult lábuk alatt a föld, s egyetlen szörnyű dördülés nyelt el mindent.

– Bomba! – kiáltotta valaki éles, sikoltó hangon, s a négy katona esze nélkül rohant alá a szilváskerten. Kövek röpültek el a fejük fölött, sziklák gördültek alá tompa morajjal, s fák törtek ketté recsegve alattok.

Tíz perccel később a kapitány ott lelte meg őket a falu utcáján, egy csoportban, tanácstalanul.

– Mi történt? – ordított rájuk a kapitány, egyik kezében villanylámpáját, másikban pisztolyát lóbálva. – Mit csináltok itt? Hol a parancsnokotok? Mi volt a robbanás?

Időbe került, míg a katonák zagyva dadogásából sikerült kihámoznia valamit. Mire visszavezette őket a bányához, minden csöndes volt és néma. A villanymű nem működött, így csupán zseblámpák fénye mellett lehetett körülnézni. A tárna bejárata egyetlen kőhalmaz volt, sziklák zúzták össze a szabadban lévő gépeket is. A kapitány nem tehetett mást, mint káromkodott, a további vizsgálattal meg kellett várni a nappalt.

– Megszervezett fölkeléssel van dolgunk – mondta a katonáknak –, két sebesültünk van odalent, de a felkelők három halottat hagytak. Maradjatok készenlétben, s nyissátok ki a szemeiteket. A rangidős átveszi a parancsnokságot.

Rendre tudták csak meg a katonák, hogy tulajdonképpen mi is történt. Ugyanakkor, amikor fent a bányánál elkezdődött a lövöldözés, a felkelők egy csapata a községházát támadta meg, egy másik csapat pedig az iskolába elszállásolt katonák lemészárlását tervezte. Hogy tervük nem sikerült, az mindössze egyetlen hibán múlott: az első lövések fent a bányánál félperccel hamarabb csattantak el mint kellett volna, és felriasztották az őrséget. Hogy azok a lövések Dominiktól származtak, és nem is voltak a fölkelők terveiben, arról azonban senki sem tudott.

Az iskola kapujában őrt álló katona hallotta meg elsőnek azokat a lövéseket. Annyi ideje volt éppen, hogy fölriassza a többieket, mert alighogy újra kilépett az udvarra, a támadók már ott is voltak, a kerítésen kívül. A katona csak mozgó sötét alakokat látott a fehér homályban.

– Stoj! – kiáltotta, s már emelte is a puskát. Felelet helyett a sötét alakok szétrebbentek, s eltűntek az árokban. A katona utánuk lőtt. Háromszor egymás után, mire az árokból is eldördült egy lövés. Ezek a lövések riasztották föl álmából a kapitányt.

218

– Az Istenért, mi történt? – ült föl Terézia rémülten az ágyban.

– Ne gyújts világosságot – súgta oda fojtottan a kapitány, és a hangja remegett egy kicsit, ahogy gyorsan magára kapkodta a ruháit. Derékszíját már a lépcsőn kötötte föl. A folyosó sötét volt, s a sötétségben valami mozgott odalent. – Te vagy az Iván? – kérdezte a kapitány, és felkattintotta az övén csüngő villanylámpát. A fénykéve egy fekete kendőbe burkolt asszonyt világított meg a lépcső aljában. Minden fekete volt rajta, csak a szemei villogtak szinte zölden. Valahol egy ajtó nyitva volt, érezni lehetett a huzatot. – Mit akarsz itt? – förmedt rá a kapitány az asszonyra, anélkül, hogy megállt volna. Kettesével vette a lépcsőket lefele. Az asszony csak állt, mozdulatlanul, arca sápadtan világított elő a fekete kendő alól. Odakint újra eldördült két lövés, és valaki élesen felkiáltott.

A kapitány nem törődött az asszonnyal többet. Mikor elrohant mellette, az hirtelen megmozdult, s fölemelte kezét a hosszú gyapjúkendő alatt. A kapitány már háttal volt feléje, amikor fönt a lépcső tetejében Terézia élesen, visítva fölsikoltott.

A sikoltásra a kapitány megfordult. Fent a lépcső fejénél, hosszú hálóköntösben, kezében égő gyertyával ott állt Terézia, sápadtan, s rémült szemekkel meredt alá. Azonban nem őt nézte, hanem az asszonyt ott mellette, a lépcső aljában, aki dermedten állt szintén, s fehéren, mint aki kísértetet lát.

– Eridj vissza a szobába! – kiáltott föl a kapitány a feleségének, s azzal már rohant is tovább, dobogó léptekkel. Pillanat alatt elnyelte odakint az éjszaka.

Terézia és a feketekendős asszony még mindig sápadtan nézték egymást.

– Kati...! – suttogta Terézia odafönt, s fogai vacogtak, kezében reszketett a gyertya. – Mi akartál, Kati...?

Az asszony megrezzent a lépcső alatt, s kezeit gyorsan visszahúzta a nagykendő alá. A gyertya didergő fénye egy pillanatra megcsillant a kés pengéjén.

– Menjen a kisasszonyka, menjen... – morogta az asszony rekedten, és elfordította a fejét –, hagyjon nekem békét, menjen...

De Terézia csak állt, s a hangja éles volt, és vacogott:

– Kati, az Istenért, mért akartad?...

– Menjen! – hördült föl az asszony odalent, és szembe fordult vele. – Menjen, nem hallotta? Vagy azt akarja, hogy... – Azzal előrelépett, s föltette lábát az első lépcsőfokra.

– Kati! – sikoltott föl Terézia rémülten, s rámeredt a gonoszul csillogó késre – Elment az eszed? Kati!

Az asszony újra lépett egyet fölfele. Szeme izzott, arca fehér volt, hangja fojtott és félelmetes.

– Igen kisasszonyka, elment az eszem! El! Az egész világnak elment az esze, kisasszonyka! Mért hagyta, hogy megöljék az én Jóskámat? Mért?

Azzal újra lépett egyet, s a kés furcsán meredt elő a fekete kendő alól.

– Kati! – sikoltott föl Terézia, és megfogózott a falban. – Hát nem emlékszel, amikor együtt játszottunk a kertben? Nem emlékszel?

– Nem – felelte az asszony tompán, és újra lépett egyet fölfele –, semmire sem emlékszem én, kisasszonyka, már többé semmire. Csak arra, amikor a Jóskám nyakára rátették a kötelet, csak arra.

– Jézus Mária... – nyöszörögte Terézia odafönt, és hátralépett.

Az asszony pedig, kezében a késsel, újra lépett egyet fölfele. Már csak három lépcsőfok választotta el őket egymástól. S ebben a pillanatban zakatolva kivágódott odalent a konyhaajtó, s ott állt Kicsi Ágnes borzasan, szétomló testén egy szál fehér hálóinggel, egyik kezében az olajmécses, másikban a kisbalta.

– Ki jár itt, he? – rikoltott föl harciasan, s meglengette kezében a fegyvert.

A hangra valami elpattant, mint a buborék, s Teréziában fölszabadult a megbénított rémület. Hangos sikoltással megfordult, s kezében a lobogó gyertyával rohanni kezdett a sarokszoba felé.

– Apu! Apu! Hol vagy Apu! – sikoltotta eszelősen, majd hallani lehetett, ahogy föltépte az ajtót. – Apu! Hol vagy, Apu?!

Aztán egyszerre csönd lett, iszonyú csönd.

Az asszony még mindig nem mozdult. Csak nézett, s a szeme vad volt és félelmetes.

Kicsi Ágnes magosra emelte a mécsest.

– Te vagy az, Kati? – kérdezte megdöbbenve. – Mi a fenét keresel itt? S mi ez a sok lövöldözés, mi?

Az asszony csak állt. Nem mozdult. Nem szólt.

– Kati! Nem hallasz? Mit ijesztgeted a kisasszonykát éjnek idején, mi? Gyere le onnat!

Az asszony még mindig nem mozdult. Csak nézett, s a szeme vad volt, és félelmetes.

– Megkukultál? – ütődött meg Kicsi Ágnes. – Gyere le, ha mondom! Vagy azt akarod, hogy én menjek föl érted, he?

Az asszony a nagy fekete kendőben megmozdult erre, s lassan, nagyon lassan jönni kezdett visszafele a lépcsőn.

– Nem sül ki a szemed, éjszaka törni rá a házra, akár a haramja! – zsörtölődött Kicsi Ágnes a lépcső tövében, az asszony pedig lassan, nagyon lassan ereszkedett lefele. Bocskort viselhetett, mert léptei nem okoztak neszt. Már csak egy lépcsőfok választotta el őket egymástól, amikor Kicsi Ágnes meglátta a kést.

– Kati! – kiáltott rá olyan hangon, hogy az ablakok megremegtek belé. – Teszed le azt a kést!? Nézze meg az ember! Kati!

A feketekendős asszony megállt. Egy lépcsőfokkal magasabban állott ugyan, de még így is egy félfejjel alacsonyabb volt, mint a másik. Sziszegve jött ki a szó összeszorított fogai közül.

– Menjen az utamból, ha jót akar!

S kettőjük között ott csillogott a kés gonosz hegye.

– Kati! – döbbent meg Kicsi Ágnes – Elment tán az eszed, te? Teszed el rögtön azt a kést!

– Menjen az utamból, Ágnes néni – nyögte az asszony, s az arca rettenetesen fehér volt a mécses lobogó fényénél, akár a holtaké. – Menjen, mert én ma megölök valakit!

– Meg-é? – egyenesedett ki Kicsi Ágnes iszonyú nagyra a fehér hálóingben. – Hát öljél meg, na, öljél! Engem, akihez almáért jártál pendelyes kukackorodban! Aki fánkot küldözgettem az anyádnak! Aki kúráltalak, amikor lázas beteg voltál! Ölj meg, na, gyere! Üsd belém a kést, hadd lám! Gyere na!

Néhány pillanatig úgy álltak ott szemben, a lépcső alján, s közöttük a kés. Csak Kicsi Ágnes nehéz szuszogása hallatszott,

221

más semmi. Aztán fent az emeleten megszólalt a Terézia hangja megint, élesen, hisztérikusan.

– Ágnes! Ágnes! Hol van Apu? Mi történt Apuval?

– Megyek, kisasszonyka, ne tessék félni semmit! – kiáltott föl Kicsi Ágnes, majd fölemelve a mécsest, odatartotta az asszony arca elé. – Hol a Bíró úr, Kati? – sziszegte fojtottan. – Hol a Bíró úr? Felelj!

Az asszony megrezzent, s pislogni kezdett a fénytől. Alakja egyszerre megroskadt a nagykendő alatt, egészen kicsi lett, és görnyedt.

– Én nem tudom, Ágnes néni – rebegte szinte ijedten –, esküszöm...

– Eridj a konyhába, s csinálj magadnak egy csupor kávét, attól tán magadhoz térsz – morgott rá Kicsi Ágnes –, a késről majd beszélünk azután.

Azzal félretolta az útból, mint egy gyereket, s nehéz, csoszogó léptekkel megindult fölfele a lépcsőn.

– Megyek, kisasszonyka, drága, megyek – lihegte –, ne tessék félni, nem lesz semmi baj...

A következő pillanatban rettenetes dördülés rázta meg az épületet. Az emeleten csörömpölve hasadtak be az ablakok, s Kicsi Ágnes nagy suppanással leült a lépcsőre.

– Jajteremtőisten... – nyögte, s lehunyta a szemeit. Mikor újra kinyitotta, a ház még mindig állott, akárcsak azelőtt. Az olajmécses is ott égett imbolygó lánggal mellette a lépcsőn, s fentről Terézia jött lefele rohanva. De a fekete kendős, kicsi asszony ott lent a lépcső aljánál nem volt többé sehol.

Mikor a kapitány visszatért, a ház sötét volt és néma, csupán a Terézia szobájában égett a mécses. Kicsi Ágnes csirizzel és újságpapírral beragasztotta a törött ablakokat úgy ahogy, tüzet is gyújtott a kályhában, s Teréziának forró herbateát főzött. A kapitány döngő léptekkel ment föl az emeletre, s egyenesen a Bíró szobájának tartott. Csak azután nyitott be a feleségéhez. Terézia az ágyban feküdt, állig betakarózva, lázas szemekkel. Kicsi Ágnes ott ült az ágy melletti széken, kendővel a fején, télikabáttal a hálóing fölött. A kisbalta még mindig ott volt mellette.

– Hol van Apu? – kérdezte Terézia, és felült az ágyban.

A kapitány megtorpant a küszöbön. Látszott rángatózó arcán, hogy ugyanezt akarta kérdezni ő is. Aztán lassan odament az ágyhoz, valamit kivett a zsebéből, és odalökte a rózsaszínű selyempaplanra.

– Ismered ezt? – kérdezte, és a hangja hideg volt, idegen.

Terézia néhány pillanatig rámeredt a csillogó csövű kis zsebpisztolyra.

– Hol...? Hogyan...? – kérdezte dadogva, és szemei iszonyattal és rémülettel voltak tele.

– Fent a bánya előtt – felelte a kapitány, és visszasüllyesztette a pisztolyt a zsebébe. – Valaki zendülést szervezett, és fölrobbantotta a bányát. S ezt ott találtuk a színhelyen. Ismered?

Terézia felelet helyett hátraroskadt, beletemette arcát a párnákba, és zokogott.

– Gondoltam – mondta a kapitány komoran, és döngő léptekkel elhagyta a szobát.

Néhány perc múlva megérkeztek a katonák Emánuellel és öreg Álgyával. Úgy voltak, alsóruhában, ahogy lelték őket. Több mint egy óráig tartott a kihallgatás az irodában, de öreg Álgyából nem sokat lehetett kiszedni. Mindössze annyit, hogy a holtak szénégetők voltak, mind a hárman, névszerint ismerte őket, s egyik közülük, egy szakállas, sovány öreg, akinek Pálók volt a neve, kenyeres jópajtása is volt valamikor régen, ifjúkorában. Könny is rezgett a szempilláján öreg Álgyának, amikor erről a halottról beszélt, ami ugyancsak felbőszítette a kapitányt.

– Maga a banditákkal érez, mi? – ordított reá a gatyában vacogó öregre. – Akkor maga is közéjök tartozik, s megérdemli, hogy fölakasszuk!

– Mondja meg neki, úrfi – mondta csöndesen az öreg cseléd, amikor Emánuel lefordította neki a haragos szavakat –, hogy semmiember lennék én, ha nem éreznék azokkal, akikkel együtt éltem itt nyolcvanegynéhány esztendeig jóban és rosszban. Semmi, hitvány ember, az hát. S ha hűségért akasztás jár az ő országában, hát akár elő is veheti a kötelet most ni, legalább nem kell vénségemre a szememmel lássam, miként pusztítják ki a falumat. Mondja meg neki!

Ettől a kapitány egy kissé lecsillapult, s a robbanásra terelte a kihallgatás sorát. Ezzel kapcsolatban azonban csak annyit tudott öreg Álgya mondani, hogy emlékezete szerint valamikor régen hozatott ide egy nagy rakás robbanószert a bányaúr, mert ki akarta nagyobbítani a bányát. Azonban a Bíró nem engedélyezte a robbantást, és így Pelesék el kellett tegyék valahova a veszedelmes ládákat, ahol gyermekek s egyéb lézengők nem akadhattak rá. Hogy azonban hova rejtették el, azt csak ők tudták, meg a Bíró, és senki más.

Mikor Álgyát végre kiengedték az irodából, a kapitány hidegen fordult Emánuel felé.

– Azt hiszem tisztában van azzal, hogy az ezüstbánya felrobbantása miatt a központ vizsgálatot fog indítani. Az eljárás természetesen elsősorban az öregúr ellen irányul majd, hiszen kétségtelen, hogy ő rendezte ezt, valamilyen buta, hazafias föllángolásban. Bármennyire is sajnálom Teréziát, ezen én már nem segíthetek. Azonban – emelte föl a hangját, és kemény, szúrós tekintetével szinte fölnyársalta a sápadtan didergő fiatalembert –, azonban jelentésemben önt teszem felelőssé azért, hogy a nép hangulata ellenünk fordult, s kívánni fogom, hogy szabotázs gyanúja miatt bíróság elé kerüljön. Elmehet, de szállását el nem hagyhatja! Végeztem!

Az éjszaka hátralevő része zavartalanul telt el. Reggelre azonban újabb meglepetés várta a kapitányt. Az iskolaépület elé kirendelt őr eltűnt. Nyoma veszett. Négy órakor történt a váltás, tejesen szabályosan. Az új őr kijött, odaállt a kapuba, s a régi bement aludni. Mikor hat órakor a következő katona kiment, hogy leváltsa ezt, az őr nem volt sehol. Először azt hitték, hogy részegen fekszik valahol a gazember. De hiába tették tűvé a falu összes borospincéit és házait, a katona nem került elő. A hó pedig úgy össze volt már taposva nyomokkal, hogy azokon eligazodni nem lehetett.

21

MÉG csak virradt, amikor a vak leány aláereszkedett a hegyről. Az éjszaka eseményei lidércnyomásként ülték még mindig a falut. Senki se tudta még pontosan, hogy mi történt. Vad és hajmeresztő hírek keringtek a kertek alatt. Voltak, akik már azt is tudták, hogy a Bírót karóba húzták a katonák, mások szerint viszont a Bíró előbb felrobbantotta a bányát, aztán leölte a katonák felét, s végül fölmenekült a hegyekbe, ahol a pásztorokból és a szénégetőkből rendes hadsereget szervez a megszállók ellen, melyhez a fegyvereket Tromkáék küldik idegen országból, repülőgépeken, éjnek idején.

A vak leány lassan lejött a faluba, s halkléptű bocskoraiban sorra járta a házakat. Egyikből ki, másikba be. Mindenütt csak néhány percig maradt, néhány csöndes szót mondott mindössze, s már ment is tovább. Egyetlen házat sem hagyott ki. S ahonnan kiment, ott az emberek, asszonyok és gyermekek döbbenve meredtek egymásra, szótlanul sokáig. Aztán némely házban legyintettek, morogtak valamit, s fejcsóválva egyéb dolog után néztek. Más házaknál viszont elkezdték batyuba kötni a holmit, zsákba rakni az élelmet, mint akik útra készülődnek. A nap már ott ült a Keleti-hágó párái mögött, s elkezdte kékre nyalni az eget, s az ereszekről is csepegni kezdett az olvadó hólé, amikor a leány a bolt elé ért. Egy pillanatra megállt ott, mint aki hallgatózik, de a bolt néma volt és üres. Aztán az ajtóhoz lépett, és óvatosan kinyitotta. A kicsi csengő furcsán, élesen csilingelt föl a lakatlan házban.

– Emánuel... – szólt be a leány halkan a csöndbe –, itt vagy, Emánuel?

Az egykori boltosfiú bent volt a belső szobában, amikor meghallotta a repedt csengőt. Ott ült, görnyedten, anyja poros, tépett képe előtt az üres házban, és sírt. Apja ócska karosszékében ült, s kezében tartotta a képet. Amikor meghallotta a csengőt, lassan fölállt, a képet letette az asztalra, letörülte a könnyeit, és átment a boltba. A leány már az üres bolt közepén állott.

– Te vagy az, Rozi? – kérdezte.

A leány fölemelte a fejét, és nem felelt, csak figyelte a hangot.

– Szükséged van valamire? – kérdezte az egykori boltosfiú, és sóhajtott. – A bolt üres, Rozika.

– Te sírtál, Emánuel – mondta a leány, és nem mozdult. Várt egy keveset, de a boltban csönd volt. – Azért sírtál, amit mások tettek, vagy amit te tettél? – kérdezte halkan.

– Amit mások tettek, és amit én tettem – felelte Emánuel, és sóhajtott. – Nem mindegy az, hogy miért sírunk, ha egyszer sírunk?

– Nem – felelte a leány komolyan, és megrázta a fejét –, nem mindegy, Emánuel. Csak azért szabad sírnunk, amit mi tettünk. – Szeme, ahogy üres merevséggel nézett a semmibe, mély volt és kék. – Megtanultad már ezt, Emánuel?

– Nem értelek, Rozi – felelte a fiatalember csöndesen. – Más nyelvet beszélünk, te meg én.

– Igen – mondta a leány, és lehajtotta a fejét –, más nyelvet beszélünk, Emánuel. Te mást és én mást. Lukács bácsi olvasta volt egyszer nekünk a Jó Könyvből, hogy sok idővel ezelőtt ugyanígy történt. Egy helyen, amit Bábelnek mondottak. Mindenki más nyelvet beszélt, s az emberek nem értették egymást. Hallottál erről?

– Lehet, nem emlékszem már – felelte Emánuel türelmetlenül –, annyi bolondot összeolvas az ember.

A vak leány lassan megcsóválta a fejét.

– Kár, hogy nem emlékszel rá, Emánuel – mondta szelíden –, nagy kár. Mert az a hely elpusztult, Emánuel, s mindenki odapusztult, aki ott maradt, mert nem értették egymás nyelvét. Így áll a Jó Könyvben. Én pedig azért jöttem, mert Lukács, a pásztor, üzeni: aki élni akar, jöjjön föl a hegyre. Hagyjon ide mindent, s kövesse az Urat, ahogy a Könyv mondja. Aki az Úrban bízik, az szükséget nem lát, így ígéri a Könyv. Jöjjön hát mindenki föl a hegyre, s éljünk a Könyv szerint, ezt üzeni Lukács, a pásztor. Mindenkinek üzeni. Neked is.

Emánuel kilépett a pult mögül, odament a leányhoz, és gyöngéden megveregette a vállát. Könnyesek voltak a szemei, amikor mondta:

– Értem az üzenetet, Rozika, megértettem. S mondd meg Lukács bácsinak, hogy köszönöm. Szívből köszönöm. Jól esett. Megmondod neki?

– Megmondom, Emánuel – bólintott a leány komolyan –, de azt hiszem...

– Várj – szakította félbe Emánuel –, még nem fejeztem be. Mondd meg Lukács bácsinak, hogy köszönöm, de nem fogadhatom el. Nem tehetem. Én jót akartam, és igaz úton jártam. Nem vagyok gonosztevő, és nem szökhetem meg a felelősség elől. Mondd meg ezt is!

A leány lassan megrázta a fejét.

– Nem értetted meg az üzenetet, Emánuel – mondta szomorúan –, talán sohasem fogod megérteni. Más nyelvet beszélsz, Emánuel. Pedig, ahogy mondod, jót akartál. De hogyan tehet jót, aki nem érti a mások beszédét? Jót akarni, és rosszat tenni mégis... nem a legszomorúbb butaság, Emánuel? Szeretném, ha megértenéd, amit öreg Lukács üzent...

– Azt üzente, hogy elbújjat a megszállók elől! – súgta idegesen a fiatalember, óvatosan kilesve az ajtón, nehogy meghallja valaki. – Ne játsszunk hát a szavakkal. Azonban ő is meg kell értse, hogy én nem bújhatok el. Én mindent, amit tettem, a nép javáért tettem, s ha elmenekülnék, az annyi lenne, mintha beismerném, hogy bűnös vagyok... Érted?

– Én értem – felelte csöndesen a vak leány, és lassan megfordult –, s egyszer talán te is megérted majd, hogy mit üzent a Jó Könyv szavaival Lukács, a pásztor. Addig... Isten legyen veled, Emánuel!

Azzal már csilingelt is az ajtó fölötti repedt csengő, már ment, puha bocskoraiban nesztelenül járva az olvadó havat, ment vissza a hegyek felé.

227

Emánuel még mindig ott állt az ajtóban, és bámult utána a semmibe, szívében valami furcsa, zavart döbbenettel, amikor a katonák érte jöttek. Csak annyi időt adtak neki, hogy összeszedjen néhány holmit a szobában, s már vitték is szuronyok között, a kapitány pecséttel elzárt jelentésével együtt, föl a hágónak, s onnan alá a város felé. Fönt a hágón, ahol az erdő s a sziklák öszszeértek, a rab engedélyt kért a katonáktól, hogy igyék a csorgó vizéből.

– Apám építette volt – mondta, amikor két markát kinyújtotta a vascsőből kicsorduló ezüst-tiszta víz felé, s a katonák bólintottak közömbösen. A nap sütött, fehéren csillogott erdő, legelő, a hegyeket kék pára takarta, s lent a gödörben hallgatott a falu, sápadtan, mint a papra váró holt.

22

MIKOR azon a napon a katonák elkezdték összefogdosni a falu minden népét, sokan már batyustól készen voltak arra, hogy nyakukba vegyék a hegyet. Néhányan már indulóban is voltak az udvarokon, tehénnel, malaccal, kosárba kötött majorsággal, de még mindig eszükbe jutott ez vagy amaz, amit kár lett volna otthagyni pusztába. Így aztán egyetlen egy sem mentődött meg a bajtól, és később sokan gondoltak vissza sóhajtozva, hogy jobb lett volna ám megfogadni öreg Lukács szavát úgy, ahogy a Jó Könyvből üzente volt: „Hagyjatok oda mindent, s kövessetek engem!"

Azokat, akiket már menekülőben leltek, különös szigorral kezelték a katonák, mert biztosak voltak abban, hogy részük volt a fölkelésben, azért akartak elmenekülni. Ezeket külön terelték össze az üres Tromka-udvarra, s aztán egyenként taszigálták be őket a csűrbe, ahol két ingujjra vetkőzött katona először is jól elvert mindenkit, férfit, asszonyt, gyermeket, ököllel, rúgással, szíjostorral. Mivel a katona-tolmács, akit a parancsnokságtól kért volt a kapitány, legfeljebb estére lehetett csak ott, így a vallatás első szakasza ezzel be is fejeződött, s katona-nyelven úgy nevezték ezt, hogy „puhítás". A „szökésben tetten értek" ezután ott kellett ácsorogjanak az udvaron, szabad ég alatt, míg azok, akiknek bűnrészessége még vitás lehetett, és mert nem szándékoztak szökni, az ököristállót kapták börtönül, kivételes kegyként.

Pattanás és öreg Álgya reggeltől délig a három holt szénégetőt temették, katonai felügyelet alatt. Déltől aztán Álgyát bevitték az irodára, a sírásó pedig mehetett haza.

– Úgy látszik, ebben az újfajta világban nekem van a legcélszerűbb foglalkozásom – búcsúzott el Pattanás Álgyától az iroda előtt, amikor szélnek engedték –, engem ejszen utolsónak hagynak, hadd ássam el előbb az egész falut.

Pattanás azonban nem haza ment, hanem föl a csőszházhoz, ahol még egy kötelesség várta. Egy kötelesség, mely sírásáshoz szokott szívét ezúttal különös keserűséggel töltötte meg. Hiszen minden igaz férfiembernek csupán egy igazi jó cimborája lehet ebben a cudar életben. Hát még mennyire így van ez annál, aki agglegény, s magányos, akár az útszéli fenyőfa.

Görnyedt vállán a szerszámokkal úgy cammogott Pattanás föl a hegyoldalon, mintha a saját sírját készült volna megásni. Vagy még úgyabbul. Mert kinek jobb: aki marad, vagy aki megyen?

– Hej, öcsém, még itt is neked jutott az eleje – dörmögött magában, mint aki még mindig vitatkozni akar azzal, aki már nem hallhatja –, még itt is túljártál az eszemen, lám én viszlek ki téged, ahelyett, hogy te vinnél ki engem, illendőség szerint. Súly essék ebbe a megrepedt világba...

Fönt a csőszház megett Lidi néne éppen az utolsó szöget verte bele baltafokával a padlásdeszkából készült koporsóba. Dominik meg ott hevert elnyúlva a pitvar szalmazsákján, szőrösen, soványan, iszonyú békésen. Pattanás meg az öregasszony egy szót se szóltak egymáshoz, hiszen mit is mondhattak volna, egyik kalapálta a deszkát, fűrészelte a födélnek valót, a másik megásta a gödröt ott fönt az erdőszélen, ahol Dominik kívánta volt, annak idején, amikor szó esett erről. – Hogy őrizhessem a völgyet azután is – mondotta volt Dominik, amikor ott ültek egy lágy őszi estén, sok évvel ezelőtt, így mondta éppen. Ki gondolt akkor komolyan a halállal? Az ember mindig akkor beszél róla, amikor nem gondol vele.

– Hát öcsém, most aztán van mit őrizzél, ha győződ – dünnyögte magában a vén sírásó, ahogy belenyomta ásóját mélyen a sárga agyagföldbe –, nyugodjál békében, bár döglenék meg már én is...

Mikor elkészült a gödör, szélesre, mélyre, kényelmesre, Lidivel együtt becipelték a gyalulatlan koporsót a házba, két fáradt, tipegő öreg, s belefektették szépen a harmadik öreget, akár egy királyt. Aztán kicipelték az erdő szélére, s beeresztették a nagy sárga gödörbe, ügyelve, nehogy egyet is zökkenjen, nehogy megrázkódjék a pihenni vágyó, megkínzott, öreg csont. Ősi hegyi szokás szerint a födelet csak ott tették reá, a gödörben. Hiszen Isten szép világában csak nem lehet vakon vinni utolsó útjára a holtat!

Lidi állt a fejinél, Pattanás a lábánál. Vállig ért a gödör, kiláttak belőle a fehér erdőre, néma legelőre, vacogó falura, lemenőben lévő, hideg téli napra.

– Hát Isten veled, Dominik, nyugodjál már most békességben, ha életedben nem nyughattál soha – mondta Lidi néne a halott fejénél, s nem volt sírás a szavaiban, csak nagy-nagy keserűség.

– És bocsáss meg, ha vétettem ellened – tette hozzá szelíden –, mert biza feleségül mehettem volna hozzád, ami igaz, az igaz.

Aztán nagyot sóhajtott, s Pattanásra nézett. Az öreg sírásó megvakarta a fejét, s szinte-szinte elsírta magát ott abban a percben, ahogy alánézett az öreg cimborája sápadt, sovány arcára.

– Várj meg a kapu megett, Dominik – nyögte keservesen –, hadd ballagjunk együtt odaát is! Várj, csak egy kicsikét, na!

A könnyek mégis kicsordultak a vén szemekből, s takarni kellett, mert szégyen ez, az hát. Lehajolt hát gyorsan, s fölemelte a fedél végét. Lidi is emelte már a másikat. S gyöngéden, szépen letakarták vele az öreg cimborát.

– Ima is kellene – vélte Lidi néne.

– Kellene hát – hagyta rá a sírásó, s csak állt ott, esetten.

– Hát mondjad már! – biztatta Lidi.

– Én?

– Te hát. Te jártál a pappal, rád ragadhatott valami annyi idő alatt!

Pattanás nagyot sóhajtott, összetette a két kezét, gondolkozott egy keveset, de nem tudott emlékezni semmire se, amit a pap mondott volt ilyenkor. Így hát egy idő múlva elkezdte a maga módján:

– Fölséges Úristen, íme itt megyen Tehozzád Dominik, ki csősz volt nálunk, s jó keresztyén ember. Nem imádkozott sokat, az igaz, de hát mi már csak ilyen gyarló fajta emberek vagyunk. Uram Isten, éltünk, ahogy lehetett... – Itt megakadt, nyelt egyet. – Hát én biza nem sokat tudok mondani, azt se tudom, milyen világ vagyon odaát, ahova ő megyen. Vannak-e hegyek, fák, kicsi madarak. De lám, Uram Isten, Dominik itt az erdőt járta mindig, azt kedvelte, meg a puskáját, ő már csak ilyen volt, na. Így hát, ha akad odaát is valami csőszi állás, könyörgünk, Uram, gondolj reá! Ha már így adódott, hogy mennie kell. Hát légy jó szívvel iránta, Uram. Mert hát... egyszóval, na, mind kedveltük volt a tökéletlent, mit tagadjuk. S bocsáss meg neki, ha netán itt-ott hibázott valamit, hiszen emberek vagyunk mindannyian. Mi Atyánk, ki a mennyekben vagy, viseld gondját szegény Dominiknak! Ámen.

Néhány pillanatig még álltak ott lehajtott fejjel mind a ketten, s csak a Lidi néne szája mozgott, szó nem jött ki rajta. Aztán szótlanul kimásztak a gödörből, és sokáig csak a rögök tompa dübörgése hallatszott a nagy téli csöndességben, más semmi. A messzi hideg nap lassan alábukott a borzas erdőgerinc mögé, s kék-hideg szürkület lepte el a világot.

– Hát ezzel megvagyunk – mondta Lidi néne, amikor már a sárga földrakást is gondosan ellapogatták a lapátok bütüjével, és sóhajtott.

– Ezzel igen – hagyta rá Pattanás, és sóhajtott ő is. Aztán megindultak lefele a házhoz. A csűr sarkából egyszerre néztek vissza mind a ketten. A néma fehérségben olyan árván és elhagyottan állt ott fönt a kis sárga földhalom, hogy összeszorult tőle a szívük.

– Jaj, édes jó Istenem... – nyöszörgött föl az öregasszony, s kötényével eltakarta az arcát. Pattanás szó nélkül fújta ki az orrát a kezébe, s tenyerét vedlett condranadrágjába törölte.

Libuc, a kopó, ott nyöszörgött a láncon. Halkan nyöszörgött, s fénytelen öreg szemeiben olyan mérhetetlenül mély volt a gyász, hogy Pattanás csak elfordult tőle, hogy ne is lássa.

– Lidi, te gondját viseled annak a kutyának, ugye? – kérdezte a ház sarkánál. Az öregasszony csak bólintott némán. A fásszín mögötti ketrecben Peti pityegett, a kakas. Ő buta madár volt csak, semmiről se tudott.

– Petit levihetnéd magaddal – mondta Lidi néne –, ő is úgy akarná, tudom. S a kisüstet is a belső házból meg a korsókat, kádakat...

Pattanás megállt a Peti ketrece előtt. Egy pillanatig állt ott, lehorgasztott fővel, aztán kinyitotta a kisajtót, elkapta a kakast, s a hóna alá szorította.

– Petinek jó dolga lesz nálam – mondta –, ne aggódj miatta. Ami az üstet s a többit illeti, Lidi... jobb ha itt maradnak. Nem esne jól az ital többé úgyse. Egyedül.

Azzal feleletre se várva, vissza se pillantva megindult lefele a fehér téli hegyoldalon, sovány, hajlott hátú, bozontos vénember, vedlett kalappal a fején, sírásó szerszámokkal a vállán, s a kakassal a hóna alatt. Még el se érte a szilváskerteket, s már úgy elnyelte az este, mintha ott se lett volna soha.

Az öregasszony még mindig ott állt a ház nyitott ajtajában, mint aki fél bemenni, mert tudja, hogy odabent csak üres sötétség van, más semmi. Csak állt ott, és nézett lefele. Mikor aztán a sírásó imbolygó alakja is eltűnt a szeme elől, s egyéb se maradt, csak a szürkületbe temetkező falu lent a fehér gödör mélyén, hirtelen fölemelte csontos, sovány öklét, és megfenyegette vele a lenti világot.

– Községháza! – szakadt föl belőle rikácsolva a lefojtott fájdalom. – Szakadt volna le reád az égbolt, amikor megépítettek, átkozott községháza! Te tetted ezt! Te! Pusztítson el az Isten, hogy elpusztítson!

233

23

AZON az estén a kapitány idegesen járt föl-alá az irodában. A tolmács nem érkezett meg, a vallatások megakadtak. Várni kellett. A várakozás ideje alatt megpróbálta összerakosgatni az események cserépdarabkáit, hogy valamiképpen meglelje közöttük az összefüggést, de sehogyan sem tudott egységes képet alkotni belőlük. A felkelők megtámadták a bányát és az iskolát. Felrobbantották a bányát. Ez gondosan kitervezett kezdeményezésre mutat. Viszont a katonák elleni támadás szervezetlen volt. A káplár és a vele lévő katonák valószínűleg rájöttek valamire, de már nem volt idejük, hogy megakadályozzák a robbanást. Odavesztek a beomló bányában. De hol a Bíró? Mi szerepe volt neki az egészben? Mi volt az öreg csősz szerepe? Ki kezdte a lövöldözést ott fent a bányánál? Hiszen nem a katonákra lőttek akkor. A valóság az, hogy ezek a lövések mentették meg a katonákat. De ki lőtt kire? Ezek voltak a kérdések, melyek mögött ott lapult valahol a megoldás. A kapitány próbálta feszegetni őket elméjében minden oldalról, de semmiképpen sem illettek össze a darabkák. Egyszerre aztán, hirtelen eszébe jutott az asszony. Akit ott látott állani a lépcső alatt röviddel a robbanás előtt. Egészen megfeledkezett róla.

Sietve ment föl az emeletre. Hátha a titok kulcsa itt rejlik valahol! Bárki is volt az az asszony, akart valamit!

Terézia ágyban volt már, borogatással a fején, s mellette Kicsi Ágnes, mint egy gondtelt öreg kotló. A kapitány durván rontott be a szobába.

– Terézia! Ki volt az az asszony a múlt éjszaka? Aki a lépcső alatt állt, amikor én lementem? Te megismerted, mert ha jól emlékszem, felsikoltottál, és nevét is kiáltottad? Ki volt, és mit akart itt?

Terézia arca sápadt volt, szemei ijedten rebbentek, s Kicsi Ágnest keresték.

– Oh, Kati volt az, más senki – morogta a szakácsné, bosszúsan –, hozzám jött orvosságért. Hűlése van a gyerekének, s rázza a hideg. Mondja meg neki, kisasszonyka.

A kapitány csalódottan hagyta ott a szobát. Az ebédlőbe ment, maga elé tett három üveg bort, s inni kezdett. Mikor a tűz kitört, holtrészeg volt már, alig állt a lábán.

A tűz valamikor éjfél után keletkezett, és mire Iván, a katonalegény, aki hátul aludt a kamarában, felriadt a füstre, és fuldokló köhögés közepette elbődülte magát, már négy helyen is égett az épület. Az Iván bömbölésére Kicsi Ágnes is fölébredt, és esze nélkül rohant ki a folyosóra, de a lángok akkorra már a lépcsőt is elérték, s a füst olyan vastag volt, hogy késsel lehetett volna vágni.

Az ebédlőben még mindig égett a petróleumlámpa, s a kapitány ott állt részegen az ablakban, amit csizmájával rúgott be, amikor fojtogatni kezdte a füst.

– Riadó! Sorakozó! Század előre! – ordított ki rekedten az éjszakába, s pisztolyát kirántva lődözni kezdett hátra, a fák közé. A lángok akkor már megvilágították az egész térséget messzire, s a kapitánynak úgy tűnt, mintha ott hátul az almafák között egy gonoszul vigyorgó vénasszony ábrázatát látta volna feltűnni egy pillanatra, ahogy csontos ökleit megrázta feléje. Hármat is lőtt oda vaktában, s a harmadik lövés után mintha sikoltást is hallott volna valahonnan, de lehet, hogy csak a felcsapó lángok sercegése volt. A következő pillanatban aztán elbömbölte magát:

– Utánam!

S egyszerűen kilépett az ablakon. Mindössze a bokája és egyik karja törött el. Még akkor is vezényszavakat ordított részegségében, amikor Iván hátra hurcolta a fák közé, hogy rá ne szakadjon a házfödél.

Ezalatt Kicsi Ágnes, kötényét a szája elé tartva, köhögve és jajveszékelve felrohant a lépcsőn, be a Terézia szobájába, akit már ott talált a szoba közepén, tántorogva, szédülten és halálra rémülten.

– Gyorsan, kisasszonyka lelkem, gyorsan! – sikoltott rá Kicsi Ágnes, azzal elkapta a karját, s rángatni kezdte maga után kifelé.

A lépcső száraz vörösfenyő fája már öles sárga lángokkal és fekete gyantafüsttel égett, pattogva, sercegve, akár maga a pokol. Terézia vissza akart fordulni, amikor meglátta a lángokat, de Kicsi Ágnes előrerántotta, letépte magáról a kötényt, s rácsavarta a fiatalasszony arcára, fejére.

– Szaladjon át rajta, szaladjon! – kiáltotta, s mert Terézia mozdulni sem tudott a rémülettől, elkapta a két vállát, s lelökte a lépcsőn, keresztül a lángokon. – Fusson ki! Fusson! – ordította utána, aztán elfogta a köhögés, és ezek voltak az utolsó szavak, amiket élő ember Kicsi Ágnes szájából hallott.

Terézia még leért a földszinti folyosóra, csak a bőre perzselődött meg néhány helyen s a haja. Valaki megragadta ott lent, s kilódította a nyitott ajtón át a szabadba. Valamelyik katona volt. A következő pillanatban leszakadt a lépcső, s csak egy vakító tűzoszlop maradt a helyén.

Oltásról szó sem lehetett. Az előrohanó katonák kidobáltak a konyhából, irodából amit tudtak, aztán csak álltak a piacon, és bámulták bambán, hogy miképpen ég le tövig a községháza. Később kezdtek csak tűnődni azon, hogy mi okozhatta a tüzet. S főként, hogy miképpen hatalmasodhatott el az épületen anélkül, hogy az őr ott szemben, az iskola kapujában észrevette volna. Az is eszükbe jutott rendre, hogy nem is az őr ébresztette föl őket, hanem a kapitány lövöldözése. Keresni kezdték az őrt. Akkor derült ki, hogy nem volt sehol. Eltűnt, nyomtalanul, akár múlt éjszaka a másik.

Reggel a törött csontú kapitányt s a feleségét öszvérháton leszállították a városba. A kapitány még mindig nem volt magánál, feleségét pedig hozzá kellett kötözni az öszvér nyergéhez, mert úgy visított és hadakozott, mint aki elvesztette az eszét.

Délután aztán egy egész század katona érkezett föl a városból, két tiszttel. A tisztek gorombák voltak, barátságtalanok és gyanakvók. Tolmács is jött velük. Először a foglyokat vették számba. Kiderült, hogy a tűz ideje alatt sokan megszöktek a Tromka-udvarról, harmincnál is többen. Emiatt a tisztek irgalmatlanul összekorbácsoltak mindenkit, aki még ott volt. Aztán elkezdték a vizsgálatot.

A tűz okát hamar megtalálták: hat üres petróleumos kannát szétszórva a füstölgő romok körül. Az is kiderült, hogy valaki a boltból lopta ki azokat. Ki lehetett más, mint a községi elöljáró? Neki volt szabad bejárása a boltba, vallották a katonák, akiket kikérdeztek. Mikor az is kiderült, hogy néhányan látták is az öreget az égő ház mellett, ruhástól, felöltözve, s minden jel szerint elébb volt, mint a mentésre elősiető katonák: az ítélet nyomban megszületett.

– Állj oda, disznó, büdös kulák! – ordított rá az egyik tiszt öreg Álgyára, s az ököristálló falára mutatott. Öreg Álgya oda-döcögött a fal mellé, egykedvűen.

– Most meghalsz! – ordította a tiszt, s a tolmács lefordította a fenyegetést, hogy biztosak legyenek abban, meg is érti, miről van szó.

Álgya egykedvűen bólintott.

– Előbb-utóbb mind meghalunk – mondta nyugodtan. – Maguk is, Isten segedelmével.

Azzal még bele is nézett a pisztoly csövébe, s a szeme se rebbent meg, amikor a lövés eldördült, csak összecsuklott szelíden, s elnyúlt a sárrá taposott hóban.

Azt, ami Kicsi Ágnesből megmaradt, csak másnap lelték meg az üszkös romok között, s átadták Pattanásnak, a sírásónak, hogy tegyen vele, amit akar. Alig félóra múlva újra hívatták. Néhány lézengő katona egy vénasszony holttestére bukkant hátul a patakmenti bozótban. Lövés volt a hasában. Látszott, hogy valahonnan odáig vonszolta magát, s mert tovább menni nem tudott, hát csak összegüzsörödött egy bokor alatt, s meghalt. Annyit tudtak róla a katonák, hogy Lidi volt a neve az öregasszonynak, s valahol fönt élt az erdő szélén. Meg hogy a falusiak boszorkánynak nevezték volt.

– Takarítsa el ezt is – parancsolta Pattanásnak a tolmács, s ezzel Lidi néne szerepe befejeződött a megszálló hatalom szempontjából.

Maradt a zendülés és a bányarobbantás ügye, amit még felső parancsra tisztázni kellett. A felderítéssel megbízott tisztek a legrövidebb és legegyszerűbb módszert választották. A falu összeterelt maradék népét először alaposan elverették a katonákkal. Aztán egyenként vették elő őket, s mikor a kérdésekre nem tudtak megfelelni, addig verték újra, míg ájultan összeestek. Mikor aztán már nem volt senki, akit ki lehetett volna hallgatni, akkor a két tiszt elkészítette a jegyzőkönyvet, s a vallomásokat aláíratta az írni tudókkal, s ott volt minden papíron, világosan és tisztán. A zendülés miatt a felelősség elsősorban a régi kapitalista világból ittmaradt elöljárót terheli, a bírót, aki az egésznek értelmi szerzője volt. Élve vagy halva kézre kell keríteni. Másodsorban felelősség terhel egy bizonyos Emánuel nevű pártmegbízottat, aki bebizonyíthatóan szabotálta a rendszert és a rendeleteket, s aki már őrizetben is van.

Mikor ezzel is elkészültek, negyven katona közrefogta a falu népét, s elterelte őket, ki a völgyből, át a hegyen, mint a juhot szokás, az ilyen megbízhatatlan kuláknépség számára készült kényszermunkatáborok felé. Mindössze a sírásót hagyták meg a faluban, néhány mozdulni is alig tudó öreget s a gyermekeket, tizennégy éven alul.

– Ezekről majd később intézkedünk – mondta Pattanásnak a tolmács –, valószínűleg az állam veszi gondozásba őket.

Annak a napnak az éjszakáján, amikor a falu népét elhajtották, három őrkatona tűnt el, egyszerre három helyről. Ez már sok volt a tiszteknek is. Ha egy-egy eltűnik, az még előfordul. A fiúkat elfogja a honvágy néha-néha, s olyankor bolond dolgokat cselekednek. Az ilyen század megérett arra, hogy leváltsák. De három egy éjszaka, ez már sok.

Következő este a tisztek szigorú parancsot adtak a szakaszvezetőknek: kettesével állítsák az őröket, s figyeljék őket. S ha valakit szökésen érnek, lőjék le azonnal. Ez majd elveszi a kedvét a többinek.

Ezen az éjszakán gyönge fagy ereszkedett alá a falura. A levegő tiszta volt és csípős. Éjfél után följött a hold is, és sápadtan virrasztotta a néptelen falut. A templom tornyában egy bagoly szólott, s egy másik felelt reá valahonnan fentről a szilváskertekből.

Az iskola kapujában unatkozva ácsorgott a két őrkatona. Fiatalok voltak, unták a szolgálatot, unták ezt az idegen országot, ezt az érthetetlen, idegen népet, s fojtott hangon arról beszélgettek, hogy vajon mikor szerelik már le őket, s engedik haza.

Egyszerre csak az egyiknek torkán akadt a szó, s a puskájához nyúlt. A másik követte a nézését, s ő is meglátta az alacsony, sötét alakot ott a szomszédos lakatlan udvar kerítése mentén. Az alak közeledett, bár lépteit nem lehetett hallani.

– Stoj! – kapta le mindkét őr válláról a puskát.

A sötét alak kilépett az árnyékból a holdvilágba. Alig volt húsz lépésnyire. Egy asszony volt.

– Stoj! – mondták a katonák megint, most már csöndesebben. Ekkor az asszony megállt, szemben velük, és szó nélkül szétnyitotta hosszú fekete gyapjúkendőjét. A hold fénye fehéren csillant meg a testén. A kendő alatt semmi sem volt, csak az asszony maga.

A két katonalegényben még a lélegzet is elakadt, úgy bámultak. Aztán az asszony kinyújtotta feléjük az egyik kezét, s ettől a mozdulattól fél válláról lecsúszott a kendő egészen, s most már igazán semmi sem volt rajta. Hívogatólag intett a katonák felé, és mosolygott. Majd hátra intett a lakatlan udvar szénapajtája felé. Aztán megfordult, és lassú, ringó léptekkel megindult, félvállán a kendővel, félteste csupaszon.

A két legény összenézett vigyorogva. Arcuk vörös volt, lélegzetük elnehezedett.

– Előbb én megyek – szólalt meg hirtelen az egyik, és már mozdult is az asszony után –, aztán majd váltunk.

A másik kurtán felröhögött.

– De siess!

Az asszony már az udvar árnyékában volt, amikor a katona utolérte. A következő pillanatban eltűntek a pajta nyitott fekete szájában.

239

A magára maradt őr nyugtalanul topogott föl és alá. Kis idő múlva, mintha halk sikoltást és hörgést hallott volna a pajta felől, s arca eltorzult.

– Katonahús kellett neked, mi? Hát most kaptál! – morogta, s tovább topogott, türelmetlen várakozással.

Az idő telt, és semmi se mozdult többet.

– Ördög a bőrötöket – mérgelődött a legény –, de nyújtjátok az időt...!

Egyszerre aztán arra rezzent, hogy háta megett nyikordul az iskola ajtaja. A szakaszvezető lépett ki, zseblámpásan. Az őrlegény ijedten tisztelgett, s nagy hangon harsogta a jelentését, hadd hallja meg a másik, hogy baj van.

– Hol van Dimitrij? – nézett körül a szakaszvezető a holdfényes piacon.

– Alázatosan jelentem... a... dolgára ment! – hebegte ijedten az őr.

Csúnyát káromkodott a szakaszvezető.

– Hova?

A katona oda mutatott a gazdátlan udvarra.

– Csak oda hátra... Csak most ebben a percben... Nagyon rájött hirtelen... – igyekezett ijedtében menteni a társát.

– Majd adok én neki! – mordult a szakaszvezető, s megindult a nyitott kapu felé.

Már az udvaron volt, s még mindig nem mozdult semmi a pajtában.

– Dimitrij! – ordította el magát a szakaszvezető szétvetett lábakkal az udvar közepén. – Hol az anyád mindenséges mindenségében bujkálsz, te országos disznó, te?

A hang végigdörgött a falun, mégse jött rá felelet. Most már megijedt a katonalegény is ott az iskola előtt.

– A pajtában, szakaszvezető elvtárs, a pajtában! – szólt oda remegő hangon.

– Mit pofázol? – fordult hátra a szakaszvezető dühösen. – Adok én ennek a disznónak, csak kerüljön a kezembe!

– Ott kell legyen a pajtában! Csak az előbb ment be, szememmel láttam! – esküdözött odakint a megszeppent katona.

A szakaszvezető nagy, haragos léptekkel indult a pajta felé. A sötét kapu előtt egy pillanatra megállt. Mintha mozgást hallott volna odabent.

– Dimitrij? – kérdezte, és felkattintotta a villanylámpáját. Az éles, fehér fénykéve megvilágított egy szénahordó szekeret, egy létrát, s a padlásról alácsüngő szénát. Aztán hirtelen megakadt valami feketén. A létra felső fokán egy asszony ült, hosszú, fekete kendő alatt, és mosolygott.

– Ha! – hökkent meg a szakaszvezető, de többet nem ért rá mondani, mert abban a pillanatban az asszony ott a létrán szétnyitotta a nagy csúnya kendőt, s a fehér fénykéve olyasmit mutatott, hogy a szakaszvezető torkában elakadtak a szavak, s egy pillanatig csak bámult, bambán, elvörösödő arccal. – He – nyögte ki végül is, és közelebb lépett a létrához, de a fényt továbbra is rajta tartotta az asszony vakító fehér testén. – Hol van Dimitrij, he?

Az asszony ott fent újra mosolygott, szemérmetlenül, és maga mögé mutatott a padlás szénájába. Majd kezét a szájához emelve az ivás jelét mutatta, s utána tenyerét az arcához téve azt, hogy alszik. S újra intett a szakaszvezetőnek, hogy jöjjön föl. S a kendőt nem csukta össze magán. Olyan közel volt, hogy a szakaszvezető láthatta, ahogy a hideg levegő lúdbőrösre csípte a combjait.

Szuszogva mászott föl a rozoga létrán. Az asszony hátracsúszott a szénára, és helyet adott. A szakaszvezető felmorgott, amikor az utolsó létrafokért előrenyúló keze megérintette az asszony feszes, meztelen mellét. Az asszony újra mosolygott, s hátra mutatott a széna sötétjébe. A szakaszvezető odairányította a sugárkévét, s valóban, ott feküdt Dimitrij, elnyúlva a hasán.

– Hogy az a mindenséges anyád... – káromkodott a szakaszvezető, s előrelépett a süppedő szénában, hogy belerúgjon az alvó legény kinyúló csizmás lábába. A következő pillanatban inkább megérezte, mint látta a gyors mozdulatot háta megett a sötétben, s ahogy kezében a lámpával visszafordult, a fény egy szempillantásra megcsillant a késen. Csak éppen rándított egyet a testén, s már érezte is vállában a hasító fájdalmat, s felordított mint a nyakon szúrt ökör. Aztán kiesett kezéből a lámpa, s helyette puha asszonyhúst markoltak az ujjai, míg másik keze kétségbeesetten kapott a pisztolytáska felé. De akkor már egyensúlyt vesztve zuhantak be a puha szénába mind a ketten.

Még három szúrást ejtett a vadul viaskodó asszony kése a szakaszvezetőn, míg annak végül is sikerült szabaddá tennie a pisztolyt, s csövét belenyomva az asszony húsába, meghúzhatta a ravaszt. Mire a fellármázott katonák odaértek, a ruhátlan asszony már halott volt, és sok vért vesztett a szakaszvezető is. Úgy kellett lehozni a padlásról. A széna között aztán nem csupán Dimitrijt, de még három más katonát is megtaláltak, holtmereven, késszúrással a szívükben.

Pattanást rángatták elő megint, még éjnek idején, hogy nevezze meg az asszonyt. Odavitték az iskola melletti gazdátlan telekre, ott volt a holttest, takaratlanul a fagyos földön. Az öreg sírásó lenézett a Kati megcsúfolt véres arcára, és nagyot sóhajtott.

– Valami hajdani kapitalista nagyúr leánya, mi? – akarta tudni a tolmács.

Pattanás ránézett, és újra sóhajtott:

– Az ura disznópásztor volt, s maguk fölkötötték. Apja pedig cselédember. De igaza lehet az úrnak, mert ahogy ma visszagondolok reájok, még ők is nagy uraknak tűnnek a maiak mellett.

Azzal lekanyarította válláról a foltozott ködmönt, s letakarta vele a kicsi, csóré halottat, akár gyereket szokás, kit elnyomott idő előtt az álom.

Másnap egy egész ezred katona érkezett. Körülvették a hegyet, s meghajtották, mint nagyurak tették volt hajdan, kik medvére vadásztak. Ezek az új urak emberre vadásztak. Ejtettek is néhány agyaras szénégető-kant, kik életüket olcsón nem adták, s kölykeiket, nőstényeiket kötélre fűzve hajtották alá. De a pásztorok szállásait üresen találták, s csak három férfiembert foghattak el élve közülök.

Nagy mulatság volt a vadászat így is, két napig tartott. Házak tüze mellett sütötték egészben a juhot, s a felszabadított nép nőstényeire kockát vetettek a sorrend miatt. Mikor aztán győztesen lejöttek megkínzott foglyaikkal, összeszedték a falu gyermekeit is mind, ahányat megtaláltak, s elvitték őket a többivel együtt, hadd tanulják meg félni és dicsőíteni az Új Megváltó fölszabadítását.

Az ég akkorra beborult megint, sötétre, szomorúra. S mikor az utolsó hős katona is eltűnt fönt a hágón, megeredt a hó. És hullott, hullott, sűrűn, tömötten, igazi téli havazással. S betemette a halott falut puha, fehér csöndbe.

Csak egy ember állt ott magányosan a piac végiben, s nézett föl a szürke, hóterhes égre. Öregember, hajlott hátú, esett. A sírásó, akivel már többé senki se törődött.

24

SOK-SOK esztendővel azután, hogy mindez történt, egy langyos májusi napon, törődött vándor kapaszkodott fölfele a Keleti-hágón. Sovány volt, fáradt és rongyos. Szakadozott bakancsait összekötve hordta a vállán, mert lába csupa seb volt már a gyaloglástól. Fent, a hágó tetején, fáradtan támaszkodott neki egy sziklának. Gyér vörös haja borzoltan csüngött alá a homlokába, arcát vörös szakállszőrök takarták, gondozatlanok, vadak. Alattuk zöldes-sápadt volt a bőr, mint az olyan emberé, ki napvilág nélkül élt sokáig. Szürke, nyugtalan szemei hunyorogva néztek a fényben fürdő hegyekre, melyek zöldek voltak és kékek, és olyan csodálatosan szépek, hogy a vándornak összeszorult a szíve tőlük.

Aztán alánézett a gödörbe, ahol emlékezete szerint valamikor a falu volt. Ott volt még mindig, a hegy hajlataihoz lapulva, akár egy madárfészek. Fölismerte a templomot, a pap szilváskertjét, ahol valamikor azok a pompás, koránérő szilvák termettek, odébb szűk födelével a boltot, a széles piacteret... szeme megakadt egy fekete folton, és tűnődve, sokáig nézte. Mi is volt ott? A községháza? A szeme lassan több ismeretlen foltot fedezett föl, s egyszerre valami furcsa, szorongó érzés fogta el. Mintha koporsót látott volna, melynek födelét már rácsukta a régi emlékekre a halál. Vagy elhagyott, üres, ócska madárfészket. Igen, valamikor régen, gyermekkorában látott egy gazdátlan, rothadó madárfészket egy almafa villás ágai között, ott hátul a bolt megett. Abból is ennyi szomorúság sugárzott.

Ott fent a hágón is más volt minden. Mintha utat akartak

volna építeni ott valamikor. A hajdani kanyargó kis ösvény helyén mély, széles hasadékot robbantottak a szikla testébe, helyenként ki is töltötték, el is laposították, akár gépkocsi is gördülhetett volna rajta. De máshol még ott tornyosultak a felrobbantott sziklák, törmelékek torlaszoltak el mindent, úgy kellett kőről-kőre kapaszkodva átmászni fölöttük. De akik abbahagyták ott a munkát, már régen elmehettek, mert itt-ott cserjék, kúszó indák nőttek ki a törmelék alól, s lentebb, a forrás mellett, már benőtte a nyirkosabb helyeket a fű.

De a forrás ott csörgedezett még mindig. Hidegen, ezüsttisztán folydogált ki a víz a régi, rozsdás vascsövön, melyet valamikor egy kis kerekhasú boltos helyezett oda, hadd maradjon valami nyoma annak, hogy Samu nevű ember élt ezen a földön.

A vándor ivott a vízből, megmosta szőrös arcát benne, aztán fáradtan leroskadt melléje a gyepre. Néhány elkésett kökörcsin sárgán világított a fű zöldjében, s elmosódottan még látni lehetett az ösvény helyét, ahol valamikor felkanyarodott a hegyre, s a másikét is, mely aláfordult innét a falu felé. De már régen, nagyon régen nem taposott rajtok se csizma, se bocskor, sötéten és borzoltan lepte őket a fű, mint régi sebek helyét a forradás.

Mintha jéghideg kéz markolta volna meg a vándor szívét, fogai összekoccantak tőle, s fázás borzongatta a csontjait, hiába sütött le rá langyos kegyelemmel a májusi nap. Nézte a megkezdett és félbehagyott utat, nézte a halott ösvényeket, s eszébe jutottak régi-régi gondolatok, szép, nagy tervek, s egy nap, melynek emléke immár úgy elveszett a múlt vak bozótjában, hogy meglelni is alig lehetett. Azon a napon, azon a régi napon, ugyanitt ült le pihenni, a forrás mellett. Hallani lehetett az ágyúkat túl a hegyen. Csupa izgalom és lelkesedés volt benne, s ahogy itt ült, csakúgy mint most, látta egy új és pompás világ országútját alákanyarodni a hágóról a falu felé, látta a megrakott teherkocsikat dübörögni rajta, jólétet, haladást, emberibb életmódot szállítva alá az embereknek, akik ott éltek eltemetve a hegyek között, s csak óvatosan kanyargó keskeny ösvényeken tengették a maguk öröklött sorsát. De valahol nagyon elromlott valami azóta. Valahol nagy hibák eshettek, hogy a megálmodott boldog út helyén

csak a romboló kezdés nyomai maradtak, s még a régi ösvénye-
ket is belepte a fű.

A vándor sóhajtva tápászkodott föl. Már nem is volt érdemes
gondolkodni azon, hogy mikor romlott el minden, ki és hol kö-
vette el a hibát. Hiszen annyit töprengett ezen a hosszú, keser-
ves évek alatt, de a töprengés csak körben járt mindig, szűk, üres
körben, mint a bekötött szemű ló, mely ócska malmon őrli a
rossz gazda ocsúját. A hibát valahol a körön kívül kellett volna
keresni, tudta már ezt, érezte titokban. De hajdani mesterei, mint
gazdája a lovat, csak erre a szűk körre tanították, s bekötött szem-
mel kilépni belőle nem lehetett. A kötést letépni pedig... hozzá
lehet-e nyúlni ahhoz, ami megfoghatatlan? Tépdesni azon, ami
nincs, nem látható, szavakba nem fogható, gondolatokkal el nem
érhető?

Cammogott a vörösszakállú koldus fájós lábaival alá a he-
gyen, ahol egy hajdani ösvény sötét vonala kígyózott a fű közt.
Fehéren virágzottak a kökénybokrok a hajdani legelőn, a fű vad
volt és borzos, száraz kórókkal tele, állat nem járt ott, ki tudja,
mióta. Virágzottak a szilváskertek is, csupa virág volt a régi falu
és csupa illat. Méhek döngtek, tarkaszárnyú pillangók cikáztak,
s madarak daloltak a rothadó kerítések bokraiban. De a keríté-
sek mögött öles gyomkórók búslakodtak, s az udvarokat benőt-
te a fű s a paréj. Ajtó s ablak nélkül tátongtak a házak, fekete
üregeikben nem volt élet. Itt-ott egy-egy fal leroskadt már, egy-
egy tető félrebillent, mint madárijesztő fején a kalap. Temető volt
már, nem falu. És mégis élt. Illatot lehelt, virágok színeivel mo-
solygott, s dalolt, rigók, poszáták, légykapók, fülemilék, ezersok
boldog fészekrakó madár torkával dalolt, és olyan félelmesen
szép volt és csodálatos, hogy a vándor megállt, és összetette ke-
zeit a szívén, és csak állt sokáig, nézett, és hallgatott.

Fájós lábaival szinte futott, amikor megindult újra. Valahol
kellett emberi életnek lennie ennyi szépség és békesség között!
Emberi életnek, mely örvendeni tud, jövőt építeni, újrakezdeni
mindent! Sorra nézett be az udvarokra. Gyom, gyom minde-
nütt. S virágok, madarak, színek, dalok, illatok a gyom között.
De ember sehol.

Lihegve érkezett le a piacra. Fű lepte azt is. Perje. Paréj. A hajdani Tromka-udvar kidőlt palánkjának rothadó deszkáin csillogó hátú zöld gyíkok sütkéreztek a napon. Valahol egy kakukk szólt. S a madárdalos, virágillatos csönd olyan félelmetesnek tűnt egyszerre ott a halott falu fűlepte piacán, hogy a vándor szívdobogva állt meg, s úgy nézett körül, mint aki kísértetre vár. Aztán meglátta azt a kormos, fekete foltot ott a túlsó oldalon, öles gyomok között, s lassan közelebb ment.

– Valamikor ez volt a községháza – gondolta összekoccanó fogakkal, s zöld-sápadt homlokát veríték verte ki –, innen igazgatták az emberek dolgait. Innen akartuk... innen akartuk megváltoztatni az életünket... jobbra változtatni...

Üszkös gerendák meredtek elő a gyomkórók közül, s két omló, vörös kémény mutatott föl az égre, ez volt minden, ami megmaradt.

Lehajtott fejjel, lassan botorkált tovább. Olykor megrezzenve lesett hátra. Mintha lépteket hallott volna a háta megett. A nap fönt volt még magasan az ibolyakék égen, s mégis, mintha kísértetek lapultak volna a gazdátlan kertekben, alattomos, vicsorgó kísértetek.

A bolt ajtaja úgy csüngött féloldalt, mint törött madárszárny, ahogy a szél, vagy az idő sarkából kifordította. Mögötte sötétség volt. Sötétség volt a törött ablakok mögött is, pókháló-fátylas, szomorú sötétség. Tanácstalanul állt egy darabig előtte, mint aki fél bemenni. Aztán mély lélegzetet vett, és fellépett a fűvel benőtt küszöbre.

Dohos hideg csapott az arcába. A padló csikorgott, és besüppedt alatta, s a hátsó polcok tetején megmozdult egy bagoly, s nyugtalanul pislogva meresztette rá sárga szemeit. Ott volt a pult még mindig. Néhány rothadt zsák, szakadt kosár, pókháló, szemét. Nem volt bátorsága tovább menni. Megfordult, s leült a küszöbre, háttal a hideg, penészszagú sötétségnek.

Sokáig ült ott. Nem volt idő, s mégis: egyéb se volt, csak idő. Sok idő, vissza nem térő, jóvá nem tehető, elmúlt idő. Az apját látta, ahogy a pult mögött mozgott, fürgén, mindig készségesen, emelgetve, méricskélve a polcokon elhelyezett árut. Vagy állt, rákönyökölve a barna fára, s figyelte az emberek beszédjét, bólogatva, közbe-közbe szólva néha, fejét csóválgatva olykor, ha rossz hírről hallott. Látta az anyját, kövéren, sopánkodva, összetett kezekkel, mindig aggodalommal az arcán. Vagy a konyhában, ahogy az ételt tálalta volt, békés-szelíd arccal, mint a boldog cseléd, aki titokban tudja, hogy valaki számára királynőnek született, s a világ számára királyfit nevel.

Ült a vándor, ült a küszöbön, sebektől gyötört lábát pihentette a hűvös, puha fűben. S körülötte vonult, vonult a múlt, láthatatlanul, emlékezések tépett fehér felhőin, vonult, vonult. Lassan lejjebb, lejjebb hajolt a nap, mintha húzta volna a Viharhegy kék sziklagerince, s a madárdal egyre hangosabb lett, a virágillat egyre bódítóbb.

Hirtelen harangszó kondult bele a csöndbe, kísérteties, mély bongással. Felriadt tőle, lélegzete is elállt. Újra kondult a harang. Megint s megint. Valaki harangozott. A holt falu üres templomában valaki húzta a harangot, s a mély, bongó hangok szálltak át a csönden, lassan, méltóságosan, mint egy temetési menet. S egyszerre minden madár elhallgatott. S egyszerre mindenünnen megindultak a madarak, s verdeső szárnyakkal sereglettek szembe a harangszóval, s szálltak, szálltak, minden irányból a magányos romtemplom felé.

A vándor is felállt. Mintha őt is hívta volna ez a kísérteties harangszó. Lassan, ólmos léptekkel megindult ő is szembe a bongással, át a holt piacon a holt templom felé. Valahogy olyan volt, mintha álmában járt volna. A papkert kidőlt kerítése mögött, télről maradt aszott dudvák fehér kórói közül, pirosan virítottak ki a papné rózsái, s illatuk ott lengett a puha szellőben. Milyen furcsa, gondolta a vándor, mintha álmában gondolta volna, aki ültette őket, már régen nem él. Minden elmúlt, csak a rózsák maradtak meg. Milyen különös az élet.

A templom ajtaja nyitva volt, s bent némán sorakoztak a padok, üresen, sötéten, porral takartan. Pókhálók lepték az ablakokat, s árnyékaikat az aláhulló nap odarajzolta a szemközti falra, mint gyöngéd, aranyozott mintát. S fönt a toronyban valaki húzta, húzta a harangot.

A korhadt lépcsők csikorogtak, ahogy a vándor lassan fölfele lépett rajtok. Már félúton volt a toronyba, amikor a harangozás hirtelen megszűnt, s az utolsó bongás visszhangja ott reszketett sokáig még a levegőben, mint egy kettémetszett ezüstszál. Aztán léptek csikorogtak odafönt, s valaki lassan, nehézkesen jönni kezdett lefele.

A vándor megállt, nekitámaszkodott a falnak, és várt. Ki tudja, kire várt, hogy alájöjjön azon a rozoga lépcsőn. Talán egy néma, fehér Valakire, kaszával a vállán? Vagy egy nagyszakállú, kivénült Istenre, akit már úgy elhagyott mindenki, hogy önmagának kell húznia a harangot? Ki tudja, kire várt, ahogy ott állt a falnak lapulva, rémülten, kíváncsian, babonás reszketéssel a csontjaiban. Szelíd apostolra talán, tüzes szemű prófétára, konok szerzetesre? Mindenkire talán, csak arra nem, aki jött, cammogva, lefele a csikorgó falépcsőkön.

Egy koldus. Rongyos, mezítlábas, sovány, hajlott hátú koldus. Lyukas kalap a fején, csontos, beesett arca mélyen rejtőzve a hosszú, lecsüngő, szürke bajusz, gyér szakáll mögé; jött lefele, lassan, nyögdécselve. Aztán meglátta a rámeredő idegent, s megtorpant ő is.

– Huh – szökött ki fogatlan száján a hang, rekedten, mintha varjú károgott volna. Majd megemberelte magát, s biccentett a fejével. – Adjon Isten!

A vándor csak állt, s bámult rá, kimeredt szemmel. Aztán belőle is kicsuklott a szó:

– Pattanás bácsi!

– He? – hökkent meg az öreg, s néhány pillanatig vizsgálta a vándor vörösszakállas arcát, majd vállat vont. – Akárki vagy, itt vagy. Megnézheted a falut, s elmehetsz. Mind elmennek, akik jönnek.

Azzal lassan elhaladt az idegen mellett, s folytatta az útját lefele.

– Nem ismer meg, ugye? – szólt utána a vándor szomorúan.

Az öreg megállt, és visszanézett. Részvét volt a szemében.

– Én csak a holtakat ismerem, fiam. Sírásó voltam, sírokat ástam, amíg volt kinek. De már csak a madarak maradtak itt, meg én. Te sem maradsz, tudom. Minek is. – Azzal ment lefele.

A vándor csillogó szemekkel követte. Lent a templomban beérte megint.

– Pattanás bácsi, mi történt a faluval? Hol vannak az emberek? Fent a hegyen? Nekik harangozott?

Az öreg visszafordult, s fölemelte csontos, sovány ujját.

– Egyszerre egy dolgot kérdezz csak, fiam! Bolondot kérdezel úgyis. Ki harangozik ma már az embereknek? Én a madaraknak harangozok. De ne zavarj most, dolgom van, láthatod!

Kint a templom körül ezrével csacsogtak, ugrándoztak már a madarak. Tele volt velük a templom udvara, a fák, a bokrok. Verebek, seregélyek, csókák, varjak, rigók. Az öreg fölvett az ajtó mögül egy vékás kosarat búzával tele, s rávigyorgott a vándorra.

– Elásták volt! Okos gazdák, hehehe, elásták volt a katonák elől. Okos gazdák, mi? Én leltem meg, ott hátul. Jó búza, szeretik a madárkák, hehehe!

Kilépett a küszöbre, s a madarak egyszerre megmozdultak mindenütt. Fölszálltak a levegőbe, keringtek, verdestek a szárnyaikkal.

– Csak este etetem őket – vigyorgott az öreg –, este hát. Hadd dolgozzanak előbb, keressék a magukét ha éhesek, hehehe.

Egy lármás verébraj már ott keringett csivitelve a feje körül, sokan a vállaira szálltak, a kalapjára, s olyan is volt, mely egyenesen berepült a vékáskosárba, s leült a búza közepibe.

– Nocsak – kuncogott az öreg –, látod ezeket? Ezeknek a madárkáknak már gonosz eszük van, akár az embereknek. Nem dolgoznak semmit, csak az estét várják éhes belükkel. Lesik, hogy mikor lakhatnak jól a másén, akár az emberek, hehehe.

Azzal belemarkolt a búzába, s széles lendülettel szórta ki a templom udvarára, a lármás madarak közé. Nyomban verekedés támadt. Egymást verdesték szárnyaikkal, csípték, körmölték.

– Akárcsak az emberek – rázta a fejét röhögve az öreg koldus, és szórta a búzát közéjük széles lendülettel, mint valami vidám, gazdag Isten, aki jól mulat együgyű népe tökéletlenségein.

Mikor aztán kifogyott a kosárból a búza, s a madarak is le-

250

csöndesedve, néma igyekezettel kapkodták össze a szemeket, az öreg leült a templom küszöbére, szemközt a lenyugvó nappal, s gyönyörködött a madarakban. A vándor is leült melléje, lehorgasztott fővel. Jó, szelíd szellő jött alá lengve a hegyoldalakról, s hozta szárnyán a virágzó gyümölcsösök illatát.

– Egyedül él itt, Pattanás bácsi? – kérdezte a vándor hirtelen. A vén sírásó ránézett, s megbotránkozva csóválta a fejét.

– Egyedül? Tán bolond vagy? Nem látod, hogy mennyien vannak? – s állával a nyüzsgő madársereg felé bökött. Majd fölemelte az ujját, s úgy súgta titokzatosan. – Elárulok neked valamit, fiam. Ezek itt Izrael fiai, ahogy a Szent Könyv mondja. S én vagyok az Isten!

Borzas szemöldökeit furcsán felhúzta, s ráncos arca vigyorgott a szakállszőrök alatt.

– Reám nem emlékszik, ugye? – kérdezte a vándor egy idő múlva, és sóhajtott.

Az öreg ránézett oldalról, s az arca kissé megnyúlt, szomorúan. Megrázta a fejét.

– Ne neheztelj, fiam! Valahol baj van a fejemben, tudom én azt. A nevek elhagytak rendre. Egyik a másik után, ahogy a sok idő mind csak telt, telt. Láttalak valahol, azt hiszem. De annyian mentek el innen, s annyian jöttek, és elmentek megint, hogy én már meguntam számon tartani őket.

– Emlékszik a boltosra? – kérdezte az idegen, és a hangja furcsa volt, rekedt. – Akinek Samu volt a neve?

– Samu, Samu – rágogatta a nevet vigyázva az öreg. – Rémlik valahonnét. Boltos, azt mondod? Az hát, emlékszem már! Ott lent, abban a házban – mutatott le bütykös fekete ujjával a piac felé, szinte ujjongva a visszatérő emlékezésnek –, ott hát! Azt csinálta ő is, amit én! Búzát osztott s egyéb dolgokat azoknak, akik hozzája jártak! Samu, hát, az volt a neve! Kicsi, kerekfejű ember, mi? De aztán elment. Már nagyon régen elment.

– Emlékszik a fiára? – kérdezte a vándor óvatosan, s a hangja elcsuklott.

– Fia, fia – ismételgette az öreg bólogatva –, az hát, volt egy fia neki. Elment, oszt egyszer visszajött, azt hiszem, de elment

251

hamar megint. Nem sok jó volt benne, nem sok. Esendők vagyunk mind, nem mondom. De úgy rémlik, ez esendőbb volt, mint a többi. Csak olyan „jövök-megyek", tudod, semmire se jó. Igen, rémlik most, hogy mondod. De a sok idő, a sok-sok idő elfödött már mindent a fejemben...

Már lassabban szedegették a madarak a búzát, begyük kövér volt és tömött, s néhányan csak álltak, s nézegették az eget egy darabig, aztán szárnyra keltek, s lassú, álmos repüléssel indultak épülő fészkeik felé. Egyre többen mentek el. Egyre lassabban mozogtak az ott maradtak. Egyre kevesebb lett a szem. A nap lassan aláhullott a borzas hegygerinc mögé, s már csak a fülemilék dala csattogott a gyommal benőtt néma faluban.

– S mi lett az emberekkel? – kérdezte a vándor egy idő múlva, ott a templom küszöbén.

Az öreg koldus csodálkozva nézett reá.

– Oh, hát nem tudod? Elmentek. Az emberek mindig elmennek egy idő múlva. Csak a hegyek maradnak, meg a fák, meg a madarak. Nem tudtad ezt? – Majd sóhajtott, s keze lassan előrelendült a falu felé. – Látod azokat a házakat? Valamikor mindegyikben emberek éltek. Aztán jött egy zsidófiú, s meghirdetett nekik egy újféle Krisztust. Nem azt, akit keresztre feszítettek volt, hanem egy másikat. Egy olyant, aki másokat feszít a keresztre. Ez az új Krisztus aztán katonákat küldött, s a katonák ölni kezdték az embereket, az emberek pedig ölni kezdték a katonákat, s a sok öldöklésnek, látod, az lett a vége, hogy nem maradt ember csak én, a sírásó. Sok-sok sírt megástam azokban az időkben, sok-sok embert tettem gödörbe. Jót, rosszat, mindenfélét. Akit nem én tettem gödörbe, az elment. S most csak én vagyok.

Sóhajtott.

– Nagyon régen, volt egyszer egy papunk is. Az szokott volt beszélni ebben a templomban. Meg a gödröknél, amiket én ástam volt. Sokat beszélt arról, hogy miképpen gyűjtötte volt össze Isten Izrael népét. Lehet, hogy egyébről is beszélt, de az én fejemben csak ez maradott meg. Mikor aztán már nem volt több ásni való gödör, akkor eszembe jutott ennek a papnak a szava, s én is gyűjteni kezdtem valamiféle népet, hogy ne legyen olyan üres ez a hely. Mert más nem akadt, hát a madarakat gyűjtöttem volt össze. Akár az Úristen Izrael népét. S ezeknek a madaraknak alighanem én vagyok az Isten. Érted ezt? Nem káromlásként mondom, Isten őrizz! De a madarak, tudod, nem emberek, nekik egy vén, semmi sírásó is beválik istennek, ha eteti őket, s harangoz is hozzá. Nézd csak azt a rigót, hogy fölfújta a mellét a búzától! Egy ember jut róla az eszembe, akit mi itt valamikor régen Bíró úrnak neveztünk. Őkelme járt volt ilyen peckesen, mert az ő istene sok búzát adott neki, többet mint másnak. Mégis odapusztult a bányában, ott lelték meg a csontjait a robbanás után. Hiába tömte volt az Isten tele a begyit, mint én ennek a rigónak, mégis okosabbnak gondolta magát Őnála. Minek kellett azt a bányát fölrobbantani, bajt okozni vele a falunak, mi? Nézd csak ezt a bögyös rigót. Most ő is azt hiszi, hogy okosabb mint én! De ha nem ügyel, a róka elkapja ám, hamar!

A rigó lomhán fölszökött a kerítés melletti fagyalbokorra, s onnan feleselt vissza álmosan.

– S a bányával mi lett? – kérdezte az idegen, feszülten.

– Mi lett? – mordult föl az öreg. – Hö, annak hosszú a története ám. S furcsa, na, ami igaz, az igaz. Én elmondom, s te elhiszed, vagy nem hiszed el, ahogy jólesik. De engem ne okolj érte, mert én csak azt mondom el, amit a magam két szemével láttam. Akarsz bagót? – Zsebéből kihúzott egy piszkos bőrzacskót, s körülményesen kibogozta.

– Köszönöm, nem szoktam – felelte a vándor.

– Hajdananta én is pipáztam – bólintott az öreg, s belemarkolt a fekete dohányba, ujjaival kicsi labdát gyúrva belőle –, de aztán takarékoskodni kellett a gyújtóval, s a tapló megnyirkult tél idején. Így aztán áttértem a bagóra. A dohány itt nő hátul, azelőtt labodának neveztem, ma már úgy mondom, hogy: dohány. Csalom magamot. De nem ártok vele ejszen senkinek.

A kis, fekete labdát rátömte csorba, fekete fogaira, s rágott néhányat rajta, majd kiköpte a sötétszínű levet.

– Szóval, hát a bányával az történt, hogy miután a katonák elvitték a népet innét, vagyis azt, akire kezet tudtak tenni, hogy megbosszulják rajta azt, amit az öreg Bíró elkövetett, hamarosan hoztak ide tízszer annyi embert, ha nem hússzor annyit. Úgy tartották valamennyit őrizet alatt, mintha gyilkoltak volna, de én beszéltem néhánnyal, s bizony azok is csak olyan emberek voltak, mint mink itt. Elébb elbolondították őket azzal az új Krisztussal, aztán elterelték dolgozni, híg levesért, szájonverésért. Felit az embereknek odatették, hogy takarítsák ki a bányát, másik felével pedig elkezdtek volt építeni egy bolond nagy utat keresztül a hágón, hogy motorkocsin vihessék ki az ezüstet, amit a bánya ad majd. S én ma is azt mondom, hogy ez volt a hiba. Mert lám, azelőtt csak öszvérháton hordták volt el innet az ezüstet, s csak annyit kapartak ki a földből, hogy megteljék vele kétszer hetenként az öszvérek háta. S ez elég is volt mindenkinek. A falunak is, a bányaúrnak is. A mi Istenünk így mérte volt ki nekünk a maga búzáját. Na, most mit gondolsz, mi lenne, ha ezek a bolond madarak itt egy szép napon elkezdenének követelőzni velem, hogy ezentúl ne egyszer etessem őket naponta, hanem kétszer, s ne egy vékát adjak nekik egy etetésre, hanem kettőt? Mi? Közibük vágnám a vékás kosarat, közibük én, hálátlan semmirevalók közé! S haragomban tán még vissza is földelném azt a vermet, s azt mondanám nekik: „Eridjetek s éljetek meg magatokra, rongyosak!" Hát látod, fiam, ezt mondotta volt ennek a falunak az Istene is, amikor elkezdték volt építeni azt az utat.

Hátuk megett a templomban sötétség volt már, s az este hűvös lehelete aláereszkedett a hegyekről. Még daloltak a fülemilék, de a szürkület már lassan átfogta a romfalut, s magasan a szilváskertek fölött kigyúlt az első csillag.

– Élt itt hajdan egy szerencsétlen, buta cigány, akinek Piluc volt a neve – folytatta az öreg lassan, körülményesen –, s hát egy napon...

– Piluc? – kapta föl a fejét a vándor, szinte ijedten. – Mi történt vele? Él még?

Az öreg megrázta a fejét.

– Nem – mondta csöndesen –, ha hét élet lett volna benne, mint a macskában, akkor sem élte volna túl mindazt, amit elkövettek vele. De ő volt az egyetlen ebben a faluban, aki úgy halt meg, hogy értelme is volt annak, hogy meghalt. A többi? Az csak úgy, semmiért, mint egy rakás bolond.

Újra kiköpte a meggyűlt bagólevet, aztán mélyen belélegezte az este langyos illatait.

– Isten tudja, miképpen került az a cigány a rabmunkások közé – folytatta lassan, dörmögő, öreg hangon, melyet a mögötte lévő üres templom visszhangja egy-egy szónál furcsán megrezegtetett –, valahol túl a hegyeken foghatták nyakon, mit tudom én. Elég az hozzá, hogy itt volt, s mikor kiderült, hogy idevalósi, s dolgozott is a bányában többször, odatették az eltakarításhoz őt is, hogy mutassa meg, hol mi volt, s milyen irányba nyúltak a tárnák ott a föld alatt. Ő volt, aki megtalálta a holtakat. Először a négy katonát, aztán a Bírót. Nem volt szép látvány, az igaz. De nem attól bolondult meg az a cigány, hiába próbálták később arra magyarázni. Én tudom. Nem is bolondult az meg soha, érted? Nem volt az bolond, egy cseppet sem. Csak olyasmit látott, amit más senki nem látott meg, csupán ez a cigány. Tudom én azt. Az Istent látta meg, érted? A haragos Istent. A falu Istenét, aki megharagudott az emberekre, s az útra, amit építeni kezdtek, mert a rest madaraknak nem volt elég a búza naponta egy vékával. Csak ez a cigány látta meg egyedül.

– Ő szegény, maga sem tudta, hogy mi volt az, amit látott, s elkezdett ordítani, ahogy torkán kifért: „Fussatok, mert elvisznek a kísértetek! Elvisznek a kísértetek!" Ezt visítozta egyre, s eldobta a szerszámot, s addig szaladt, amíg el nem csípték az őrök. Olyan zöld-ijedt cigányt te még nem láttál, amilyen az a cigány volt, amikor visszahurcolták a bányához. Reszketett minden csontja, s esküdözött, hogy ott látta a fekete lyuk mélyén a Bíró úr lelkét meg a katonákét, s úgy vicsorogtak rá, mintha a torkát akarták volna átharapni.

– Tudod, milyenek az emberek. Egyetlen munkás sem akart többé közelébe menni a fekete gödörnek, s még a katonákra is átragadt a félelem. A tiszt urak buta babonának mondták, s úgy ordibáltak az őrökre meg a munkásokra, hogy rossz volt hallani. De még így se akart egy se közelébe menni a lyuknak, se paraszt, se katona. Senki. Végül a tiszt urak levitték a cigányt az egyik üres házba, s tüzet tettek a talpa alá, meg fogóval tépdesték ki a körmeit. Azt akarták, hogy menjen ki velük az emberek közé, s kiáltsa nekik, hogy nem látott semmiféle kísértetet, hanem pénzt kapott valamiféle ellenségektől azért, hogy kitalálja ezt, s megijessze vele az embereket. De a cigány nem akarta vállalni semmiképpen ezt. Fejét verdeste a földhöz, úgy könyörgött azokhoz a tisztekhez. – Hogyan hazudhatnék én azok ellen, akik megholtak – jajgatta a szerencsétlen –, sze értem jönnek az éjszaka, s elvisznek a pokol tüzére lelkestül, értsék már meg! – De azok a tisztek nem értették meg, hogy színtiszta igazat beszélt az a cigány.

– Akkor jött volt le Rozika a hegyről. Egy vak leány, aki tisztábban lát, mint mindaz a sok ember együttvéve, akit én esmertem. A hegyről jött alá, ott élt volt fent már azelőtt is, a pásztorokkal. Tudtuk mi, hogy még mindig élnek emberek odafönt, mindenki tudta. A katonák is. Olykor megpróbálták összeszedni őket, de sohasem sikerült. A hegy Istene a pásztorokkal volt már akkor is. S a hegy Istene más, mint a falué volt. Nehezebben érthető Isten, másféle, na. De erősebb. S nem hagyta elveszni a maga népét. Úgy elbújtatta őket, hogy egy egész ezred katona nem bírta még a nyomukat se meglelni.

– Szóval hát, a vak leány lejött. Egyenesen odament, ahol a tisztek laktak, s a tolmácsot kereste. – Mondja meg ezeknek az idegeneknek, hogy eresszék el Pilucot, a cigányt – parancsolta Rozi a tolmácsnak –, s ne gyötörjenek senkit többé hiába. Nincs több hitvány ezüst abban a bányában, így rendelte az Isten. – A tisztek nevettek. – Bolond ez a leány – mondták, s nem hallgattak reá. De a leány ott maradt a rabmunkások között. Beszélt velük, s a rabok másnap fogták a szerszámaikat, s tovább kezdték ásni a gödröt, mintha soha kísértetről nem hallottak volna. Ekkor Rozi újra elment a tisztekhez, s kérte, hogy engedjék ki a cigányt, mert a rabok végzik már a hiábavaló munkát. – Nem lehet – mondták volt azok a pogány tisztek –, amíg be nem vallja, hogy pénzért bújtatta föl az embereket a szabotázsra – vagy mi a csudának nevezték azok a bolondok a szerencsétlen cigány kísértetlátását. Hiába kérlelte őket a vak leány. Hogy hát legyen eszük, sze ki adna pénzt azért, hogy valaki kísértetet lásson egy bánya-lyukban. De makacsok voltak azok a tisztek. Azt mondták, hogy akár látott valamit ott a cigány, akár nem, akár kapott pénzt érette, akár nem: az emberek miatt s az ő tiszti tekintélyük miatt azt kell vallania, amit parancsolnak neki. Hát ilyenek voltak, lá-tod, akik azt az újféle Krisztust szolgálták.

Sóhajtott az öreg, nagyot, nehezet, mint aki ezzel akar köny-nyíteni valamit az emlékezések terhén. Aztán újra kiköpött egy marék bagólevet. A falu szürke volt már, s a hegyek hátrahúzód-tak messzire, az este fátylai mögé. Már csak egy fülemile dalolt valahol hátul, a papkert mögött. Fent, a toronyablakból, denevé-rek indultak egymás után, portyázó útjaikra.

– A leány arra kérte volt azokat a tiszteket – folytatta lassan az öreg sírásó ott a templomküszöbön –, hogy engednék őt a ci-gányhoz, hadd beszéljen vele. Addig könyörgött, hogy megen-gedték a végén. Csupa seb volt a nyomorult cigány a kínzások-tól, s ott fetrengett nyögve a Peles-ház pincéjében. Sírni kezdett, mint a kisgyerek, amikor megismerte a leányt. – Mondd, amit akarnak – kérlelte a vak –, mondj akármit, Piluc, nem lesz abból senkinek se kára, se haszna. Még ha hazugság is. Nem terajtad szárad. – Ettől aztán még jobban elkezdett sírni a cigány. – Hát te sem érted, Rozi? – jajgatta. – Hát már te sem érted? Folyjon ki a két szemem, rothadjanak le a kezeim, ha nem igaz, hogy ott van a Bíró úr maga abban a gödörben! Fehér az arca, Rozi, akár a halál! S azt mondja: Piluc, add hírül az embereknek, hogy rá-jok borítom a hegyet, ha nem takarodnak innet! Nincs, mit ke-ressenek itt! Esküszöm, Rozi, esküszöm, hogy így van! Sze értsd meg, lelkem, hazudnék én akármit, hazudtam én eleget életem-ben, az Úr bocsássa meg, de a Bíró úr lelke ellen, Rozi? Jaj ne-kem, jaj, jaj, jaj... – Kijött Rozi a pincéből, s mondta a tolmácsnak: – Mondd meg ezeknek a te uraidnak, hogy ne bántsák a cigányt, mert igaza van neki! Hanem menjenek el innen, mert amit keres-nek, az nincsen itt úgysem. Isten ezt a hegyet nem nekik adta, hanem nekünk, s amit nekünk adott, azt tőlük elveszi, meglás-sák. – De a tolmács kinevette a leányt, s tán meg se mondta azoknak a tiszteknek, amit üzent nekik.

– Egy hétre rá a cigány meghalt. Kétszer is kihurcolták az emberek elé, hogy mondja el nekik, amit beléje vertek. Mindenkit összegyűjtöttek a bányaudvarra, még nekem is ott kellett lennem, pedig engem békében hagytak különben, hiszen én voltam a sírásójuk, s akik tucatjával gyártják a holtakat, azok megbecsülik a sírásót is. Úgy kellett vonszolják a cigányt a katonák, mert járni se tudott. Szürke volt az ábrázatja a szerencsétlennek, szürke és zöld. Nézni is rossz volt. Odahurcolták az emberek elé, s az a bitang tolmács ráordított, hogy mondja. De Piluc, szegény, nem mondott semmit. Csak reszketett ott, mint az agyonvert kutya, s a szeme úgy járt körbe, mint akinek már az esze is elment. – Jaj emberek, jaj... – ez volt minden, amit mondott, amikor először kihozták. Két nappal később még ennyit se szólt, de már állni sem tudott akkor, s az arcát sem lehetett fölismerni. Aztán már nem is hozták ki többet abból a pincéből, csak engem küldtek le, hogy szedjem össze, ami megmaradt belőle, s ássam el. Mondom neked, holtabb holtat még soha nem láttam.

Az öreg benyúlt a szájába és áttolta a bagót a másik agyarára. Köpött megint, és sóhajtott. Az az egy árva fülemile még mindig csattogott ott hátul a szilvásban, s a csillagok fehér párákat szitáltak alá az alvó világra. A sötétség kiült a gazdátlan házak elé, s végighevert a falun.

– A leány egész idő alatt itt volt az emberek között, a katonák nem is próbálták elkergetni. Hiszen vak volt. A szerencsétlen rabok úgy hallgattak reá, akár egy szentre. Tél volt, fagyos, kemény tél. Gödröt ásni is nehéz volt, hát még sziklát vájni látástól vakulásig, rongyos ruhában, híg leves mellett. Sokaknak lefagyott a kezük, lábuk. Azokat kúrálta a leány. S a katonák hagyták, mert azt hitték, hogy bolond. Bolondoknak minden szabad az ő országukban. Különös ország lehet. Egyszóval a leány jött-ment közöttük szabadon, s valahányszor összekerült azzal a tolmácskatonával, mindig újra és újra megmondta neki, hogy hiábavaló munkát végeztetnek az emberekkel, mert a hegy Istene elpusztította már a kincset, ami ott volt. Elpusztította azért, mert nem jót, hanem rosszat hozott az emberekre. Hogy elmondta valaha is az a tolmács a tisztjeinek ezt, azt én nem tudom. De látszott rajta, hogy nem hitt egy szót se belőle, mert csak nevetett. Az emberek sem hitték. Én sem, hogy megmondjam az igazat.

– Különös volt ám, ahogy az a leány ott járt, vakon, s mégis mintha látott volna. Nem ütődött neki semminek, ismerte az embereket a hangjuk után, és sokat még akkor is, ha nem szólott egy szót sem. Mintha csak látott volna éppen, de nem a szemeivel. Valahogy másként. Mintha látott volna mindent, amit mi a szemeinkkel látunk, de amellett olyasmit is, amit szemmel nem lehet látni. Mint például azt, hogy a kő megett nem volt ezüst többé, csak kő. Amikor kiderült, hogy neki volt igaza, sokan az emberek közül esküdtek, hogy a leány varázsolta el a bányát. Boszorkány-bűbájjal vagy az angyalok imádságával, de ő volt az, aki a bányát elvarázsolta. Ott fent a hegyen még ma is azt hiszik, hogy kiimádkozta az ezüstöt a hegyből az a leány. Én, én csak azt mondom, hogy látta, amit más nem láthatott.

– Azoknak a tiszteknek az volt a parancsuk, hogy ne csak a törmeléket takarítsák el, amit a robbantás okozott, hanem nagyobbítsák is meg a bányát úgy, hogy kétszáz munkásnak is hely legyen benne. Egy iskolázott bányamérnököt is küldtek volt föl nekik a városból, hogy az számítsa ki nekik, merre vájassák az emberekkel az új tárnákat. Mikor sok idő után a régi bányát végre kitisztították, a mérnök lement, mintákat vett a kőből, megvizsgálta, méricskélt egy keveset, s aztán azt mondta: ebben az irányban húzódik az ezüst. Az emberek pedig elkezdték vájni az új lyukat, amerre parancsolták nekik.

– A leány egész idő alatt ott ült a bánya előtt egy törött ládán, nagy, fekete gyapjúkendőjét összehúzva magán, mert hideg volt. Senkihez se szólt, csak ült ott. Csak akkor emelte föl a fejit, amikor meghallotta a tolmács-katona lépteit. – Hol a mérnökötök? – kérdezte a leány. – Lent mulat a tiszt urakkal – felelte a katona. – Mondd meg neki, hogy jöjjön föl, és vegyen mintát abból, amit most csákányoznak ki a kőből az emberek. Nincs abban ezüst egy szem se. – Honnan tudod? – kérdezte a tolmács. – Tudom – felelte a leány –, te csak eridj, s mondd meg neki! Hiába dolgoznak az emberek. – A tolmács maga vitte le a mintát a mérnöknek, csak azért, hogy kicsúfolhassa a vakot, ki olyasmit beszél, amit nem is tudhat. Félóra múlva lihegve érkezett föl a mérnök, s megállította a munkát. Kopácsolta a tárnafalakat, vizsgált, méricskélt, és más irányba rendelte az új tárna vágását. De ott se volt semmi. A harmadik helyen se. Sok fejcsóválás után végül is az egész tárnafal hosszában egyszerre rendelte el a vájást, hogy így lelje meg, merre bújt el az ér. Az emberek talán még egy órát dolgoztak ezután, talán valamivel többet, nem tudom. De egyszerre csak leállított minden munkát a mérnök. Lement a tisztekhez, s megmondta nekik, hogy a bányából kifogyott az ezüst.

– A leány egész idő alatt ott ült azon a törött ládán, és nem szólt semmit. A tisztek is feljöttek nagy sebesen, vizsgálták a köveket, kopácsoltatták a sziklafalat itt meg amott, aztán egy idő múlva abbahagyták, s kijöttek megint, és elrendelték, hogy az emberek is jöjjenek ki. Ekkor a leány is felállt arról a ládáról. – Mondd meg a tisztjeidnek – szólt oda a tolmácshoz, amikor megismerte a lépteit –, mondd meg a tisztjeidnek, hogy most már elhihetik, amiket mondottam. Eresszék haza ezeket a szegény embereket, s menjenek maguk is békével haza. Ezt a falut temetőnek rendelte az Isten, s temetőben nem illik sem káromkodni, sem énekelni, sem fegyveres katonákat, se rabokat tartani. Temetőben csak imádkozni illik, s amíg ők ezt meg nem tanulják, addig nincs mit keressenek itt. – Azzal meg se várta, hogy elmondja-e a tolmács, vagy nem mindezeket, hanem csak megfordult, s elindult vissza a hegyre, térdig erő hóban, mintha csak azért jött volna le onnan két hónappal azelőtt, hogy ezeket megmondhassa. Senki se állta útját, s ő se szólt többé senkihez, csak elment, s otthagyott tiszteket, katonákat, rabokat, mindent.

– Az új urak odalent persze nem nyugodtak bele olyan könnyen, hanem fölküldtek egy egész rakás szakértőt, de azok sem mondhattak mást, mint amit az első mérnök mondott: a bányából kifogyott az ezüst. Még azt is mondták, hogy ha a Bíró úr nem robbantja föl a bányát azon az éjszakán, másnap már leállt volna az üzem robbantás nélkül is, mert azon a napon kifejtették volna belőle az utolsó kis megmaradt erecskét is.

– Én nem tudom, te hogyan vagy ezzel. Egyik ember így hiszi

a dolgokat, a másik úgy. A legtöbb megcsóválja a fejét, és azt mondja: – Hm, furcsa véletlen. – Mások meg, mint azok a pásztorok fent a hegyen, fölnéznek az égre, s azt mondják: – Csudát tett az Isten! – Én, én egyiket se mondom. Tudom, hogy nem volt puszta véletlen, ami azzal a bányával történt, mivel véletlenül soha nem történik semmi. Viszont ami az Úristent illeti... hát megmondom azt is, miképpen gondolkozok én erről. Ha az Úristen csudát akarna tenni mivelünk, emberekkel, megtehette volna azt a bánya nélkül is. Már azelőtt, mikor az első katonák megérkeztek azzal a zsidófiúval. Elpusztíthatta volna őket abban a pillanatban, amikor fölértek volt oda a hágóra, és sok emberélet megkímélődött volna, sok nyomorúságtól megmentődhetett volna ez a falu. De az Úristen nem akart csudát tenni a mi kedvünkért. Ejszen nem voltunk érdemesek reá, mit tudom én. Elég az, hogy nem akart, s kész. Ezt a bánya dolgát, ezt én másképpen magyarázom. Az ezüst ma is ott van a földben, csakúgy, ahogy ott volt azelőtt, én erre esküdni merek, akár elhiszed nekem, akár nem.

Az öreg sírásó elhallgatott, mint aki belefáradt a beszédbe, s egy ideig csak bámult alá a templomküszöbről a sötétbe temetkezett falura. Az éjszaka illatai langyosak voltak és puhák. A csillagokkal teleszurkált fekete égkárpitból langyos harmat szitált, s a Keleti-hágó fölött halványfehér derengés hirdette meg a fölkelő holdat. Az az egy árva fülemile még mindig dalolt a papkert mögött.

– Nem mondtál semmit – kezdte egy idő múlva az öreg, mély, dörmögő hangon –, s így nem tudom, hogy Istenben hiszel-e, vagy a véletlenben. De mindegy is. Gondolhatsz, amit akarsz, én mégis azt mondom: az ezüst ott van ma is abban a bányában. Csak az emberek nem találták meg. Mert rabok munkájával akarták elrabolni onnan. S rabok szerszámaival nem lehet kivenni a hegyből azt, amit az Úristen szabad emberek számára rejtett el oda. A leány tudta ezt. Ő volt az egyetlen, aki tudta. Azért volt olyan biztos benne, hogy hiába végzik a munkát. Rabokkal kerestették a kincset, s rabokkal kezdték el építeni az utat, hogy motorkocsikon hordhassák el azt, ami nem volt az övék. Ezért

261

nem találhatták meg. Ezért kellett ott hagyjanak mindent, a bányát, a megkezdett utat, mindent. Azóta sok esztendő eltelt, de csak egyszer jött vissza néhány mérnök. Fúrták egy darabig ők is a bányát, de aztán elmentek megint, s azóta se jött senki. Nincs is mit keressen itt senki, aki nem ide való. Amit a hegy őriz, azt csak ennek a falunak őrzi, senki másnak. Ez az igazság.

– S az emberek hol vannak, akik idevalók? – kérdezte hirtelen az idegen.

Hangja különösen csengett az éjszaka csöndjében, riadtan szinte. A közeli akácfa csupasz ágáról ijedten rebbent el egy bagoly, keringett egyet az üres templomtorony körül, aztán eltűnt az éj sötétjében. Az öreg sírásó horkanva kapta föl a fejét a kérdésre.

– Huh? Hogy hol vannak? Hát itt hátul a sírkertben. Meg ott túl ni, ahol a dögtemető volt hajdan. Meg szerte, a kertek végeiben. Ahova elástam őket. Egyiket a másik után. S utolsónak még a cigányt is, azt a Pilucot.

– Valamennyit? – döbbent meg a vándor.

Az öreg megrázta a fejét.

– Nem. Nem valamennyit. Csak a hűségesebbjét meg a szerencsésebbjét. A többit, azt elhordta rendre a rossz szél. Isten tudja, hova. Előbb azokat, kiknek a gyökerük nem volt olyan mélyen belenőve a földbe. Mint azt a boltost, akit Samunak hívtak, meg néhány nagygazdát. Aztán a többit, akik nem voltak elég emberek ahhoz, hogy meghaljanak idejében, s akiket úgy tépett ki gyökerestül a szél. Azokat keletnek hajtották, szuronyok között.

– Egy se jött vissza? – kérdezte az idegen halkan.

– De igen – bólintott az öreg –, egy visszajött. Terézia kisasszonynak neveztük volt, mert a Bíró leánya volt. De gyöngén állt benne a lélek, s odaadta magát egy idegen kapitányhoz. A kapitány el is vitte innét, de öt évre rá egyszerre csak itt volt megint. Ott jött le a hegyről ni, s egy kisgyereket hozott az ölében. Meg sem ismertem mindjárt. Itt ült ő is ezen a küszöbön egy egész éjszakán át, akárcsak te. És sírt. Azt a kapitányt megölték volt a saját parancsolói, s ő egyedül maradt a gyerekkel, azért jött haza. Itt ült ni, és elmondott nekem mindent, mintha csak az apja lettem volna. Hallgatni is rossz volt, amiket mondott, s én megesküdtem magamban, hogy elfelejtem minden szavát. De vannak dolgok, amiket nem lehet elfelejteni, bárhogyan is szeretné az ember.

– Mi lett vele? – kérdezte a vándor egy idő múlva, mikor a csönd már kezdett elnehezedni fölöttük.

– A kisasszonnyal? Érte jött a vak leány, s fölvitte magával a hegyre. Mindjárt másnap. Egész éjszaka itt ült, és sírt, és hajnal felé a gyerek is sírni kezdett, mert éhes volt. S alig virradt meg, a vak leány lejött értük a hegyről, mintha tudta volna, hogy itt vannak.

– És azután? – kérdezte a vándor feszülten.

Az öreg rándított egyet a vállán.

– Nincs azután. Bevették maguk közé ott fönt a hegyen. Sok éve már annak, a gyerek ejszen nem is gyerek azóta.

– S akik ott fönt vannak, mit csinálnak ott fönt? – kérdezte a vándor.

– Élnek – morogta az öreg –, talán imádkoznak is, nem tudom. De úgy élnek, ahogy a Szent Ember tanította volt nagyonnagyon régen, akit remetének neveztek, s barlang volt az otthona.

A Keleti-hágóra akkor emelkedett föl a horpadt karéjú hold. Didergő fényétől életre kelt a sötétség. A beesett-födelű házak nyújtózni kezdtek, ásítottak az udvarok, s a düledező kerítések árnyéka félve reccsent, mintha kísértetek osontak volna alatta. Az utolsó fülemile is elhallgatott, s a csönd megtelt halk, titokzatos neszekkel.

– S maga miért nem él közöttük Pattanás bácsi? – kérdezte a vándor, erőltetetten, hangosan, mintha csak azért beszélt volna, hogy elriassza vele a kísérteteket.

Az öreg megrándult, és fölállt a küszöbről. Csontjai megroppantak, ahogy kinyújtózott, szemközt a holddal.

– Hát – mondta lassan, és csontos sovány, arcáról ezüstfehéren csöpögött a holdfény –, valahogy nem jött, hogy elmenjek innét. Bűn, vagy nem bűn az Úristen szemén át, én biza nem tudom, de én már csak olyan régifajta vagyok, mint amilyen az a

263

bolond Dominik is volt. Egy embert neveztünk így hajdan, aki itt élt, s igen jó cimborám volt, Isten nyugossza. Hős volt-e, vagy csak bolond? Én magam sem tudom ma már, de nem is töröm a fejemet rajta. Verekedett, s meghalt ezért a faluért, ez minden, amit tett. De ha ő meg tudott halni érette, hát én, ki cimborája voltam, nem szökhetem el. Igaz-e? De késő már ejszen, ideje, hogy aludni térjünk. Üres födelet találsz eleget magadnak, nem kéri számon senki, melyiket választod. Ott ni, a paplak, meg lentebb, ahol a bolt volt, még elég szárazok. Meghívnálak a magam hajlékára – tette hozzá jó szívvel –, de kissé szűk kettőnek. Megnézheted magad, itt vagyon csak hátul.

A templom falán megtörött a holdfény, s ahogy szótlanul elhaladtak mellette, szinte hallani lehetett odabent az üres padsorok sóhajtását. Denevérek ciccentek valahol a csillagporos ég alatt, de látni nem lehetett őket. A templom árnyéka mögött, ahol a temetőkert kezdődött el, kis bódé sötétlett. Úgy gunnyasztott ott a holdvilágban, mint valami nagy hegyestetejű gomba.

– Magam kalapáltam össze – mondta az öreg, amikor megálltak a bejáratul szolgáló fekete lyuk előtt –, kovácsnak a műhely mögött a helye, sírásónak a cinterem szájában, igaz-e? Gyújtód van-e, mert nekem biza nincsen. De én már a sötétben is ismerem a járást, te viszont a nyakadat törheted.

A vándor megkotorta a zsebeit, s kihalászott belőlük egy doboz gyufát. Sercegve szökött föl a kicsi sárga láng, s dideregve világította meg a kis kunyhó belsejét. Egy mély, sötét gödröt s egy alányúló létra végit.

– Mi ez? Földalatti barlang? – hökkent meg az idegen.

– Hö, hö, hö – kuncogott az öreg síráró, és rálépve a létrára elkezdett aláereszkedni a gödörbe –, annak is lehet nevezni, lehet hát. Add csak ide azt a gyújtót, mielőtt a körmödre ég. Hadd gyújtsam meg a szurokfáklyát vele!

Bütykös fekete ujjaival ügyelve vette át a félig égett gyufaszálat, s tenyerével védelmezve a gyönge, kicsi lángot, aláereszkedett a létrán. Lent a gödörben rőt fény támadt mindjárt, s fekete füsttel lángolni kezdett egy szurokfáklya.

– Na, most legyühetsz! – szólalt meg az öreg hangja odalent.

A vándor előrelépett a gödör pereméig, ahol a létra feje volt, s keze már fogta is a durva, száraz fát, amikor dermedten megállt. A lobogó fáklyaláng kísértetiesen világította meg a gödör sárga agyagfalait. Szűk volt és mély, és semmi egyéb mint egy közönséges sírgödör, ócska deszkafödél alatt. A gödör egyik sarkában rozsdás vaskályha, rajta néhány edény. Fölötte polc, s az agyagfal mentén keskeny pad. Egyéb aztán nem is fért volna el benne, mert a többi helyet egyetlen félelmetes bútordarab foglalta el: egy nyitott deszkakoporsó. Benne gyűrött párna, s néhány gyapjúpokróc. S mellette, falnak támasztva, a födél.

Az öreg beleszúrta a fáklyát a rozoga kályha fölötti lyukba, s fölnézett. Ráncos arca mosolyra torzult, amikor meglátta az idegen döbbent tekintetét.

– Célszerű lakás, ugye? – Aztán megvakarta a fejét. – Nem mondom, kissé szűk. De hát arra kellett gondoljak, hogy engem a végin ki temet el? Mégiscsak szégyen lenne, ha sírásó létemre temetetlen maradnék. Így aztán elkészítettem rendre mindent, magam. Ha annyi sok embernek megtehettem, mért ne tehettem volna meg magamnak is ezt az utolsó szolgálatot, különösen, hogy utolsó lettem, aki a faluból megmaradt. A csizmadia is maga készíti a lábbelijét, nem igaz? Így aztán, ha egy reggel nem ébredek föl többé, nem válok szégyenire senkinek. Dolgot se adok senkinek. Aki meglel, mindössze rám dobja a földet, s kész. Nem sír utánam ugyan senki. Csak ezek a madarak – tette hozzá csöndesen és egyszerre nagyon szomorúan –, ha egy este elmarad a haranghívás és a búza. Elhagyta őket az Isten, fogják majd mondani, mint mi emberek szoktuk, ha rosszra fordul velünk a világ.

Lehajtott fejjel gondolkozott ezen, aztán lassan leült a keskeny padra, szemközt a koporsóval.

– Furcsa – mondta lassan, csöndes dörmögéssel –, furcsa, hogy még sohasem gondoltam erre ilyenformán. De hátha a mi Istenünk, aki elhagyott volt bennünket... hátha ő is csak egy ilyen semmi, vén sírásó volt egy óriási égi faluban, ki utolsónak maradt az Istenek közül...? Aztán egy napon... nem harangozott többet?

Felnézett onnan a sírgödörből, föl egyenesen az idegen arcába. Szemei tágak voltak, szinte ijedtek, választ keresők. De az idegen ott fent csak állt, bámult le a sírba, és hallgatott. Végül is az öreg lehajtotta újra a fejét, és sóhajtott:

– Mondtam, hogy szűk lenne ez a hely kettőnknek. Nem is barátságos, tudom. Okosabb lesz, ha behúzódsz a paplakba. A belső szobában találsz egy ócska ágyat is, esztendők óta nem aludt benne senki, csak az egerek. De azok is kipusztultak már onnan múlt télen.

Azzal felnyúlt a szurokfáklyáért, s belefojtotta a lángot a vizesvödörbe. A vaksötétben még hallani lehetett a matatását, aztán a koporsó deszkája megnyikkant alatta.

– Jó éjszakát – morogta halkan egy álmos hang odalent, s kint a sápadt holdfényben mereven állt az öreg templom, s a virágzó szilváskertek illatával kísértetek labdáztak a holt falu fölött.

Korán virradt. Még sötét volt, amikor az első madár megszólalt, félénken, valahol a szemközti hegyoldal gyümölcsfái közt. Csak pittyentett néhányat, s újra elhallgatott. Hűvös harmat hullott a sápadt csillagokból, s a hold fáradtan dőlt rá a nyugati gerincre, hamarosan nyoma is veszett. De akkor már világosodott is keleten az ég, s a csillagok egymásután kihunytak. Hűvös szél indult, s párák emelkedtek a Libarétről.

A vándor ott ült a templom küszöbén egymagában, s virrasztástól kivörösödött szemekkel bámult alá a hajdani falura. Lassan kibontakoztak a romházak körvonalai, alakot öltöttek az ébredő reggelben, s madárdal zengett mindenütt. A vándor ott ült egész éjszaka, mint aki holtat virraszt, múlttól búcsúzik. Olykor elnyomta percekre, órákra a fáradtságszülte álom, úgy ültiben. Valami furcsa zsibbadt állapot élet s halál között, félúton. Ilyenkor hangokat hallott, és embereket látott, kik számonkérni jöttek valahonnan nagyon messziről. Ettől fölriadt megint, s dobogó szívvel lesett bele az éjszaka nyirkos csöndjébe. De csak egy szú rágott valahol a templom fájában, s lappantyú visított az Ezüstlyuk fölött. Így telt el az éj.

Hajnalban aztán nyoma sem volt a kísérteteknek többé. Lelkendezve dalolt, csiripelt, csattogott, fütyölt az ezernyi madár, vadméhek döngtek a virágzó fákon, s mikor a nap kiült a hágóra, s aranyvödrét ráöntötte a völgyre: a holt falu helyén édenkert csillogott, élettől gazdag, bujazöld, újszülött világ. S egyszerre csak fent a szemközti erdőszélen feltűnt egy piros folt, s jött alá a hajdani ösvényen a falu felé, s a hűvös tiszta hajnalon átívelt egy régi, vidám ének dallama, ezüstcsengésű asszonyhang szárnyán. A vándor mozdulni se mert, mintha attól félt volna, hogy elriasztja a messzi látomást. Csak ült, s bűvölt szemekkel nézett át a holt falu fölött, ahol az aranyfürdette zöld mezőn valaki jött, jött, énekelve, pirosszoknyásan, piroskendősen, vesszőkosárral a karján. Jött, elérte a gyümölcsösök szélét, s néhány percre eltűnt a virágzó fák között, csupán a hangja jött tovább, elvegyülve a madárdal közé, s aztán egyszerre csak ott volt megint az elgyepesedett hajdani piacon, s jött tovább, egyenesen szembe, mintha csak őhozzá jött volna. A vándor ült, bűvölten, mozdulatlanul, s csak a szíve vert egyre hangosabban. S mögötte a vén fatemplom halk, boldog reccsenésekkel nyújtózott a kelő nap langyos érintése alatt.

Mikor az asszony a templom elé ért, abbahagyta az éneklést, és megállt. Figyelve állt néhány pillanatig ott lent a gyommal benőtt utcán, mint aki hallgatózik.

– Pattanás bácsi? – kérdezte halkan, s ahogy a templom felé fordította a fejét, arcába sütött a nap.

Ugyanaz az arc volt, alig változott. Csak egy kissé teltebb lett, puhább. Asszonyosabb. S a kék szemek csodálatosan csillogók és mélyek. Valahova nagyon messzire nézők.

– Mintha nem is lenne idő – gondolta a vándor, s valami furcsán megrezzent benne, könnyesen –, talán az ő számára nincsen is. – Aztán megköszörülte a torkát, s kissé rekedten mondta.

– Az öreg alszik még, Rozi.

Az asszony megrezzent, s néhány pillanatig a hang után figyelt. Aztán lassan feljött a templomdombra, kosarával a karján, s néhány lépésnyire a küszöbtől megállt megint.

– Isten hozott, Emánuel – mondta egyszerűen, csöndesen.

A vándor riadtan kapta föl a fejét.

– Hogyan lehet az, hogy megismertél? Hiszen az öreg sem ismert meg! Senki sem ismer rám!

Az asszony közelebb lépett, s letette a kosarat a földre.

– Én megismertelek – mondta halkan –, megismernélek ezer ember közül, bármennyi idő múlva. Nem tudom, miért van ez így, Emánuel, de így van. Tudtam, hogy visszatérsz, talán azért. – Leült a küszöb túlsó sarkára. – Azt mondod, hogy alszik az öreg? Nem szokott aludni ilyenkor.

– Alszik – felelte a vándor lassan, – elbeszélgettünk az éjszaka, talán azért. Mit akarsz tőle?

– Ételt küldtek neki a pásztorok – felelte az asszony –, én hordom le neki az ételt harmadnaponként. Régen, amikor ott éltem a Szent Embernél, a falu küldte föl harmadnaponként a hegyre az ételt. Most a hegy küldi le a faluba. Nem különös? Változik a világ, Emánuel. – Elhallgatott, mintha arra várt volna, hogy a vándor mondjon valamit. De az nem szólt. – Különbség csak az – folytatta az asszony csöndesen –, hogy amit a falu fölküldött a hegyre, azt könyöradománynak nevezte, s a Szent Embert ingyenélő remetének. Mi azért tartjuk el Pattanás bácsit, mert dolgozik nekünk.

– Mit dolgozik? – lepődött meg a vándor.

– Harangoz – felelte az asszony komolyan –, naponta egyszer meghúzza a harangot, s annak a hangját mindenki meghallja, bárhol is van az erdőben. S tudja, hogy eljött az idő a gyülekezésre.

– De hiszen az öreg a madaraknak harangoz! – kiáltott föl a vándor csodálkozva. – Szememmel láttam!

Az asszony mosolygott.

– Ő azt hiszi, hogy a madaraknak harangoz – felelte –, de a valóság az, hogy ő tarja együtt az embereket az igaz úton. Nem különös, hogy nem is tud róla? Nem különös hogy az emberek nem is tudják, mikor cselekszik a szép és nagy dolgokat?

A vándor megrázta a fejét. Az arca szomorú volt, zavart. Kivörösödött szemeit lesütötte, gondozatlan, borzas szakállán megcsillant a harmat.

– Nem értelek, Rozi – mondta nagyon szomorúan –, hallom

a hangodat, szavaidat is megértem, s téged mégsem értelek. Mintha csak idegen nyelven beszélnél.

– Talán mert a hegy nyelvén beszélek, s te nem éltél még a hegyen – mondta csöndesen az asszony.

A vándor megrázta fejét.

– Látod, nem értelek megint. Miről beszélsz, amikor azt mondod, hogy „hegy"?

– Emberekről beszélek, akik magosabban élnek, mint azok, akik itt laktak régen a faluban – felelte az asszony, nagyon komolyan –, magosabban. Nem csak lépésekkel mérve, de máskülönben is. Közelebb az éghez.

– S miből élnek? – horkant föl a vándor szinte gorombán. – Valamiből csak élniök kell? Én jólétet, civilizációt, ipart és kereskedelmet akartam hozni ide a hegyek közé, magasabb életszínvonalat! De most... – elhallgatott, nyelt egyet, s halkabban folytatta. – Még ma sem tudom, hogy hol, de valahol hiba történt. Az ellenkezőjét értük el. Még az a kevés is elpusztult, ami volt. S te mégis azt mondod, hogy magasabban élnek! De miből élnek? Fűből, gyökérből, mint az állatok?

Az asszony szelíden mosolygott, s megbólintotta a fejét:

– Fűből, gyökérből, mint az állatok. Ahogy mondod, Emánuel. Fűből, gyökérből, szeretetből. A hegy és az erdő szeretetéből. Egymás szeretetéből. Ha akarod, így is mondhatod: Isten szeretetéből. A Szent Ember így mondaná, ha még itt lenne.

– De valamit csak ennetek kell? Valamiből ruházkodnotok kell? – csattant föl a vándor hangja türelmetlenül.

Az asszony elmosolyodott, s közelebb húzta a kosarát. Lehúzta róla a kendőt.

– Füstölt malacsonka, juhsajt, málnaíz, friss tavaszi nyúlsaláta, csak le kell forrázni, s ennél jobb nincsen a sajt mellé. Mit akarsz egyebet? Az öregek olykor lemennek a városba, visznek sajtot, tojást, szárított gyümölcsöt, gombát, bárányhúst, és nem pénzért adják mint régen, hanem ruháért. Mi kell egyéb?

– Más országokban szép házaik vannak az embereknek – mondta a vándor keserűen – rádióik, mosógépjeik és sok minden egyebük, amiről mi nem is tudunk.

– S boldogabbak? – kérdezte csöndesen az asszony. – Többet nevetnek? Hangosabban énekelnek? Gyermekeik vidámabban játszanak?

– Nem tudom – morogta a vándor –, ezt nem tudom.

– Pedig ezt tudnod kellett volna, mielőtt... – kezdte az asz-szony, de aztán elhallgatott, s lehajtotta a fejét. – Nem akartalak bántani, Emánuel.

Csöndben ültek egy darabig. A nap ragyogott, daloltak a madarak, döngtek a méhek.

– Lukács bácsi él még? – kérdezte a vándor.

– Elment – felelte az asszony.

– S ki a vezetőtök most?

Az asszony csodálkozva emelte föl a fejét.

– Nem értem, mit kérdezel – mondta.

– Ki vezet benneteket? – ismételte meg a kérdését a vándor.

– Isten.

– Jó, jó, de valaki csak mondja, hogy mit tegyetek! – horkant föl Emánuel idegesen.

– A juhokra Márton tart számot – felelte az asszony sietve. – A sajtot Ferenc kezeli, a gyümölcsöt Terézia veszi át a gyerekektől, amikor a harang összegyűjt mindenkit. A gombát Jenő fűzi föl száradni, ki a Terézia fia. Mit mondjak még? A disznókat együtt makkoltatják a gyerekek.

– Hányan vagytok?

– Kétszáztizennyolcan ma már – felelte az asszony –, tegnap még kétszáztizenheten voltunk. De Teréziának gyereke született az éjszaka megint. Fiú ez is, Márton az apja ennek a fiúnak. Az elsőnek ismerted az apját – tette hozzá –, valami tiszt volt, de rossz úton járt, és elveszett.

Újra hallgattak, sokáig. Aztán hirtelen csak a vándor gúnyosan, keserűen fölnevetett.

– S a Bíró lánya boldog odafönt a parasztok között? – kérdezte élesen. – Ne mondj nekem ilyet!

Az asszony néhány pillanatig hallgatott, mintha a gúnyos hang megbántotta volna. Aztán szinte sajnálkozva mondta:

270

– Még mindig nem értesz engem, Emánuel. Aki megtanulja a három titkot, az boldog mindenütt.

– S mi az a három nagy titok? – kérdezte a vándor, s a hangja még mindig gúnyos volt. – Hadd tanuljam meg én is!

Az asszony megrázta a fejét.

– Félek, nem tanulod meg soha, Emánuel. Te azok közül vagy, kik mindent csak félig értenek meg. Hiszen te iskolát jártál, nem mint azok ott fent. Te hamarább meg kellett volna értsed a titkokat. Írva vannak, a Jó Könyvben. – Egy pillanatra elhallgatott, aztán csöndesen folytatta:

– Az első titok az, hogy mindnyájan testvérek vagyunk. Bárhol születtünk is, bármi legyen a nevünk.

– Ezt hirdettem én is – bólintott a vándor –, emlékezhetsz reá.

– Emlékszem, Emánuel – felelte a vak –, emlékszem jól. Te azt hirdetted, hogy el kell venni azt, ami a másé. Erőszakkal kell elvenni tőle. S ezzel útját állottad a második titoknak.

– S mi az a második titok? – kérdezte a vándor gúnyosan.

– Hogy nincsen nagyobb öröm, mint adni. Adni azt, ami a mienk. Jószívvel adni a testvéreinknek. Mindenkinek.

A vándor hallgatott, s tűnődve nézett maga elé. Aztán megkérdezte csöndesen, és már nem volt gúny a hangjában:

– De mit tudtok ti adni egymásnak? Ott fent a hegyen, ahol semmi sincsen? Hiszen senkinek sem lehet semmije, amit adhatna?

A vak felkacagott. Vidáman, derűsen, csengő kacagással.

– Jaj be buta vagy te, Emánuel, jaj be buta vagy! Hát azt hiszed te, hogy csak holmikat lehet adni, értéktelen, romlandó holmikat, mint amilyen a lábbeli, meg egy bicska, meg mit tudom én mi?

– Földet is lehet adni – felelte a vándor kimérten, és kissé sértődötten –, birtokot, vagyont. Annak, akinek volt, adhatott volna annak, akinek nem volt, és nem lett volna erőszakra szükség.

A vak arcán csodálkozás ült és döbbenet. Nem nevetett többé.

– Földet? – kérdezte szinte ijedten. – Miket beszélsz, Emánuel? Birtokot mondasz, vagyont. Nem érzed, hogy ezek csak üres szavak, nem jelentenek semmit? Az ember csak azt adhatja, ami

271

az övé. Ami benne van. A fejében vagy a szívében. A többit, azt csak Isten adhatja, mert az az Istené. Nem érted ezt?

– Nem – felelte a vándor –, ezt nem értem.

– Akkor nem ismerheted meg a harmadik és legfontosabb titkot – mondta a vak, és lehajtotta a fejét.

A reggel lassan melegedni kezdett. Már csak a fűszálak hegyén csillogott itt-ott az éjszakai harmat. Sárga pillangók szálldostak, s a virágzó kertek illata puhán lengte körül az öreg templomot.

– Valamikor régen egy ember, akit papnak neveztek volt, Istenről beszélt, itt, ebben a házban – mondta a vak asszony csöndesen –, s mikor utoljára beszélt itt a faluban élőkhöz, valamit elkezdett, amit már nem ért rá befejezni: – Keressétek az igazságot, és az igazság szabadokká tészen – azt hiszem, így hangzott, amit az a pap mondott akkor, s Lukács bácsi fölvitte magával a szavakat a hegyre, és keresni kezdte azt, ami mögöttük volt.

– És megtalálta? – kérdezte a vándor, s nem lehetett tudni, gúnyosan kérdezte-e, vagy komolyan.

– Meg – felelte a vak –, a Jó Könyvben találta meg azt is. És amikor megtalálta, szót üzent velem mindenkinek. Neked is, Emánuel. De te nem hallgattál a szóra, mások pedig nem értették meg tisztán. Pedig a Jó Könyvből üzente: „Hagyjatok ott mindent, s kövessetek engem." De csak a hegyen értették meg a szót, itt lent nem értette meg senki. Azért kellett elpusztuljanak.

– Ez a titok? Hogy hagyjatok ott mindent? – kérdezte a vándor csalódottan.

A vak megrázta a fejét.

– Nem. Ez csak egy része annak. De a titok, a harmadik és legnagyobb titok is oda van beírva a Jó Könyvbe, s én ma sem értem, miként lehet, hogy az a pap, aki tanult ember volt, csak a felét találta meg. Lukács kellett meglelje a többit, pedig ő csak pásztor volt, juhokat őrzött. A mannáról szólt a titok, amit Isten az embernek megígért. A szavakra nem emlékszem már, de valahogy úgy mondja a Jó Könyv, hogy Isten megígérte az embernek minden napra a mannát, minden napra annyit, amennyi arra a napra kell, mindaddig, amíg itt van a földön. Érted, Emánuel?

Minden napra annyit, amennyi arra a napra kell. Nem többet és nem kevesebbet. A mai mannát nem holnapra adja, hanem mára, érted? Holnapra a holnapit adja, azt majd holnap leljük meg valahol, érted? A mait nem szabad eltenni holnapra, vétkezik a titok ellen, aki ilyesmit csinál. Minden napnak meglesz a maga mannája, nem kell aggódni miatta. Ez az igazság, amiről a pap beszélt volt azon az utolsó napon itt a templomban, Lukács megtalálta, s megtanította rá az embereket. S az emberek megtanulták, hogy nincs szebb és vidámabb mulatság, mint azzal ébredni föl reggel, hogy: na lássuk, hova rejtette el a Teremtő Szeretet a mai mannánkat? Olyan ez, Emánuel, mint mikor húsvétkor piros tojást keresnek a gyerekek! Tudják, hogy ott van valahol, egy fa töviben, vagy egy lapulevél alatt, mert tudják, hogy apjukanyjuk gondoskodott arról, hogy ott legyen! Érted, Emánuel? Nem hiszik csupán, vagy bíznak benne, hanem tudják! Mi, emberek is tudjuk, hogy apánk-anyánk, a Gondoskodó Szeretet eldugta valahova számunkra a mára valót, s nekünk egyéb dolgunk sincs, minthogy megkeressük. Ha ott lennél, s látnád, miként indul mindenki szerte az éjjeli szállásról, amikor megérkezik végre a reggel, milyen vidáman s milyen kíváncsian, akkor megértenéd, amit mondok. Minden reggel húsvét reggel, Emánuel, piros tojást kereső reggel, ez a harmadik és legnagyobb titok.

– Furcsa – mondta halkabban, kis szünet után –, nem is gondoltam rá eddig, de most, hogy úgy próbálok gondolni reá, ahogy te gondolnál, Emánuel, valóban furcsa. Tudod-e, hogy amióta Lukács megtanította az embereket a titokra, soha, de soha, egyetlenegyszer sem történt meg, érted-e, hogy mire a harang megszólalt, ne találta volna meg csak egy is közöttünk az aznapi mannát? Soha, soha nem történt ilyen, még a legkisebbekkel sem, soha. Nem különös, Emánuel?

– Látod, amikor meghalljuk a harangot, mindenki abbahagyja azt, amit éppen végez, s elindul haza az éjszakai szállásra. A harang szava olyan, mintha Isten mondaná: – Vége a napnak, gyerekek, adjatok számot magatokról! – Emberek, asszonyok, gyerekek ott gyűlnek össze mind a nagy tisztáson, s mire az utolsók is megérkeznek, már este van. Mindenki elújságolja aznapi örö-

273

mét, hogy hol lelte meg az eldugott mannát, s mi volt az? Kétszáztizenhét emberre kétszáztizenhét meglepetés vár minden nap valahol, s maholnap egy kétszáztizennyolcadik meglepetés is lesz, mihelyt beszélni tud Terézia és Márton újszülöttje. Mire mindenki eldicsekszik a magáéval, már sötét is van, s az öregek meggyújtják a Jó Szándék tüzét ott a tisztás közepén. És ekkor kezdődik a második öröm és a második meglepetés, mely lezárja a napot. Mindenki odaviszi a tűzhöz az ajándékát, amit hozott.

– Ó, Emánuel, te ezt nem értheted – mondta a vak, s a hangjának valami furcsa, boldog rezgése volt –, én pedig nem tudom szavakkal elmondani jól, hogy benne legyen mindaz, amit az ember érez ott, miután a harang összehívott mindenkit, mint egy nagy, gyönyörű, boldog családot. Érezni kell azt, ott lenni közöttünk, igen! Miután mindenki elmondta, hogy mi örömet hozott számára a nap, sorra odajárulnak az öregek tüzéhez, s leteszik, amit hoztak. Mindenki hoz valamit. Kosár gombát, vödör szedret, ezerjófű gyökerét... ha egyebet nem, hát virágot. S télen, amikor virág sincs, egy jávorfából faragott kicsi bárányt vagy egyebet. Ha nem mást, egy zöld, illatos fenyőágat. Még a legkisebb gyerek is, ha már járni tud. Megáll a tűznél, kezében az ajándékkal, s végignéz az embereken, s azt mondja: – Neked hoztam, Feri. – Vagy: – Neked hoztam, Marcsa, mert rosszat gondoltam rólad a reggel. – Vagy: – Mert haragudtam rád, amikor ezt meg ezt mondtad ma. – Vagy: – Mert megbántottalak durva szóval. – Ezt Lukács bácsi így nevezte el, hogy mindennapi karácsony, mert ajándékot adunk egymásnak, s mert beismerjük a magunk vétkét, s megbocsátjuk a másét. Minden reggel húsvét van odafönt, s minden este karácsony, Emánuel.

A vándor hallgatva bámult maga elé egy ideig, s körülöttük a csönd tele volt békével, madárdallal, méhdöngéssel.

– Rozi – szólalt meg hirtelen –, te azt mondtad az elébb, hogy amikor megszólal idelent a harang, az olyan nektek odafönt, mintha Isten szólalt volna meg. De hiszen tudjátok mind, hogy csak egy vén, félbolond sírásó rángatja a kötelet? S nem is nektek, csupán a madarainak?

A vak asszony vidáman fölnevetett.

– Nem mindegy az? Pattanás bácsi azt hiszi ugyan, hogy csak a madarak hallják, más senki, de viszont szeretetből húzza azt a harangot! Akár madárnak, akár embernek, mindegy az, Emánuel. A jószándék az, ami egyedül fontos!

– Úgy éltek, mint a gyerekek – morogta a vándor, szinte boszszúsan.

– Úgy élünk, mint a gyerekek – bólintott az asszony –, ez a titok kulcsa, Emánuel. Valakinek a gyermekei vagyunk. S gyermeknek lenni jó.

Arcát a nap felé fordította, s hirtelen felállt a küszöbről.

– Melegedik a nap. Pattanás bácsi fölébredhetett ezóta.

Azzal fogta a kosarat, s szapora járással elindult vele hátra, a templom mögé. Emánuel felsóhajtott, kezét fáradt mozdulattal végighúzta szakállas arcán, aztán lehajtotta a fejét, és csak ült ott a küszöbön, maga elé meredve. Gyomra megkordult az éhségtől, s szájában keserű ízek gyűltek össze. Hirtelen arra rezzent, hogy a nevét kiáltják. Megismerte a vak asszony hangját.

– Emánuel! Emánuel!

Sietve ugrott lábra, és követte a hangot. A vak ott állott a furcsa kis gödör-kaliba előtt, s a hangja tompán szólott, különösen.

– Emánuel, menj le, és nézd meg a szemeddel, amit az én szemem nem láthat. S mondd meg, hogy mit látsz.

– Emánuel a bejárathoz lépett, rátette kezét a létrára, s előrehajolva alánézett a sötét gödörbe. Aztán már látta is, nem kellett lemenjen miatta.

Aztán mégis lement. Lassan aláereszkedett a létrán, s megállt a nyitott koporsó előtt. Ott feküdt az öreg sírásó, elnyújtózva, kényelmesen, pokrócai között. Feje a párnán, szája egy kissé nyitva, mint aki mondani akar valamit, valami fontosat, de nem leli a szavakat hozzá. Kék szemei üvegesen néztek fölfele, szinte meglepetten, mintha valahol a tákolt födelen túl, az ég kárpitján is túl megpillantottak volna valamit, talán egy másik falut, ahol egy Dominik nevű ember a csősz, ahol sok a madár, s ahol éppen csak egy sírásó hiányzott.

Egy ideig állt ott előtte, és nézte a békés, öreg arcot, aztán lehajolt, és szép ügyelve, mintha attól félne, hogy fölébreszti vele, ráhúzta a koporsóra a készen várakozó födelet. Körülnézett a szűk gödörben, mint aki emlék után kutat, amit magával vihetne. De aztán csak a lapát után nyúlt, s azt vitte föl magával a létrán. A vak asszony még mindig ott állt a bejáratnál. Haján csillogott a napfény, s vállán egy tarkaszárnyú pillangó ült.

– Mondj egy imádságot, Rozi! – szólt hozzá Emánuel csöndesen, s lehajtotta a fejét.

Az asszony nem kérdezett semmit, csak állt. Föltartott fejjel, némán.

– Jó utat, Pattanás bácsi – mondta szelíden –, jó utat!

– Mondj egy imádságot! – ismételte a vándor egy idő múlva.

– Már mondtam – felelte a vak, és halkan sóhajtott. Aztán lehajolt, fölkapart egy maréknyi földet, s leszórta a gödörbe.

Emánuel szótlanul megmarkolta a lapátot, s hányni kezdte alá a födél körül fölhalmozott sárga agyagföldet. Furcsán koppantak a rögök a koporsón. Néha csörömpöltek, amikor a kicsi vaskályhát érték. Később már csak puffantak tompán, ahogy telt a gödör.

A nap már magasan járt az ibolyakék égen, amikor végzett a munkával. Leült a sarjadó fűbe a vak asszony mellé. Jó ideig egyikük se szólt. Aztán Emánuel megtörülte izzadt homlokát a keze fejével.

– Ki harangoz nektek ezután? – kérdezte szinte gorombán.

– Gondoskodik a szeretet mindenről idejében – felelte az asszony egyszerűen, és közelebb tolta a kosarat. – Éhes vagy, Emánuel, egyél.

Valóban éhes volt. Szinte kitépte a kosárból a friss, kerek juhsajtot, még a bicskáját se vette elő, úgy harapott belé. Falt. S valami minden falással békésebb lett benne. Végül már a sajt ízét is érezte. Az asszony figyelte egy ideig az evés hangjait, aztán felállt.

– Vizet hozok a forrásról – mondta, s megkereste a sírkunyhó mellett búslakodó korsót, öreg Pattanás korsóját. Tapogatva kereste, vakok módján. De látszott, hogy tudta, hol kell keresni.

Mire visszatért a vízzel, Emánuel már megette a sajtot, s a vadsaláta leveleit majszolta. A vak meghallotta a zöld levelek ropogását, és elnevette magát:

– Csak a sóska jó nyersen, a vadsalátát forrázni kell! Azt sem tudod?

Emánuel átvette a korsót, s hosszasan ivott belőle.

– Ez jó volt – mondta, s nagyot sóhajtott, amikor letette.

Az asszony leült újra, térdeit maga alá húzta, s csak ült.

– Jóllaktál, Emánuel, most mehetsz – mondta egy idő múlva.

A szakállas, mezítlábas, rongyos vándor a kosarat nézegette. Jól készült, ügyes vesszőkosár volt.

– Sok ilyen kosarat készíttek? – kérdezte.

– Naponta kettőt-hármat elkészítenek az asszonyok – felelte a vak közömbösen –, van belőle elég odafönt. Neked adhatom ezt, ha akarod.

– Tíz ilyenért egy pár bocskorravalót hozhatnék a városból – mondta Emánuel óvatosan –, húszért egy rend ruhát. Sót, lisztet, ami kell...

Az asszony figyelte a hangját, ahogy ezeket mondta, s hirtelen megkérdezte.

– Mikor mégy vissza a városba, Emánuel? Nincs miért itt maradj!

A vándor ellökte magától a kosarat, s bosszúsan mondta:

– Valaki kell harangozzon nektek! S a madarakkal mi lesz? He? – majd mintha elszégyellte volna magát, halkabban hozzátette: – Ez a falu az enyém is egy kicsit. Innen származtam el. S ha ez a vén sírásó hűséges tudott lenni hozzá...

Nem fejezte be. Letépett egy fűszálat s rágni kezdte, keserű íze volt, kiköpte megint.

– Bocsáss meg, Emánuel, rosszat gondoltam rólad – mondta az asszony, és mosolygott. – Ajándékul neked adom érte a kosarat. Megbocsátasz?

– Eridj már! – mondta a rőt szakállú koldus restelkedve –, inkább azt mondd meg, ha tudod, hogy merre van az a verem a madarak búzájával? Öreg Pattanás úgy ment el, hogy meg se mondta.

A vak asszony halkan, kuncogva nevetett.

– Ráérünk arra – mondta évődő hangon, vidáman –, elébb egyéb dolgod van, Emánuel. Mi, odafönt a hegyen megcsókoljuk azt, akinek megbocsátunk, ez a szokás.

Egy pillanatig csönd volt a szavai után. Aztán suhogó szárnyakkal, hullámzó röpüléssel aranytollú sárgarigó ereszkedett alá a békés, kék magasból. Keringett egyet a néma falu fölött, s aztán egyenesen a templom tornyára szállt. Körülnézett, majd hangosan, vidáman belefütyölt a vadonatúj világba.

Vak Rozi elnevette magát, különös, mélyről jövő nevetéssel, s letépte fejéről a kendőt. Megrázta hosszú, aranyszőke haját a csillogó napsütésben, s úgy kérdezte, vidáman:

– Megcsókolsz hát engem, harangozó Emánuel?

Kiadói tanács:

Gálfalvi György
Kovács András Ferenc
Láng Zsolt
Markó Béla
Vida Gábor

Szerkesztette Szabolcsi Borbála
A szöveget Vida Erika gondozta
A borítót Vincze László tervezte
A számítógépes tördelést Átyim Éva Emese végezte
A kiadásért felel Káli István, ügyvezető
Megjelent 17,5 nyomdai ív terjedelemben
Nyomta a Kinizsi Nyomda Kft., Debrecen
Felelős vezető: Bördős János, ügyvezető

ISBN 973-8002-12-5